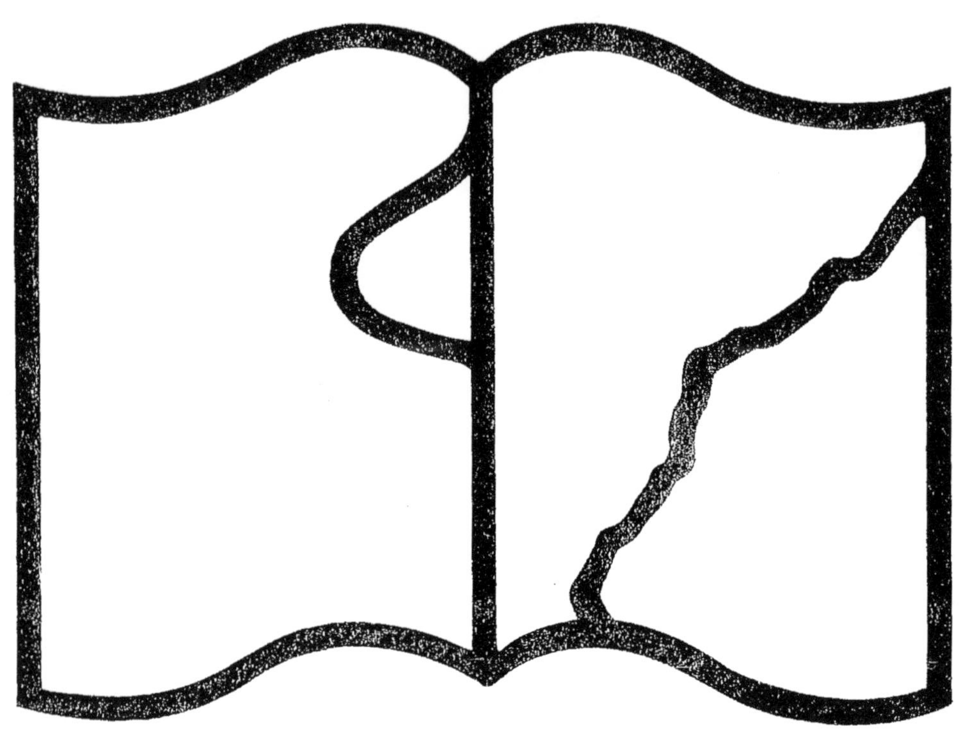

Texte détérioré — reliure défectueuse

NF Z 43-120-11

P. COTTIN et M. HÉNAULT

Mémoires du Sergent Bourgogne

HACHETTE ET Cie

MÉMOIRES

DU

SERGENT BOURGOGNE

Malgré les cris du maréchal Lefebvre, hommes, chevaux, femmes, enfants, tout était confondu et écrasé.

MÉMOIRES

DU

SERGENT BOURGOGNE

(1812-1813)

Publiés d'après le manuscrit original

PAR

PAUL COTTIN
Directeur de la *Nouvelle Revue rétrospective*

ET

MAURICE HÉNAULT
Archiviste municipal de Valenciennes

OUVRAGE ILLUSTRÉ DE 24 GRAVURES

NOUVELLE ÉDITION

PARIS
LIBRAIRIE HACHETTE ET Cie
79, BOULEVARD SAINT-GERMAIN, 79

1905

AVANT-PROPOS

A. BOURGOGNE
LIEUTENANT-ADJUDANT DE PLACE (1830).

Fils d'un marchand de toile de Condé-sur-Escaut (Nord), Adrien-Jean-Baptiste-François Bourgogne entrait dans sa vingtième année le 12 novembre 1805, à une époque où le rêve unique de la jeunesse était la gloire militaire. Pour le réaliser, son père lui facilita son entrée au corps des vélites de la Garde, pour laquelle il fallait justifier d'un certain revenu.

Ce que furent d'abord les vélites, on le sait : des soldats romains légèrement armés, destinés à escarmoucher avec l'ennemi (*velitare*). A la fin de la Révolution, en l'an XII, deux corps de vélites, de 800 hommes chacun, furent attachés aux grenadiers à pied et aux grenadiers à cheval de la garde des Consuls.

Un décret du 15 avril 1806 décida que 2 000 nouveaux vélites seraient levés, et deux de leurs bataillons ou un de leurs escadrons attachés à chacune des armes dont la Garde se composait. La vieille Garde seule en reçut, nous écrit M. Gabriel Cottreau; ils furent répartis dans les corps des grenadiers et des chasseurs à pied, ainsi que dans le corps des chasseurs, des grenadiers, des dragons de l'Impératrice, pour la cavalerie.

En temps de paix, chaque régiment de cavalerie avait, à sa suite, un escadron de vélites comprenant deux compagnies de 125 hommes chacune, et chaque régiment d'infanterie un bataillon comprenant deux compagnies de 150 vélites. En temps de guerre, ces compagnies se fondaient avec celles des vieux soldats, qui recevaient 45 vélites et se trouvaient ainsi portées au nombre de 125 hommes. Chacune d'elles laissait en dépôt, à Paris, 20 vieux soldats et 15 vélites. Le costume de ces derniers était, naturellement, celui du corps dans lequel ils avaient été versés.

En 1809, l'Empereur détacha, des fusiliers-grenadiers, un bataillon de vélites pour servir de garde à la grande-duchesse de Toscane, à Florence. Ce bataillon continua à compter dans la Garde impériale, fit les campagnes de Russie et de Saxe, et fut incorporé au 14e de ligne, en 1814. Des vélites, tirés des fusiliers-grenadiers, furent aussi attachés au service du prince Borghèse, à Turin, et du prince Eugène, à Milan.

On forma d'abord les vélites à Saint-Germain-en-Laye, puis à Écouen et à Fontainebleau, où Bourgogne suivit les cours d'écriture, d'arithmétique, de dessin, de gymnastique, destinés à compléter l'instruction militaire de ces futurs officiers, car, après quelques années, les plus capables étaient promus sous-lieutenants.

Au bout de quelques mois, Bourgogne montait, avec ses camarades, dans les voitures réquisitionnées pour le transport des troupes; la campagne de 1806 allait commencer. Elle le conduit en Pologne où il passe caporal (1807). Deux ans après, il prend part à la sanglante bataille d'Essling, où il est deux fois blessé[1]. De 1809 à 1811, il combat en Autriche, en Espagne, en Portugal; 1812 le retrouve à Wilna, où l'Empereur réunit sa Garde, avant de marcher contre les Russes. Bourgogne était devenu sergent.

On doit à M. de Ségur une relation de la campagne de Russie; son éloge n'est plus à faire. Seulement, pour nous servir d'une expression courante, elle n'est point *vécue*, et elle ne pouvait l'être. Attaché à un état-major, M. de Ségur n'avait point à endurer les souffrances des soldats ni des officiers de troupe, celles qu'on tient, maintenant, à

1. Il fut blessé à la jambe et au cou. La balle, entrée dans le haut de la cuisse droite, ne put être extraite. Dans ses derniers jours, elle était descendue à 15 centimètres du pied.

connaître dans leurs plus petits détails. Elles font le grand intérêt des *Mémoires* de Bourgogne, car c'est un homme sachant voir, et rendre d'une manière saisissante ce qu'il voit. Il ne le cède point, sous ce rapport, au capitaine Coignet, que Lorédan Larchey a fait revivre : ses *Cahiers*, devenus classiques en leur genre, ont inauguré une série nouvelle de Mémoires militaires, ceux des humbles et des naïfs qui représentent l'élément populaire. On a senti qu'il était utile et bon de se rendre, de leurs impressions, un compte exact.

Nous n'avons pas besoin d'insister sur la valeur dramatique des tableaux de Bourgogne, pour ne parler que de l'orgie de l'église de Smolensk, de son cimetière recouvert de plus de cadavres qu'il n'en contient, de ce malheureux franchissant leurs monceaux neigeux pour arriver au sanctuaire, guidé par les accents d'une musique qu'il croit céleste, tandis qu'elle est produite par des ivrognes montés à l'orgue prêt à s'écrouler parce que ses marches de bois ont été arrachées pour faire du feu. Tout cela est inoubliable.

Ces *Mémoires* ne sont pas moins précieux pour la psychologie du soldat déprimé par une suite de revers : les combattants de 1870 y retrouveront une part de leurs misères. C'est aussi le vrai drame de la faim. Il n'existe point de tableau comparable à celui de la garnison de Wilna fuyant à l'aspect de cette armée de spectres prêts à tout dévorer. Et pourtant, on ne peut refuser à Bourgogne les qualités d'un homme de cœur ; ses accès d'égoïsme sont tellement contre sa nature, que le remords suit aussitôt. On le voit, ailleurs, aider de son mieux les camarades, s'exposer pour l'évasion d'un prisonnier dont le père l'a ému. Les horreurs dont il a été témoin le pénètrent : il a vu des soldats dépouiller, avant leur dernier soupir, ceux qui tombaient ; d'autres (des Croates) retirer des flammes les cadavres et les dévorer. Il a vu, faute de transports, abandonner les blessés tendant leurs mains suppliantes, se traînant sur la neige rougie de leur sang, tandis que ceux qui sont encore debout passent, muets, devant eux, en songeant que pareil sort les attend.

Sur les bords du Niémen, Bourgogne, tombé dans un fossé couvert de glace, implore vainement, lui aussi, les soldats qui passent. Seul, un vieux grenadier s'approche :

— « Je n'en ai plus ! » dit-il en levant ses moignons pour montrer qu'il n'a pas une main à offrir.

Près des villes où les troupes croient trouver la fin de leurs maux, le retour de l'espérance fait renaître les sentiments de pitié. Les langues se délient, on s'informe des camarades, on porte les plus malades sur des fusils. Bourgogne a vu des soldats garder, pendant des lieues, leurs officiers blessés sur leurs épaules. N'oublions pas ces Hessois qui garantissent leur jeune prince contre vingt-huit degrés de froid, passant une nuit serrés autour de son corps, comme le faisceau protecteur d'une jeune plante.

Cependant la fatigue, la fièvre, la congélation et ses plaies mal garanties par des oripeaux de toute provenance, les ravages produits sur son organisme par une tentative d'empoisonnement, en voilà plus qu'il n'en faut pour faire perdre à notre sergent la piste de son régiment, comme à tant d'autres!

Seul, il avance péniblement à travers la neige où il disparaît, parfois, jusqu'aux épaules. Heureux encore d'échapper aux Cosaques, de trouver des cachettes dans les bois, de reconnaître, par les cadavres rencontrés, la route suivie par sa colonne! Dans l'obscurité d'une nuit, il arrive sur le terrain d'un combat. Il butte contre les corps amoncelés d'où s'élève un appel plaintif : « Au secours ! » En cherchant, non sans trébucher et tomber à son tour, il reconnaît un ami, bien vivant celui-là, le grenadier Picart, type de troupier dégourdi et bon enfant, dont la joyeuse humeur fait presque tout oublier. Mais un officier russe annonce que l'Empereur et toute sa Garde ont été faits prisonniers, et voilà notre loustic saisi d'un accès de folie, présentant les armes et criant : « Vive l'Empereur! » comme un jour de revue.

C'est, en effet, chose digne de remarque : malgré ses misères, le soldat n'accuse point celui qui est cause de ses infortunes ; il reste dévoué, corps et âme, avec la persuasion que Napoléon saura le tirer du mauvais pas, qu'il ne tardera point à prendre sa revanche. C'était une religion : « Picart pensait, comme tous les vieux soldats idolâtres de l'Empereur, qu'une fois qu'ils étaient avec lui, rien ne devait plus manquer, que tout devait réussir, enfin qu'avec lui, il n'y avait rien d'impossible. » Sans être aussi optimiste, Bourgogne partageait, jusqu'à un certain point, cette manière de voir. Et cependant, à sa rentrée en France, son régiment était réduit à 26 hommes !

Leur dieu les émeut toujours : en le voyant, au passage de la Bérézina, « enveloppé d'une grande capote doublée de fourrure, ayant sur la tête un bonnet de velours amarante, avec un tour de peau de renard noir et un bâton à la main », Picart pleure en s'écriant : « Notre Empereur marcher à pied, un bâton à la main, lui si grand, lui qui nous fait si fiers ! »

Enfin, au mois de mars 1813, Bourgogne se retrouve dans sa patrie, et reçoit l'épaulette de sous-lieutenant au 145e de ligne, avec lequel il repart pour la Prusse. Blessé au combat de Dessau (12 octobre 1813), il est fait prisonnier.

Ses loisirs de captivité sont consacrés au relevé de ses souvenirs, encore récents ; il prend des notes. Avec les lettres écrites à sa mère, elles serviront, plus tard, à rédiger ses *Mémoires*. Et alors il se demande si c'est bien lui qui a écrit tout cela, tant le rappel de ce qu'il a vu le frappe de nouveau. Il se demande s'il n'a pas été le jouet de son imagination. Mais il se raffermit et se complète en causant du passé avec d'anciens compagnons dont il donne la liste. La concordance de leurs témoignages prouve qu'il n'a point rêvé.

Le premier retour des Bourbons l'avait fait démissionner aussitôt[1], sous le prétexte de « partager, avec de vieux parents, le fardeau de leur travail, pour le soutien d'une nombreuse famille ». Il pensait à un mariage, qui suivit de près sa lettre au ministre.

La vie de famille aussi a ses épreuves : Bourgogne le sentit après la perte de sa femme, laissant deux filles à élever. Il contracta un second mariage et eut encore deux enfants[2].

1. « L'Empereur n'étant plus en France, dit-il lui-même dans une note de ses *Mémoires*, je donnai ma démission. »

2. Bourgogne épousa, à Condé, le 31 août 1814, Thérèse-Fortunée Demarez. Après sa mort, arrivée en 1822, il se remaria avec Philippine Godart, originaire de Tournai.

Établi marchand mercier, comme son père, il quitta bientôt le magasin pour s'occuper d'affaires industrielles où il perdit une partie de son bien. Ses habitudes simples, son heureux naturel l'aidèrent à supporter ces revers, qui ne l'empêchèrent point de donner une instruction convenable à ses filles. Il les adorait, et sut leur inspirer l'amour des arts dont il était épris : l'une s'adonnait à la peinture, l'autre à la musique. Doué lui-même d'une jolie voix, il chantait à la fin des repas de famille, selon la coutume aujourd'hui presque partout délaissée. Il avait réuni, dans sa demeure, une collection, relativement importante, de tableaux, de curiosités, de souvenirs, qu'on venait voir.

A Paris, où il se rendait quelquefois, il ne manquait point de visiter, aux Invalides, ses anciens compagnons d'armes. Il en retrouvait aussi quotidiennement plusieurs, dans sa ville natale, au café où ils causaient de leurs campagnes. Au dîner qui les réunissait le jour anniversaire de l'entrée des Français à Moscou, ils buvaient, à tour de rôle, dans un gobelet rapporté du Kremlin : les vieux soldats de la Garde avaient le culte du passé.

Avec les journées de 1830 et le retour des trois couleurs[1], il pense à reprendre du service ; or sa famille jouit de quelque influence à Condé, où son frère est médecin[2]. Alors député de Valenciennes, M. de Vatimesnil, ancien ministre de Louis XVIII et de Charles X, dont il vient de voter la déchéance, ne manque pas d'appuyer un brave ayant neuf campagnes, trois blessures, et méconnu par le gouvernement tombé. Comme compensation légitime, il propose sa nomination à l'emploi de major de place, vacant à Condé. La lettre au maréchal Soult, alors ministre de la guerre, est contresignée par les deux autres députés du Nord, Brigode et Morel. La réponse n'arrivant point, M. de Vatimesnil revient à la charge, quinze jours après : « Cette nomination, écrit-il, qui serait excellente sous le rapport militaire, ne serait pas moins utile sous le rapport politique. A une lieue de Condé se trouve le château de l'Hermitage, appartenant à M. le duc de Croy, et où sont réunis beaucoup de mécontents. Loin de moi la pensée de supposer qu'ils

1. « En 1830, dit-il dans la note déjà citée, à la réapparition du drapeau tricolore, je rentrai au service. »

2. Notre sergent avait trois frères et une sœur dont il était l'aîné, savoir : François, un moment professeur de mathématiques au collège de Condé ; Firmin, mort jeune ; Florence, mariée à un brasseur ; Louis-Florent, docteur en médecine de la Faculté de Paris, mort en 1870. — Marie-Françoise Monnier, leur mère, était née à Condé en 1764.

aient de mauvaises intentions ! Mais, enfin, la prudence exige qu'une place forte située aussi près de ce château, et sur l'extrême frontière, soit confiée à des officiers parfaitement sûrs. Je vous réponds de l'énergie de M. Bourgogne.... » A défaut de l'emploi, il demande pour son protégé la croix de la Légion d'honneur.

LE LIEUTENANT BOURGOGNE EN 1830.
(Dessin au crayon d'A. Vallet, d'après un tableau du temps.)

Mais Bourgogne n'en est pas moins oublié au ministère, où l'on ne retrouve aucune trace de ses services. M. de Vatimesnil est obligé de former un dossier, qu'il envoie le 24 septembre. Deux mois après, le 10 novembre, l'ancien vélite est enfin nommé lieutenant-adjudant de place, mais à Brest, et non à Condé ! C'était bien loin, mais enfin il avait un pied à l'étrier, et puis la croix vint, le 21 mars 1831, l'aider à prendre patience, sinon à oublier le sol natal. De nouvelles démarches sont faites pour le poste d'adjudant de place à Valenciennes. Il n'y omet point son titre d'électeur, important alors[1]. Son vœu fut enfin exaucé le 25 juillet 1832, et l'on se souvient encore, à Valenciennes, des services qu'il rendit, notamment pendant les troubles de 1848. Ses droits à la retraite lui valurent, en 1853, une pension de douze cents francs.

Il mourut, octogénaire, le 15 avril 1867, deux années après le légendaire Coignet, qui alla jusqu'à quatre-vingt-dix ans. On voit que leur rude existence n'avait pas hâté leur fin. Il est vrai qu'il fallait être exceptionnellement solide pour avoir survécu.

1. Nous avons trouvé les lettres de M. de Vatimesnil dans le dossier militaire de Bourgogne, aux Archives de la Guerre.

Malheureusement, des souffrances physiques empoisonnèrent ses derniers jours. Elles ne lui enlevèrent, toutefois, ni la belle humeur, ni la philosophie qui formait le fond de son caractère. Une de ses nièces, Mme Bussière, veuve d'un chef d'escadron d'artillerie, était d'ailleurs venue, après la mort de sa seconde femme, victime du choléra qui sévit à Valenciennes en 1866, adoucir, par des soins dévoués, l'amertume de ses maux.

Le portrait de notre héros, qui a pris place en tête du volume, est la reproduction d'une lithographie représentant Bourgogne à l'âge de quarante-cinq ans, avec l'air officiellement sévère et le regard un peu dur de l'adjudant de place, personnification vivante de la consigne. Mais ce que nous savons de sa bonté naturelle montre que c'est ici le cas d'appliquer le précepte du poète :

Garde-toi, tant que tu vivras,
De juger les gens sur la mine !

Ajoutons qu'au temps de sa jeunesse, il passait, non sans raison, pour un beau soldat : sa haute stature, son air martial imposaient[1].

Selon notre coutume, nous n'avons fait d'autres modifications au texte que la rectification de l'orthographe et la suppression des phrases inutiles. Moins scrupuleux s'est montré un journal disparu (*l'Écho de la Frontière*) qui a donné, en 1857, une partie des *Mémoires* de Bourgogne, en les corrigeant si bien qu'il les a dépouillés de leur couleur originale.

La collection de *l'Écho de la Frontière* est des plus rares : le seul exemplaire que nous en connaissions se trouve à la bibliothèque de Valenciennes. Son feuilleton de Bourgogne fut tiré à part; nous n'avons pu en retrouver que de rares exemplaires. Ce tirage à part ne contient

1. Voici, d'après une note de ses *Mémoires*, la liste des grandes batailles auxquelles Bourgogne prit part : Iéna, Pulstuk, Eylau, Eilsberg, Friedland, Essling, Wagram, Somo-Sierra, Bénévent, Smolensk, la Moskowa, Krasnoé, la Bérézina, Lutzen et Bautzen : « Ajouté à cela, dit-il, plus de vingt combats et autres divertissements semblables. »

même qu'une partie du texte publié par le journal, et ne dépasse point la page 139 du présent volume. *L'Écho de la Frontière* conduit le lecteur jusqu'à la page 212. Nous avons donc regardé ces *Mémoires* comme ayant la valeur d'une œuvre inédite, jusqu'à leur publication, en 1896, dans la *Nouvelle Revue rétrospective*[1].

Le manuscrit original, qui avait été déposé, en 1891, à la bibliothèque de Valenciennes, vient d'être remis entre les mains de la fille de Bourgogne, Mme Defacqz. Il se compose de six cent seize pages in-folio, presque toutes de la main de l'auteur. Nous restons les obligés de M. Auguste Molinier, qui, le premier, a songé à en offrir la publication à la *Nouvelle Revue rétrospective*, et de M. Edmond Martel, qui a bien voulu faire, pour nous, des recherches sur la famille Bourgogne, à Valenciennes et à Condé.

Nommons encore les neveux de notre héros, M. le docteur Bourgogne et M. Amédée Bourgogne ; M. Loriaux, son ancien propriétaire ; M. Paul Marmottan, et nous aurons fait apprécier l'importance, comme la multiplicité des concours apportés à notre œuvre. Leur constatation reste, en même temps, notre première garantie.

1. Les *Mémoires* de Bourgogne ont paru, pour la première fois *in extenso* d'après le manuscrit original, dans la *Nouvelle Revue rétrospective*, consacrée, depuis quinze ans, à la publication de documents concernant notre histoire nationale depuis deux siècles.

LE MARÉCHAL NOUS DEMANDA OU ÉTAIT LA GARDE IMPÉRIALE.

I

D'Almeida à Wilna

Ce premier chapitre n'est, en réalité, qu'un Avant-propos *où le sergent Bourgogne retrace son itinéraire d'Almeida (Portugal) à Moscou. Les* Mémoires *proprement dits ne commencent qu'avec le chapitre II*

Ce fut au mois de mars 1812, lorsque nous étions à Almeida, en Portugal, à nous battre contre l'armée anglaise, commandée par Wellington, que nous reçûmes l'ordre de partir pour la Russie.

Nous traversâmes l'Espagne, où chaque jour de marche fut marqué par un combat, et quelquefois deux. Ce fut de cette manière que nous arrivâmes à Bayonne, première ville de France.

Partant de cette ville, nous prîmes la poste et nous arrivâmes à Paris, où nous pensions nous reposer. Mais, après un séjour de quarante-huit heures, l'Empereur nous passa en revue, et, jugeant que le repos était indigne de nous, nous fit faire demi-tour et marcher en colonnes, par pelotons, le long des boulevards, ensuite tourner à gauche dans la rue Saint-Martin, traverser la Villette, où nous trouvâmes plusieurs centaines de fiacres et autres voitures qui nous attendaient. L'on nous fit faire halte, ensuite monter quatre dans la même voiture et, fouette cocher! jusqu'à Meaux, puis sur des chariots jusqu'au Rhin, en marchant jour et nuit.

Nous fîmes séjour à Mayence, puis nous passâmes le Rhin; ensuite nous traversâmes à pied le grand-duché de Francfort, la Franconie, la Saxe, la Prusse, la Pologne. Nous passâmes la Vistule à Marienwerder, nous entrâmes en Poméranie, et, le 25 juin au matin, par un beau temps, non pas par un temps affreux, comme le dit M. de Ségur, nous traversâmes le Niémen sur plusieurs ponts de bateaux que l'on venait de jeter, et nous entrâmes en Lithuanie, première province de Russie.

Le lendemain, nous quittâmes notre première position et nous marchâmes jusqu'au 29, sans qu'il nous arrivât rien de remarquable; mais, dans la nuit du 29 au 30, un bruit sourd se fit entendre : c'était le tonnerre qu'un vent furieux nous apportait. Des masses de nuées s'amoncelaient sur nos têtes et finirent par crever. Le tonnerre et le vent durèrent plus de deux heures. En quelques minutes, nos feux furent éteints; les abris qui nous couvraient, enlevés; nos faisceaux d'armes renversés. Nous étions tous perdus et ne sachant où nous diriger. Je courus me réfugier dans la direction d'un village où était logé le quartier général. Je n'avais, pour me guider, que la lueur des éclairs. Tout à coup, à la lueur d'un éclair, je crois apercevoir un chemin, mais c'était un canal qui conduisait à un moulin que les pluies avaient enflé, et dont les eaux étaient au niveau du sol. Pensant marcher sur quelque chose de solide, je m'enfonce et disparais. Mais, revenu au-dessus de l'eau, je gagne l'autre bord à la nage. Enfin, j'arrive au village, j'entre dans la première maison que je rencontre et où je trouve la première chambre occupée par une vingtaine d'hommes, officiers et domestiques, endormis. Je gagne le mieux possible un banc qui était placé autour d'un grand poêle bien chaud, je me déshabille, je m'empresse de tordre ma chemise et mes habits pour en faire sortir l'eau, et je m'accroupis sur le banc, en attendant que tout soit sec ; au jour, je m'arrange le mieux possible, et je sors de la maison pour aller chercher mes armes et mon sac, que je retrouve dans la boue.

Le lendemain 30, il fit un beau soleil qui sécha tout, et, le même jour, nous arrivâmes à Wilna, capitale de la Lithuanie, où l'Empereur était arrivé, depuis la veille, avec une partie de la Garde.

Pendant le temps que nous y restâmes, je reçus une lettre de ma mère, qui en contenait une autre à l'adresse de M. Constant, premier valet de chambre de l'Empereur, qui était de Péruwelz[1], Belgique. Cette lettre était de sa mère, avec qui la mienne était en connaissance. Je fus où était logé l'Empereur pour la lui remettre, mais je ne rencontrai que Roustam, le mameluck de l'Empereur, qui me dit que M. Constant venait de sortir avec Sa Majesté. Il m'engagea à attendre son retour, mais je ne le pouvais pas, j'étais de service. Je lui donnai la lettre pour la remettre à son adresse, et je me promis de revenir voir M. Constant. Mais le lendemain 16 juillet, nous partîmes de cette ville.

Premiers Combats

Nous en sortîmes à dix heures du soir, en marchant dans la direction de Borisow, et nous arrivâmes, le 27, à Witebsk, où nous rencontrâmes les Russes. Nous nous mîmes en bataille sur une hauteur qui dominait la ville et les environs. L'ennemi était en position sur une hauteur à droite et à gauche de la ville. Déjà la cavalerie, commandée par le roi Murat, avait fait plusieurs charges. En arrivant, nous vîmes 200 voltigeurs du 9e de ligne, et tous Parisiens, qui, s'étant trop engagés, furent rencontrés par une partie de la cavalerie russe que l'on venait de repousser.

Nous les regardions comme perdus, si l'on n'arrivait assez tôt pour les secourir, à cause des ravins et de la rivière qui empêchait d'aller directement à eux. Mais ils sont commandés par des braves officiers qui jurent, ainsi que les soldats, de se faire tuer plutôt que de ne pas en sortir avec honneur. Ils gagnent, en se battant, un terrain qui leur était avantageux. Alors ils se forment en carré, et comme ils n'en étaient pas à leur coup d'essai, le nombre d'ennemis qui leur était opposé ne les intimide pas ; et cependant ils étaient entourés d'un régiment de lanciers et par d'autres cavaliers qui cherchaient à les enfoncer, sans pouvoir y parvenir, de manière qu'au bout d'un moment, ils finirent par avoir, autour d'eux, un rempart d'hommes et de chevaux tués et blessés. Ce fut un obstacle de plus pour les Russes, qui, épouvantés, se sauvèrent en désordre, aux cris de joie de toute l'armée, spectatrice de ce combat.

1. Gros bourg belge à 7 kilomètres de Condé, lieu de promenade fréquenté à cause du pèlerinage de Bonsecours.

Les nôtres revinrent tranquillement, vainqueurs, s'arrêtant par moments et faisant face à l'ennemi. L'Empereur envoya de suite l'ordre de la Légion d'honneur aux plus braves. Les Russes, en bataille sur une hauteur opposée à celle où nous étions, ont vu, comme nous, le combat et la fuite de leur cavalerie.

Après cette échauffourée, nous formâmes nos bivouacs. Un instant après, je reçus la visite de douze jeunes soldats de mon pays, de Condé ; dix étaient tambours, un tambour-maître, et le douzième était caporal des voltigeurs, et tous dans le même régiment. Ils avaient tous, à leur côté, des demi-espadons. Cela signifiait qu'ils étaient tous maîtres ou prévôts d'armes, enfin des vrais spadassins. Je leur témoignai tout le plaisir que j'avais de les voir, en leur disant que je regrettais de n'avoir rien à leur offrir. Le tambour-maître prit la parole et me dit :

« Mon pays, nous ne sommes pas venus pour cela ; tout au contraire, nous sommes venus vous prier de venir avec nous prendre votre part de ce que nous avons à vous offrir : vin, genièvre et autres liquides fort restaurants. Nous avons enlevé tout cela, hier au soir, au général russe, c'est-à-dire un petit fourgon avec sa cuisine et tout ce qui s'ensuit, que nous avons déposé dans la voiture de Florencia, notre cantinière, une jolie Espagnole, qu'on dit être ma femme, et cela parce qu'elle est sous ma protection, en tout bien, tout honneur ! » Et en disant cela, il frappait de la main droite sur la garde de sa longue rapière. « Et puis, reprit-il, c'est une brave femme ; demandez aux amis, personne n'oserait lui manquer. Elle avait un caprice pour un sergent avec qui elle devait se marier. Mais il a été assassiné par un Espagnol de la ville de Bilbao. En attendant qu'elle en ait choisi un autre, il faut la protéger. Ainsi, mon pays, c'est entendu, vous allez venir avec quelques-uns de vos amis, parce que, lorsqu'il y en a pour trois, il y en a pour quatre. Allons ! En avant, marche ! » Et nous nous mîmes en route, dans la direction de leur corps d'armée, qui formait l'avant-garde.

Nous arrivâmes au camp des enfants de Condé ; nous étions quatre invités : deux dragons, Melet, qui était de Condé, et Flament, de Péruwelz, ensuite Grangier, sous-officier dans le même régiment que moi. Nous nous installâmes près de la voiture de la cantinière, qui était effectivement une jolie Espagnole, qui nous reçut avec joie, parce que nous arrivions de son pays, et que nous parlions assez bien sa langue, surtout le dragon Flament, de sorte que nous passâmes la nuit à boire le vin du général russe et à causer du pays.

Il commençait à faire jour, lorsqu'un coup de canon mit fin à notre conversation. Nous rentrâmes chacun chez nous, en attendant l'occasion de nous revoir. Les pauvres garçons ne pensaient pas que, quelques jours plus tard, onze d'entre eux auraient fini d'exister.

C'était le 28; nous nous attendions à une bataille, mais l'armée russe se retira, et, le même jour, nous entrâmes à Witebsk, où nous restâmes quinze jours. Notre régiment occupait un des faubourgs de la ville.

J'étais logé chez un juif qui avait une jolie femme et deux filles charmantes, avec des figures ovales. Je trouvai dans cette maison une petite chaudière à faire de la bière, de l'orge, ainsi qu'un moulin à bras pour le moudre; mais le houblon nous manquait. Je donnai douze francs au juif pour nous en procurer, et, dans la crainte qu'il ne revînt pas, nous gardâmes, pour plus de sûreté, Rachel, sa femme, et ses deux filles en otage. Mais, vingt-quatre heures après son départ, Jacob le juif était de retour avec du houblon. Il se trouvait, dans la compagnie, un Flamand, brasseur de son état, qui nous fit cinq tonnes de bière excellente.

Le 13 août, lorsque nous partîmes de cette ville, il nous restait encore deux tonnes de bière que nous mîmes sur la voiture de la mère Dubois, notre cantinière, qui eut le bon esprit de rester en arrière et de la vendre, à son profit, à ceux qui marchaient après nous, tandis que nous, marchant par la grande chaleur, nous mourions de soif.

Le 16, de grand matin, nous arrivâmes devant Smolensk. L'ennemi venait de s'y renfermer; nous prîmes position sur le *Champ sacré*, ainsi appelé par les habitants du pays. Cette ville est entourée de murailles très fortes et de vieilles tours, dont le haut est en bois; le Boristhène (Dniéper) coule de l'autre côté et au pied de la ville. Aussitôt on en fit le siège, et l'on battit en brèche, et, le 17 au matin, lorsque l'on se disposait à la prendre d'assaut, on fut tout surpris de la trouver évacuée. Les Russes battaient en retraite, mais ils avaient coupé le pont et, de l'autre côté, sur une hauteur qui dominait la ville, ils nous lançaient des bombes et des boulets.

Pendant le jour du siège, je fus, avec un de mes amis, aux avant-postes où étaient les batteries de siège qui tiraient sur la ville. C'était la position du corps d'armée du maréchal Davoust; en nous voyant et reconnaissant que nous étions de la Garde, le maréchal vint à nous et nous demanda où était la Garde impériale. Ensuite il se mit à pointer des obusiers qui tiraient sur une tour qui était devant nous. Un instant après, l'on vint le prévenir que les Russes sortaient de la ville, et s'avançaient dans la direction où nous étions. De suite, il commanda à un bataillon d'infanterie légère d'aller prendre position en avant, en disant à celui qui le commandait : « Si l'ennemi s'avance, vous le repousserez. »

Je me rappelle qu'un officier déjà vieux, faisant partie de ce bataillon, chantait, en allant au combat, la chanson de *Roland* :

Combien sont-ils? Combien sont-ils?
C'est le cri du soldat sans gloire[1]!

Cinq minutes après, ils marchaient à la baïonnette sur la colonne des Russes, qui fut forcée de rentrer en ville.

En revenant à notre camp, nous faillîmes être tués par un obus. Un autre alla tomber sur une grange où était logé le maréchal Mortier, et y mit le feu; parmi les hommes qui portaient de l'eau pour l'éteindre, je rencontrai un jeune soldat de mon endroit; il faisait partie d'un régiment de la Jeune Garde[2].

Pendant notre séjour autour de cette ville, je fus visiter la cathédrale, où une grande partie des habitants s'étaient retirés, les maisons ayant été toutes écrasées.

Le 21, nous partîmes de cette position. Le même jour, nous traversâmes le plateau de Valoutina, où, deux jours avant, une affaire sanglante venait d'avoir lieu, et où le brave général Gudin avait été tué.

Nous continuâmes notre route et nous arrivâmes, à marches forcées, à une ville nommée Dorogobouï; nous en partîmes le 24, en poursuivant les Russes jusqu'à Viazma, qui, déjà, était toute en feu. Nous y trouvâmes de l'eau-de-vie et un peu de vivres. Nous continuâmes de marcher jusqu'à Ghjat, où nous arrivâmes le 1er septembre. Nous y fîmes séjour. Ensuite, on fit, dans toute l'armée, la récapitulation des coups de canon et de fusil qu'il y avait à tirer pour le jour où une grande bataille aurait lieu. Le 4, nous nous remettions en marche; le 5, nous rencontrâmes l'armée russe en position. Le 61e de ligne lui enleva la première redoute.

Le 6, nous nous préparâmes pour la grande bataille qui devait se donner le lendemain : l'un prépare ses armes, d'autres du linge en cas de blessure, d'autres font leur testament, et d'autres, insouciants, chantent ou dorment. Toute la Garde impériale eut l'ordre de se mettre en grande tenue.

Le lendemain, à cinq heures du matin, nous étions sous les armes, en colonne serrée par bataillons. L'Empereur passa près de nous en parcourant toute la ligne, car déjà, depuis plus d'une demi-heure, il était à cheval.

A sept heures, la bataille commença; il me serait impossible d'en donner le détail, mais ce fut, dans toute l'armée, une grande joie en entendant le bruit du canon, car l'on était certain que les Russes, comme les autres fois,

1. Combien sont-ils? Combien sont-ils?
Quel homme ennemi de sa gloire
Peut demander : Combien sont-ils?
Eh! demande où sont les périls,
C'est là qu'est aussi la victoire!

Tel est le texte exact du troisième couplet de *Roland à Roncevaux*, chanson (paroles et musique) de Rouget de L'Isle.

2. Dumoulin, mort de la fièvre à Moscou. (*Note de l'auteur.*)

n'avaient pas décampé, et qu'on allait se battre. La veille au soir et une partie de la nuit, il était tombé une pluie fine et froide, mais, pour ce grand jour, il faisait un temps et un soleil magnifiques.

Cette bataille fut, comme toutes nos grandes batailles, à coups de canon, car, au dire de l'Empereur, cent vingt mille coups furent tirés par nous. Les Russes eurent au moins cinquante mille hommes, tant tués que blessés. Notre perte fut de dix-sept mille hommes; nous eûmes quarante-trois généraux hors de combat, dont huit, à ma connaissance, furent tués sur le coup. Ce sont : Montbrun, Huard, Caulaincourt (le frère du grand écuyer de l'Empereur), Compère, Maison, Plauzonne, Lepel et Anabert. Ce dernier était colonel d'un régiment de chasseurs à pied de la Garde, et comme, à chaque instant, l'on venait dire à l'Empereur : « Sire, un tel général est tué ou blessé », il fallait le remplacer de suite. Ce fut de cette manière que le colonel Anabert fut nommé général. Je m'en rappelle très bien, car j'étais, en ce moment, à quatre pas de l'Empereur qui lui dit : « Colonel je vous nomme général; allez vous mettre à la tête de la division qui est devant la grande redoute, et enlevez-la! »

Le général partit au galop, avec son adjudant-major, qui le suivit comme aide de camp.

Un quart d'heure après, l'aide de camp était de retour, et annonçait à l'Empereur que la redoute était enlevée, mais que le général était blessé. Il mourut huit jours après, ainsi que plusieurs autres.

L'on a assuré que les Russes avaient perdu cinquante généraux, tant tués que blessés.

Pendant toute la bataille, nous fûmes en réserve, derrière la division commandée par le général Friant : les boulets tombaient dans nos rangs et autour de l'Empereur.

La bataille finit avec le jour, et nous restâmes sur l'emplacement, pendant la nuit et la journée du 8, que j'employai à visiter le champ de bataille, triste et épouvantable tableau à voir! J'étais avec Grangier. Nous allâmes jusqu'au ravin, position qui avait été tant disputée pendant la bataille.

Le roi Murat y avait fait dresser ses tentes. Au moment où nous arrivions, nous le vîmes faisant faire, par son chirurgien, l'amputation de la cuisse droite à deux canonniers de la Garde impériale russe.

Lorsque l'opération fut terminée, il leur fit donner à chacun un verre de vin. Ensuite, il se promena sur le bord du ravin, en contemplant la plaine qui se trouve de l'autre côté, bornée par un bois. C'est là que, la veille, il avait fait mordre la poussière à plus d'un Moscovite, lorsqu'il chargea, avec sa cavalerie, l'ennemi qui était en retraite. C'est là qu'il était beau de le voir, se distinguant par sa bravoure, son sang-froid et sa belle tenue, donnant des ordres à ceux qu'il commandait et des coups de sabre à ceux qui le combattaient. On pouvait facilement le distinguer à sa toque, à son aigrette blanche et à son manteau flottant.

Le 9 au matin, nous quittâmes le champ de bataille et nous arrivâmes, dans la journée, à Mojaïsk. L'arrière-garde des Russes était en bataille sur une hauteur, de l'autre côté de la ville occupée par les nôtres. Une compagnie de voltigeurs et de grenadiers, forte au plus de cent hommes du 33e de ligne, qui faisait partie de l'avant-garde, montait la côte sans s'inquiéter du nombre d'ennemis qui l'attendaient. Une partie de l'armée, qui était encore arrêtée dans la ville, les regardait avec surprise, quand plusieurs escadrons de cuirassiers et de cosaques s'avancent et enveloppent nos voltigeurs et nos grenadiers. Mais, sans s'étonner et comme s'ils avaient prévu cela, ils se réunissent, se forment par pelotons, ensuite en carré, et font feu des quatre faces sur les Russes qui les entourent.

Vu la distance qui les sépare de l'armée, on les croit perdus, car l'on ne pouvait pas arriver jusqu'à eux pour les secourir. Un officier supérieur des Russes s'étant avancé pour leur dire de se rendre, l'officier qui commandait les Français répondit à cette sommation en tuant celui qui lui parlait. La cavalerie, épouvantée, se sauva et laissa les voltigeurs et grenadiers maîtres du champ de bataille[1].

Le 10, nous suivons l'ennemi jusqu'au soir, et, lorsque nous nous arrêtons, je suis commandé de garde près d'un château où est logé l'Empereur. Je venais d'établir mon poste sur un chemin qui conduisait au château, lorsqu'un domestique polonais, dont le maître était attaché à l'état-major de l'Empereur, passa près de mon poste, conduisant un cheval chargé de bagages. Ce cheval, fatigué, s'abattit, et malgré tous nos efforts ne voulut plus se relever. Le domestique prit la charge et partit. A peine nous avait-il quittés, que les hommes du poste, qui avaient faim, tuèrent le cheval, de sorte que, toute la nuit, nous nous occupâmes à en manger et à en faire cuire pour le lendemain.

Un instant après, l'Empereur vint à passer à pied. Il était accompagné du roi Murat et d'un auditeur au conseil d'État. Ils allaient joindre la grand'route. Je fis aussitôt prendre les armes à mon poste. L'Empereur s'arrêta devant nous et près du cheval qui barrait le chemin. Il me demanda si c'était nous qui l'avions mangé. Je lui répondis que oui. Il se mit à sourire, en nous disant : « Patience ! Dans quatre jours nous serons à Moscou, où vous aurez du repos et de la bonne nourriture, quoique d'ailleurs le cheval soit bon. »

1. Un de mes amis, un vélite, le capitaine Sabatier, commandait les voltigeurs. (*Note de l'auteur.*)

La prédiction ne manqua pas de s'accomplir, car, quatre jours après, nous arrivions dans cette capitale.

Le lendemain 11 et les jours suivants, nous marchâmes par un beau temps. Le 13, nous couchâmes où il y avait une grande abbaye et d'autres bâtiments d'une construction assez belle. On voyait bien que l'on était près d'une grande capitale.

Le lendemain 14, nous partîmes de grand matin; nous passâmes près d'un ravin où les Russes avaient commencé des redoutes pour s'y défendre. Un instant après, nous entrâmes dans une grande forêt de sapins et de bouleaux, où se trouve une route très large (route royale). Nous n'étions plus loin de Moscou.

Bataille de la Moskowa

Ce jour-là, j'étais d'avant-garde avec quinze hommes. Après une heure de marche, la colonne impériale fit halte. Dans ce moment, j'aperçus un militaire de la ligne ayant le bras gauche en écharpe. Il était appuyé sur son fusil et semblait attendre quelqu'un. Je le reconnus de suite pour un des enfants de Condé dont j'avais reçu la visite près de Witebsk. Il était là, espérant me voir. Je m'approchai de lui en lui demandant comment se portaient les amis :

« Très bien, me répondit-il, en frappant la terre de la crosse de son fusil. Ils sont tous morts, comme on dit, au champ d'honneur, et enterrés dans la grande redoute. Ils ont tous été tués par la mitraille, en battant la charge. Ah! mon sergent, continua-t-il, jamais je n'oublierai cette bataille! Quelle boucherie !

— Et vous, lui dis-je, qu'avez-vous?

— Ah bah ! rien, une balle entre le coude et l'épaule! Asseyons-nous un instant, nous causerons de nos pauvres camarades et de la jeune Espagnole, notre cantinière. »

Voici ce qu'il me raconta :

« Depuis sept heures du matin nous nous battions, lorsque le général Campans, qui nous commandait, fut blessé. Celui qu'on envoya pour le remplacer le fut aussi; ainsi d'un troisième. Un quatrième arrive : il venait de la Garde. Aussitôt, il prit le commandement et fit battre la charge. C'est là que notre régiment, le 61e, acheva d'être abîmé par la mitraille. C'est là aussi que les amis furent tués, la redoute prise et le général blessé. C'était le général Anabert. Pendant l'action, j'avais reçu une balle dans le bras, sans m'en apercevoir.

« Un instant après, ma blessure me faisait souffrir, je me retirai pour aller à l'ambulance me faire extraire la balle. Je n'avais pas fait cent pas que je rencontrai la jeune Espagnole, notre cantinière. Elle était tout en pleurs; des blessés venaient de lui apprendre que presque tous les tambours du régiment étaient tués ou blessés. Elle me dit qu'elle voulait les voir, afin de les secourir. Malgré ma blessure qui me faisait souffrir, je me décidai à l'accompagner. Nous avançâmes au milieu des blessés qui se retiraient péniblement, et d'autres que l'on portait sur des brancards.

« Lorsque nous fûmes arrivés près de la grande redoute et qu'elle vit ce champ de carnage, elle se mit à jeter des cris lamentables. Mais ce fut bien autre chose, lorsqu'elle aperçut à terre les caisses brisées des tambours du régiment. Alors elle devint comme une femme en délire : « Ici, l'ami, ici, « s'écria-t-elle! C'est ici qu'ils sont! » Effectivement ils étaient là, gisants, les membres brisés, les corps déchirés par la mitraille, et, comme une folle, elle allait de l'un à l'autre, leur adressant de douces paroles. Mais aucun ne l'entendait. Cependant, quelques-uns donnaient encore signe de vie. Le tambour-maître, celui qu'elle appelait son père, était du nombre.

« Elle s'arrêta à celui-là, et, se mettant à genoux, elle lui souleva la tête afin de lui introduire quelques gouttes d'eau-de-vie dans la bouche. Dans ce moment, les Russes firent un mouvement pour reprendre la redoute qu'on leur avait enlevée. Alors la fusillade et la canonnade recommencèrent. Tout à coup, la jeune Espagnole jeta un cri de douleur. Elle venait d'être atteinte d'une balle à la main gauche, qui lui avait écrasé le pouce et était entrée dans l'épaule de l'homme mourant qu'elle soutenait. Elle tomba sans connaissance. Voyant le danger, je voulus la soulever, afin de la conduire en lieu de sûreté, où étaient les bagages, sa voiture et les ambulances. Mais, avec le seul bras que j'avais de libre, je n'en eus pas la force. Fort heureusement, un cuirassier qui était démonté vint à passer près de nous. Il ne se fit pas prier. Il me dit seulement : « Vite! dépêchons-nous, car ici il ne fait pas « bon! » En effet les boulets nous sifflaient aux oreilles. Sans plus de façon, il enleva la jeune Espagnole et la transporta comme une enfant que l'on porte. Elle était toujours sans connaissance. Après dix minutes de marche, nous arrivâmes près d'un petit bois où était l'ambulance de l'artillerie de la Garde. Là, Florencia reprit ses sens.

« M. Larrey, le chirurgien de l'Empereur, lui fit l'amputation de son pouce, et à moi il m'extirpa fort adroitement la balle que j'avais dans le bras, et à présent je me trouve assez bien. »

Voilà ce que me raconta l'enfant de Condé, Dumont, caporal des voltigeurs du 61e de ligne. Je lui fis promettre de venir me voir à Moscou, si toutefois nous y restions; mais plus jamais je n'ai entendu parler de lui.

Ainsi périrent douze jeunes gens de Condé, dans la mémorable bataille de la Moskowa, le 7 septembre 1812.

Entrée à Moscou

Le 14 septembre, à une heure de l'après-midi, après avoir traversé une grande forêt, nous aperçûmes, de loin, une éminence. Une demi-heure après, nous y arrivâmes. Les premiers, qui étaient déjà sur le point le plus élevé, faisaient des signaux à ceux qui étaient encore en arrière, en leur criant : « Moscou ! Moscou ! » En effet, c'était la grande ville que l'on apercevait : c'était là où nous pensions nous reposer de nos fatigues, car nous, la Garde impériale, nous venions de faire plus de douze cents lieues sans nous reposer.

C'était par une belle journée d'été ; le soleil réfléchissait sur les dômes, les clochers et les palais dorés. Plusieurs capitales que j'avais vues, telles que Paris, Berlin, Varsovie, Vienne et Madrid, n'avaient produit en moi que des sentiments ordinaires, mais ici la chose était différente : il y avait pour moi, ainsi que pour tout le monde, quelque chose de magique.

Dans ce moment, peines, dangers, fatigues, privations, tout fut oublié, pour ne plus penser qu'au plaisir d'entrer dans Moscou, y prendre des bons quartiers d'hiver et faire des conquêtes d'un autre genre, car tel est le caractère du militaire français : du combat à l'amour, et de l'amour au combat.

Pendant que nous étions à contempler cette ville, l'ordre de se mettre en grande tenue arrive.

Ce jour-là, j'étais d'avant-garde avec quinze hommes, et l'on m'avait donné à garder plusieurs officiers restés prisonniers de la grande bataille de la Moskowa, dont quelques-uns parlaient français. Il se trouvait aussi, parmi eux, un *pope* (prêtre de la religion grecque), probablement aumônier d'un régiment, qui, aussi, parlait très bien français, mais paraissant plus triste et plus occupé que ses compagnons d'infortune. J'avais remarqué, ainsi que bien d'autres, qu'en arrivant sur la colline où nous étions, tous les prisonniers s'étaient inclinés en faisant, à plusieurs reprises, le signe de la croix. Je m'approchai du prêtre, et je lui demandai pourquoi cette manifestation : « Monsieur, me dit-il, la montagne sur laquelle nous sommes s'appelle le *Mont-du-Salut*, et tout bon Moscovite, à la vue de la ville sainte, doit s'incliner et se signer! »

Un instant après, nous descendions le Mont-du-Salut et, après un quart d'heure de marche, nous étions à la porte de la ville.

L'Empereur y était déjà avec son état-major. Nous fîmes halte; pendant ce temps, je remarquai que, près de la ville et sur notre gauche, il se trouvait un immense cimetière. Après un moment d'attente, le maréchal Duroc qui, depuis un instant, était entré en ville, se présenta à l'Empereur avec quelques habitants qui parlaient français. L'Empereur leur fit plusieurs questions; ensuite le maréchal dit à Sa Majesté, qu'il y avait, dans le Kremlin, une quantité d'individus armés dont la majeure partie étaient des malfaiteurs que l'on avait fait sortir des prisons, et qui tiraient des coups de fusil sur la cavalerie de Murat, qui formait l'avant-garde. Malgré plusieurs sommations, ils s'obstinaient à ne pas ouvrir les portes : « Tous ces malheureux, dit le maréchal, sont ivres, et refusent d'entendre raison. — Que l'on ouvre les portes à coups de canon! répondit l'Empereur, et que l'on en chasse tout ce qui s'y trouve! »

La chose était déjà faite, le roi Murat s'était chargé de la besogne : deux coups de canon, et toute cette canaille se dispersa dans la ville. Alors le roi Murat avait continué de la traverser, en serrant de près l'arrière-garde des Russes.

Un roulement de tous les tambours de la Garde se fait entendre, suivi du commandement de *Garde à vous!* C'est le signal d'entrer en ville. Il était trois heures après midi; nous faisons notre entrée en marchant en colonne serrée par pelotons, musique en tête. L'avant-garde, dont je faisais partie, était composée de trente hommes : M. Serraris, lieutenant de notre compagnie, la commandait.

A peine étions-nous dans le faubourg, que nous vîmes venir à nous plusieurs de ces misérables que l'on avait chassés du Kremlin; ils avaient tous des figures atroces, ils étaient armés de fusils, de lances et de fourches. A peine avions-nous passé au pont qui sépare le faubourg de la ville, qu'un individu, sorti de dessous le pont, s'avança au-devant du régiment : il était affublé d'une capote de peau de mouton, une ceinture de cuir lui serrait les reins, des longs cheveux gris lui tombaient sur les épaules, une barbe blanche et épaisse lui descendait jusqu'à la ceinture. Il était armé d'une fourche à trois dents, enfin tel que l'on dépeint Neptune sortant des eaux. Dans cet équipage, il marcha fièrement sur le tambour-major, faisant mine de le frapper le premier : le voyant bien équipé, galonné, il le prenait peut-être pour un général. Il lui porta un coup de sa fourche que, fort heureusement, le tambour-major évita, et, lui ayant arraché son arme meurtrière, il le prit par les épaules et, d'un grand coup de pied dans le derrière, il le fit sauter en bas du pont et rentrer dans les eaux d'où il était sorti un instant avant, mais pour ne plus reparaître, car, entraîné par le courant, on ne le voyait plus que faiblement et par intervalles; ensuite, on ne le vit plus.

Nous en vîmes venir d'autres, qui faisaient feu sur nous avec des armes chargées; il y en avait même qui n'avaient que des pierres en bois à leurs fusils. Comme ils ne blessèrent personne, l'on se contenta de leur arracher leurs armes et de les briser, et, lorsqu'ils revenaient, l'on s'en débarrassait par un grand coup de crosse de fusil dans les reins. Une partie de ces armes avaient été prises dans l'arsenal qui se trouvait au Kremlin; de là venaient les fusils avec des pierres en bois, que l'on met toujours, lorsqu'ils sont neufs et au râtelier. Nous sûmes que ces misérables avaient voulu assassiner un officier de l'état-major du roi Murat.

Après avoir passé le pont, nous continuâmes notre marche dans une grande et belle rue. Nous fûmes étonnés de ne voir personne, pas même une dame, pour écouter notre musique qui jouait l'air : *La victoire est à nous!* Nous ne savions à quoi attribuer cette cessation de tout bruit. Nous nous imaginions que les habitants, n'osant pas se montrer, nous regardaient par les jalousies de leurs croisées. On voyait seulement, çà et là, quelques domestiques en livrée et quelques soldats russes.

Après avoir marché environ une heure, nous nous trouvâmes près de la première enceinte du Kremlin. Mais l'on nous fit tourner brusquement à gauche, et nous entrâmes dans une rue plus belle et plus large que celle que nous venions de quitter, et qui conduit sur la place du Gouvernement. Dans un moment où la colonne était arrêtée, nous vîmes trois dames à une croisée du rez-de-chaussée.

Je me trouvais sur le trottoir et près d'une de ces dames, qui me présenta un morceau de pain aussi noir que du charbon et rempli de longue paille. Je la remerciai et, à mon tour, je lui en présentai un morceau de blanc que la cantinière de notre régiment, la mère Dubois, venait de me donner. La dame se mit à rougir et moi à rire; alors elle me toucha le bras, je ne sais pourquoi, et je continuai à marcher.

Enfin nous arrivâmes sur la place du Gouvernement; nous nous formâmes en masse, en face du palais de Rostopchin, gouverneur de la ville, celui qui la fit incendier. Ensuite l'on nous annonça que tout le régiment était de piquet et que personne, sous quelque prétexte que ce soit, ne devait s'absenter. Cela n'empêcha pas qu'une heure après, toute la place était couverte de tout ce que l'on peut désirer, vins de toutes espèces, liqueurs, fruits confits, et une quantité prodigieuse de pains de sucre, un peu de farine, mais pas de pain. On entrait dans les maisons qui étaient sur la place, pour demander à boire ou à manger, et comme il ne s'y trouvait personne, l'on finissait par se servir soi-même. C'est pourquoi l'on était si bien.

Nous avions établi notre poste sous la grand'porte du palais, où, à droite, se trouvait une chambre assez grande pour y contenir tous les hommes de garde et quelques officiers russes prisonniers que l'on venait de nous conduire et que l'on avait trouvés dans la ville. Pour les premiers que nous avions conduits jusqu'auprès de Moscou, nous les avions laissés, par ordre, à l'entrée de la ville.

Le palais du gouverneur est assez grand ; sa construction est tout à fait européenne. Dans le fond de la grand'porte se trouvent deux beaux escaliers très larges, qui sont placés à droite et finissent par se réunir au premier où se trouve un grand salon avec une grande table ovale dans le milieu, ainsi qu'un tableau de grande dimension dans le fond, représentant Alexandre, empereur de Russie, à cheval. Derrière le palais se trouve une cour très vaste, entourée de bâtiments à l'usage des domestiques.

Commencement de l'Incendie

Une heure après notre arrivée, l'incendie commença : on aperçut, sur la droite, une épaisse fumée, ensuite des tourbillons de flammes, sans cependant savoir d'où cela provenait. Nous apprîmes que le feu était au bazar, qui est le quartier des marchands : « Probablement, disait-on, que ce sont des maraudeurs de l'armée qui ont mis le feu par imprudence, en entrant dans les magasins pour y chercher des vivres. »

Beaucoup de personnes qui n'ont pas fait cette campagne disent que l'incendie de Moscou fut la perte de l'armée : tant qu'à moi, ainsi que beaucoup d'autres, nous avons pensé le contraire, car les Russes pouvaient fort bien ne pas incendier la ville, mais emporter ou jeter dans la Moskowa les vivres, ravager le pays à dix lieues à la ronde, chose qui n'était pas bien difficile, car une partie du pays est déserte, et, au bout de quinze jours, il aurait fallu nécessairement partir. Après l'incendie, il restait encore assez d'habitations pour loger toute l'armée, et, en supposant qu'elles fussent toutes brûlées, les caves étaient là.

A 7 heures, le feu prit derrière le palais du gouverneur : aussitôt, le colonel vint au poste et commanda que l'on fît partir de suite une patrouille de quinze hommes, dont je fis partie : M. Serraris vint avec nous et en prit le commandement. Nous nous mîmes en marche dans la direction du feu, mais à peine avions-nous fait trois cents pas, que des coups de fusil, tirés sur notre droite et dans notre direction, vinrent nous saluer. Pour le moment, nous n'y fîmes pas grande attention, croyant toujours que c'étaient des soldats de l'armée qui étaient ivres. Mais, cinquante pas plus loin, de nouveaux coups se font entendre, venant d'une espèce de cul-de-sac et dirigés contre nous.

Au même instant, un cri jeté à côté de moi m'avertit qu'un homme était blessé. Effectivement, un venait d'avoir la cuisse atteinte d'une balle, mais la blessure ne fut pas dangereuse, puisqu'elle ne l'empêcha pas de marcher. Il fut décidé que nous retournerions de suite où était le régiment; mais, à peine avions-nous tourné, que deux autres coups de fusil, tirés du premier endroit, nous firent changer de résolution. De suite il fut décidé de voir la chose de plus près : nous avançons contre la maison d'où nous croyons que l'on venait de tirer; arrivés à la porte, nous l'enfonçons, mais alors nous rencontrons neuf grands coquins armés de lances et de fusils, qui se présentent et veulent nous empêcher d'entrer.

Aussitôt, un combat s'engagea dans la cour : la partie n'était pas égale, nous étions dix-neuf contre neuf, mais croyant qu'il s'en trouvait davantage, nous avions commencé par coucher à terre les trois premiers qui s'offrirent à nos coups. Un caporal fut atteint d'un coup de lance entre ses buffleteries et ses habits : ne se sentant pas blessé, il saisit la lance de son adversaire qui se trouvait infiniment plus fort, car le caporal n'avait qu'une main libre, étant obligé de tenir son fusil de l'autre; aussi fut-il jeté avec force contre la porte d'une cave, sans cependant avoir lâché le bois de la lance. Dans le moment, le Russe tomba blessé de deux coups de baïonnette. L'officier, avec son sabre, venait de couper le poignet à un autre, afin de lui faire lâcher sa lance, mais, comme il menaçait encore, il fut aussitôt atteint d'une balle dans le côté, qui l'envoya chez Pluton

Pendant ce temps, je tenais, avec cinq hommes, les quatre autres qui nous restaient, car trois s'étaient sauvés, tellement serrés contre un mur, qu'ils ne pouvaient se servir de leurs lances : au premier mouvement, nous pouvions les percer de nos baïonnettes qui étaient croisées sur leurs poitrines sur lesquelles ils se frappaient à coups de poing, comme pour nous braver. Il faut dire, aussi, que ces malheureux étaient ivres d'avoir bu de l'eau-de-vie qu'on leur avait abandonnée avec profusion, de manière qu'ils étaient comme des enragés. Enfin, pour en finir, nous fûmes obligés de les mettre hors de combat.

Nous nous dépêchâmes à faire une visite dans la maison ; en visitant une chambre, nous aperçûmes deux ou trois hommes qui s'étaient sauvés : en nous voyant, ils furent tellement saisis qu'ils n'eurent pas le temps de prendre leurs armes, sur lesquelles nous nous jetâmes ; pendant ce temps, ils sautèrent en bas du balcon.

Comme nous n'avions trouvé que deux hommes, et qu'il y avait trois fusils, nous cherchâmes le troisième, que nous trouvâmes sous le lit, et qui vint à nous sans se faire prier et en criant : « *Bojo! Bojo!* » qui veut dire : « Mon Dieu! Mon Dieu! » Nous ne lui fîmes aucun mal, mais nous le réservâmes pour nous servir de guide. Il était, comme les autres, affreux et dégoûtant, forçât comme eux, et habillé de peau de mouton, avec une ceinture de cuir qui lui serrait les reins. Nous sortîmes de la maison. Lorsque nous fûmes dans la rue, nous y trouvâmes les deux forçats qui avaient sauté par la fenêtre : un était mort, ayant eu la tête brisée sur le pavé; l'autre avait les deux jambes cassées.

Nous les laissâmes comme ils étaient, et nous nous disposâmes à retourner sur la place du Gouvernement. Mais quelle fut notre surprise lorsque nous vîmes qu'il était impossible, vu les progrès qu'avait faits le feu : de la droite à la gauche, les flammes ne formaient plus qu'une voûte, sous laquelle il aurait fallu que nous passions, chose impossible, car le vent soufflait avec force, et déjà des toits s'écroulaient. Nous fûmes forcés de prendre une autre direction et de marcher du côté où les seconds coups de fusil nous étaient venus; malheureusement, nous ne pouvions nous faire comprendre de notre prisonnier, qui avait plutôt l'air d'un ours que d'un homme.

Après avoir marché deux cents pas, nous trouvâmes une rue sur notre droite; mais, avant de nous y engager, nous eûmes la curiosité de visiter la maison aux coups de fusil, qui paraissait de très belle apparence. Nous y fîmes entrer notre prisonnier, en le suivant de près ; mais à peine avions-nous pris ces précautions, qu'un cri d'alarme se fit entendre, et nous vîmes plusieurs hommes se sauvant avec des torches allumées à la main ; après avoir traversé une grande cour, nous vîmes que l'endroit où nous étions, et que nous avions pris pour une maison ordinaire, était un palais magnifique. Avant d'y entrer, nous y laissâmes deux hommes en sentinelle à la première porte, afin de nous prévenir, s'il arrivait que nous fussions surpris. Comme nous avions des bougies, nous en allumâmes plusieurs, et nous entrâmes ; de ma vie, je n'avais vu d'habitation avec un ameublement aussi riche et aussi somptueux que celui qui s'offrit à notre vue, surtout une

Nous vîmes passer près de nous plusieurs hommes avec de longues barbes et des figures sinistres.

collection de tableaux des écoles flamande et italienne. Parmi toutes ces richesses, la chose qui attira le plus notre attention, fut une grande caisse remplie d'armes de la plus grande beauté, que nous mîmes en pièces. Je m'emparai d'une paire de pistolets d'arçon dont les étuis étaient garnis de perles et de pierres précieuses ; je pris aussi un objet servant à connaître la force de la poudre (éprouvette).

Il y avait près d'une heure que nous parcourions les vastes et riches appartements d'un genre tout nouveau pour nous, qu'une détonation terrible se fit entendre : ce bruit partait d'une place au-dessous de l'endroit où nous étions. La commotion fut tellement forte, que nous crûmes que nous allions être anéantis sous les débris du palais. Nous descendîmes au plus vite et avec précaution, mais nous fûmes saisis en ne voyant plus les deux hommes que nous avions placés en faction. Nous les cherchâmes assez longtemps; enfin nous les retrouvâmes dans la rue : ils nous dirent qu'au moment de l'explosion, ils s'étaient sauvés au plus vite, croyant que toute l'habitation allait s'écrouler sur nous. Avant de partir, nous voulûmes connaître la cause de ce qui nous avait tant épouvantés; nous vîmes, dans une grande place à manger, que le plafond était tombé, qu'un grand lustre en cristal était brisé en milliers de morceaux, et tout cela venait de ce que des obus avaient été placés, à dessein, dans un grand poêle en faïence. Les Russes avaient jugé que, pour nous détruire, tous les moyens étaient bons.

Tandis que nous étions encore dans les appartements, à faire des réflexions sur des choses que nous ne comprenions pas encore, nous entendîmes crier : *Au feu!* C'étaient nos deux sentinelles qui venaient de s'apercevoir que le feu était au palais. Effectivement il sortait, par plusieurs endroits, une fumée épaisse, noire, et puis rougeâtre, et, en un instant, l'édifice fut tout en feu. Au bout d'un quart d'heure, le toit en tôle coloriée et vernie s'écroula avec un bruit effroyable et entraîna avec lui les trois quarts de l'édifice.

Après avoir fait plusieurs détours, nous entrâmes dans une rue assez large et longue, où se trouvaient, à droite et à gauche, des palais superbes. Elle devait nous conduire dans la direction d'où nous étions partis, mais le forçat qui nous servait de guide ne pouvait rien nous enseigner ; il ne nous était utile que pour porter quelquefois notre blessé, car il commençait à marcher avec peine. Pendant notre marche, nous vîmes passer, près de nous, plusieurs hommes avec de longues barbes et des figures sinistres, et que la lueur des torches à incendie, qu'ils portaient à la main, rendait encore plus terribles; ignorant leurs desseins, nous les laissons passer.

Nous rencontrâmes plusieurs chasseurs de la Garde, qui nous apprirent que c'étaient les Russes eux-mêmes qui brûlaient la ville, et que les hommes que nous avions rencontrés étaient chargés de cette mission. Un instant après, nous surprîmes trois de ces misérables qui mettaient le feu à un temple grec. En nous voyant, deux jetèrent leurs torches et se sauvèrent, nous approchâmes du troisième, qui ne voulut pas jeter la sienne, et qui, au contraire, cherchait à mettre son projet à exécution; mais un coup de crosse de fusil derrière la tête nous fit raison de son obstination.

Au même instant, nous rencontrâmes une patrouille de fusiliers-chasseurs qui, comme nous, se trouvaient égarés. Le sergent qui la commandait me conta qu'ils avaient rencontré des forçats mettant le feu à plusieurs maisons, et qu'il s'en était trouvé un à qui il avait été obligé d'abattre le poignet d'un coup de sabre, afin de lui faire lâcher prise, et que, la torche étant tombée, il la ramassa de la main gauche, pour continuer de mettre le feu : ils furent obligés de le tuer.

Un peu plus loin, nous entendîmes les cris de plusieurs femmes qui appelaient au secours en français : nous entrâmes dans la maison d'où partaient les cris, croyant que c'étaient des cantinières de l'armée qui étaient aux prises avec des Russes. En entrant, nous vîmes épars, çà et là, plusieurs costumes de différentes façons, qui nous parurent très riches, et nous vîmes venir à nous deux dames tout échevelées. Elles étaient accompagnées d'un jeune garçon de douze à quinze ans; ils implorèrent notre protection contre des soldats de la police russe, qui voulaient incendier leur habitation, sans leur donner le temps d'emporter leurs effets, parmi lesquels se trouvait la robe de César, le casque de Brutus et la cuirasse de Jeanne d'Arc, car ces dames nous apprirent qu'elles étaient comédiennes, et françaises, mais que leurs maris étaient partis de force avec les Russes. Nous empêchâmes que, pour le moment, la maison ne fût brûlée; nous nous emparâmes de la police russe : ils étaient quatre, que nous conduisîmes à notre régiment qui était toujours sur la place du Gouvernement, où nous arrivâmes après bien des peines, à deux heures du matin, précisément du côté opposé à celui d'où nous étions partis.

Lorsque le colonel sut que nous étions de retour, il vint nous trouver pour nous témoigner son mécontentement, et nous demanda compte du temps que nous avions passé, depuis la veille à sept heures du soir. Mais lorsqu'il vit nos prisonniers et notre homme blessé, et que nous lui eûmes conté les dangers que nous avions courus depuis l'instant où nous étions partis, il nous dit qu'il était satisfait de nous revoir, car nous lui avions donné beaucoup d'inquiétude.

En jetant un regard sur la place où était bivaqué le régiment, il me semblait voir une réunion de tous les peuples du monde, car nos soldats étaient vêtus en Kalmouks, en Chinois, en Cosaques, en Tartares, en Persans, en Turcs, et une autre partie couverte de riches fourrures. Il y en avait même qui étaient habillés avec des habits de cour à la française, ayant, à leurs côtés, des épées dont la poignée était en acier et brillante comme le diamant. Ajoutez à cela la place couverte de tout ce que l'on peut désirer de friandises, du vin et des liqueurs en quantité, peu de viande fraîche, beaucoup de jambons et de gros poissons, un peu de farine, mais pas de pain.

Ce jour-là, 15, le lendemain de notre arrivée, le régiment quitta la place du Gouvernement à neuf heures du matin, pour se porter dans les environs du Kremlin, où l'Empereur venait de se loger, et, comme il n'y avait pas vingt-quatre heures que j'étais de service, je fus laissé avec quinze hommes au palais du gouverneur.

Sur les dix heures, je vis venir un général à cheval; je crois que c'était le général Pernetty[1]. Il conduisait, devant son cheval, un individu jeune encore, vêtu d'une capote de peau de mouton, serrée avec une ceinture de laine rouge. Le général me demanda si j'étais le chef du poste, et, sur ma réponse affirmative, il me dit : « C'est bien! Vous allez faire périr cet homme à coups de baïonnette; je viens de le surprendre, une torche à la main, mettant le feu au palais où je suis logé ! »

Aussitôt, je commandai quatre hommes pour l'exécution de l'ordre du général. Mais le soldat français est peu propre pour des exécutions semblables, de sang-froid : les coups qu'ils lui portèrent ne traversèrent pas sa capote; nous lui aurions sans doute sauvé la vie, à cause de sa jeunesse (et puis il n'avait pas l'air d'un forçat), mais le général, toujours présent, afin de voir si l'on exécutait ses ordres, ne partit que lorsqu'il vit le malheureux tomber d'un coup de fusil dans le côté, qu'un soldat lui tira, plutôt que de le faire souffrir par des coups de baïonnette. Nous le laissâmes sur la place.

Un instant après, arriva un autre individu, habitant de Moscou, français d'origine, et parisien, se disant propriétaire de l'établissement des bains. Il venait me demander une sauvegarde, parce que, disait-il, on voulait mettre le feu chez lui. Je lui donnai quatre hommes, qui revinrent un instant après, en disant qu'il était trop tard, que cet établissement spacieux était tout en flammes.

Quelques heures après notre malheureuse exécution, les hommes du poste vinrent me dire qu'une femme, passant sur la place, s'était jetée sur le corps inanimé du malheureux jeune homme. Je fus la voir ; elle cherchait à nous faire comprendre que c'était son mari, ou un parent. Elle était assise à terre, tenant la tête du mort sur ses genoux, lui passant la main sur la figure, l'embrassant quelquefois, et sans verser une larme. Enfin, fatigué de

1. J'ai su, depuis, que c'était bien le général Pernetty, commandant les canonniers à pied de la Garde impériale. (*Note de l'auteur.*)

voir une scène qui me saignait le cœur, je la fis entrer où était le poste; je lui présentai un verre de liqueur qu'elle avala avec plaisir, et puis un second, ensuite un troisième, et tant que l'on voulut lui en donner. Elle finit par nous faire comprendre qu'elle resterait pendant trois jours où elle était, en attendant que l'individu mort soit ressuscité; en cela, elle pensait, comme le vulgaire des Russes, qu'au bout de trois jours l'on revient; elle finit par s'endormir sur un canapé.

A cinq heures, notre compagnie revint sur la place; elle était de nouveau commandée de piquet, de manière que, croyant me reposer, je fus encore de service pour vingt-quatre heures. Le reste du régiment, ainsi qu'une partie du reste de la Garde, était occupé à maîtriser le feu qui était dans les environs du Kremlin; l'on en vint à bout pour un moment, mais pour recommencer ensuite plus fort que jamais.

Depuis que la compagnie était de retour sur la place, le capitaine avait fait partir des patrouilles dans différents quartiers : une fut envoyée encore du côté des bains, mais elle revint un instant après, et le caporal qui la commandait nous dit qu'au moment où il arrivait, l'établissement s'écroula avec un bruit épouvantable, et que les étincelles, emportées au loin par un vent d'ouest, avaient mis le feu à différents endroits.

Pendant toute la soirée et une partie de la nuit, nos patrouilles ne faisaient que de nous amener des soldats russes que l'on trouvait dans tous les quartiers de la ville, le feu les faisant sortir des maisons où ils étaient cachés. Parmi eux se trouvaient deux officiers, l'un appartenant à l'armée, l'autre à la milice : le premier se laissa désarmer de son sabre, sans faire aucune observation, et demanda seulement qu'on lui laissât une médaille en or pendue à son côté; mais le second, qui était un jeune homme, et qui, indépendamment de son sabre, avait encore une ceinture remplie de cartouches, ne voulait pas se laisser désarmer, et, comme il parlait très bien français, il nous disait qu'il était de la milice : c'étaient là ses raisons, mais nous finîmes par lui faire comprendre les nôtres.

A minuit, le feu recommença dans les environs du Kremlin; l'on parvint encore à le maîtriser. Mais le 16, à trois heures du matin, il recommença avec plus de violence, et continua.

Une Visite au Kremlin

PENDANT cette nuit du 15 au 16, l'envie me prit, ainsi qu'à deux de mes amis, sous-officiers comme moi, de parcourir la ville, et de faire une visite au Kremlin dont on parlait tant. Nous nous mîmes en route : pour éclairer notre marche, nous n'avions pas besoin de flambeaux, mais comme nous avions envie de visiter les demeures et les caves des seigneurs moscovites, nous nous étions fait accompagner, chacun, par un homme de la compagnie, muni de bougies.

Mes camarades connaissaient déjà un peu le chemin, pour l'avoir fait deux fois, mais comme tout changeait à chaque instant, par suite de l'éboulement des rues, nous fûmes bientôt égarés. Après avoir marché quelque temps sans direction certaine, suivant comme le feu nous le permettait, nous rencontrâmes, fort heureusement, un juif qui s'arrachait la barbe et les cheveux en voyant brûler sa synagogue, temple dont il était le rabbin. Comme il parlait allemand, il nous conta ses peines, en nous disant que lui et d'autres de sa religion avaient mis, dans le temple, pour le sauver, tout ce qu'ils avaient de plus précieux, mais qu'à présent, tout était perdu. Nous cherchâmes à consoler l'enfant d'Israël, nous le prîmes par le bras, et nous lui dîmes de nous conduire au Kremlin.

Je ne puis me rappeler sans rire, que le juif, au milieu d'un pareil désastre, nous demanda si nous n'avions rien à vendre, ou à changer. Je pense que c'est par habitude qu'il nous fit cette question, car, pour le moment, il n'y avait pas de commerce possible.

Après avoir traversé plusieurs quartiers, dont une grande partie était en feu, et avoir remarqué beaucoup de belles rues encore intactes, nous arrivâmes sur une petite place un peu élevée, pas loin de la Moskowa, d'où le juif nous fit remarquer les tours du Kremlin que l'on distinguait comme en plein jour, à cause de la lueur des flammes; nous nous arrêtâmes un nstant dans ce quartier, pour visiter une cave d'où quelques lanciers de la Garde sortaient. Nous y prîmes du vin et du sucre, beaucoup de fruits confits; nous en chargâmes le juif, qui porta tout sous notre protection. Il était jour lorsque nous arrivâmes près de la première enceinte du Kremlin : nous passâmes sous une porte bâtie en pierre grise, surmontée d'un petit clocher où il y avait une cloche, en l'honneur d'un grand saint Nicolas qui se trouvait dans une niche dessous la porte, et à gauche en entrant. Ce grand saint, qui avait au moins six pieds, et richement habillé, était adoré par chaque Russe qui passait, même les forçats : c'est le patron de la Russie.

Lorsque nous fûmes au delà de la première enceinte, nous tournâmes à droite où, après avoir longé une rue que nous eûmes beaucoup d'embarras de traverser, à cause du désordre qu'il y avait par suite du feu, qui venait de se déclarer dans plusieurs maisons où s'étaient établies des cantinières de la Garde, nous arrivâmes, non sans peine, contre une haute muraille surmontée de grandes tours. De distance en distance, de grandes aigles dorées dominent au haut des tours. Après avoir passé une grande porte, nous nous trouvâmes dans la place et vis-à-vis du palais. L'Empereur y était depuis la veille, car, du 14 au 15, il avait couché dans un faubourg.

A notre arrivée, nous y rencontrâmes des amis du 1er régiment de chasseurs qui étaient de piquet et qui nous retinrent à déjeuner. Nous y mangeâmes de bonnes viandes, chose qui ne nous était pas arrivée depuis longtemps ; nous y bûmes aussi d'excellent vin. Le juif, que nous avions toujours gardé avec nous, fut forcé, malgré toute sa répugnance, de manger avec nous et de goûter du jambon. Il est vrai de dire que les chasseurs, qui avaient beaucoup de lingots en argent qui venaient de l'hôtel de la Monnaie, lui promirent de faire des échanges ; ces lingots étaient aussi gros qu'une brique et en avaient la forme : il s'en est trouvé beaucoup.

Il était près de midi que nous étions encore à table avec nos amis, le dos appuyé contre des grosses pièces de canon monstre, qui sont de chaque côté de la porte de l'arsenal qui est en face du palais, lorsqu'on cria : « Aux armes ! » Le feu était au Kremlin. Un instant après, des brandons de feu tombaient dans la cour où se trouvaient de l'artillerie de la Garde, avec tous les caissons ; à côté se trouvait une grande quantité d'étoupes, que les Russes avaient laissée, et dont déjà une partie était en flammes. La crainte d'une explosion occasionna un peu de désordre, surtout par la présence de l'Empereur que l'on força, pour ainsi dire, de quitter le Kremlin.

Pendant ce temps, nous avions dit adieu à nos amis ; nous étions partis pour rejoindre le régiment. Notre guide, à qui nous avions fait comprendre l'endroit où il était, nous fit prendre une direction par où, nous disait-il, nous aurions plus court, mais il nous fut impossible d'y pénétrer ; nous en fûmes repoussés par les flammes. Il nous fallut attendre qu'un passage fût libre, car, dans ce moment, tout était en feu autour du Kremlin, et l'impétuosité du vent qui, depuis quelque temps, soufflait d'une force extraordinaire, nous lançait des pièces de bois enflammées dans les jambes, ce qui nous força de nous abriter dans un souterrain où déjà beaucoup d'hommes étaient. Nous y restâmes assez longtemps, et, lorsque nous en sortîmes, nous rencontrâmes les régiments de la Garde qui allaient s'établir dans les environs du château de Péterskoé, où l'Empereur allait loger. Un seul bataillon, le premier du 2e régiment de chasseurs, resta au Kremlin : il préserva le palais de l'incendie, puisque l'Empereur y rentra le 18 au matin. J'oubliais de dire que le prince de Neufchâtel, ayant voulu s'assurer de l'incendie qui était autour du Kremlin, avait monté, avec un officier, sur une des plates-formes du palais, mais ils faillirent être enlevés par la violence du vent.

Le vent et le feu continuaient toujours, mais un passage était libre : c'était celui par où l'Empereur venait de sortir. Nous le suivîmes, et, un instant après, nous nous trouvâmes sur les bords de la Moskowa. Nous marchâmes le long des quais, que nous suivîmes jusqu'au moment où nous trouvâmes une rue moins enflammée, ou une autre tout à fait consumée, car, par celle que l'Empereur venait de traverser, plusieurs maisons venaient de crouler après son passage, et empêchaient d'y pénétrer.

Enfin, nous nous trouvâmes dans un quartier tout à fait en cendres, où notre juif tâcha de reconnaître une rue qui devait nous conduire sur la place du Gouvernement ; il eut beaucoup de peine d'en retrouver les traces.

Dans la nouvelle direction que nous venions de prendre, nous laissions le Kremlin sur notre gauche. Pendant que nous marchions, le vent nous envoyait des cendres chaudes dans les yeux, et nous empêchait d'y voir ; nous nous enfonçâmes dans les rues, sans autre accident que d'avoir les pieds un peu brûlés, car il fallait marcher sur les plaques des toits, ainsi que sur les cendres qui étaient encore brûlantes, et qui couvraient toutes les rues.

Nous avions déjà parcouru un grand espace, quand, tout à coup, nous trouvons notre droite à découvert ; c'était le quartier des juifs, où les maisons, bâties toutes en bois, et petites, avaient été consumées jusqu'au pied : à cette vue, notre guide jette un cri et tombe sans connaissance. Nous nous empressâmes de le débarrasser de la charge qu'il portait : nous en tirâmes une bouteille de liqueur et nous lui en fîmes avaler quelques gouttes ; ensuite, nous lui en versâmes sur la figure. Un instant après, il ouvrit les yeux. Nous lui demandâmes pourquoi il s'était trouvé malade. Il nous fit comprendre que sa maison était la proie des flammes, et que probablement sa famille avait péri, et, en disant cela, il retomba sans connaissance, de manière que nous fûmes obligés de l'abandonner, malgré nous, car nous ne savions que devenir sans guide, au milieu d'un pareil labyrinthe. Il fallut, cependant, se décider à quelque chose : nous fîmes prendre notre charge par un de nos hommes, et nous continuâmes à marcher ; mais, au bout d'un instant, nous fûmes forcés d'arrêter, ayant des obstacles à franchir.

La distance à parcourir pour atteindre une autre rue était au moins de trois cents pas : nous n'osions franchir cet espace, à cause des cendres chaudes qui allaient nous aveugler. Pendant que nous étions à délibérer, un de mes amis me propose de ne faire qu'une course; je conseillai d'attendre encore; les autres étaient de mon avis, mais celui qui m'avait fait cette proposition, voyant que nous étions irrésolus, et sans nous donner le temps de la réflexion, se mit à crier : « Qui m'aime me suit ! » Et il s'élance au pas de course. L'autre le suit avec deux de nos hommes, et moi je reste avec celui qui avait la charge, qui consistait encore en trois bouteilles de vin, cinq de liqueurs, et des fruits confits.

Mais à peine eurent-ils fait trente pas, que nous les vîmes disparaître à nos yeux; le premier était tombé de tout son long; celui qui l'avait suivi le releva de suite. Les deux derniers s'étaient caché la figure dans leurs mains, et avaient évité d'être aveuglés par les cendres, comme le premier, qui n'y voyait plus, car c'était par un tourbillon de cette poussière qu'ils avaient été enveloppés. Le premier, ne pouvant plus voir, criait et jurait comme un diable : les autres étaient obligés de le conduire, mais ils ne purent le ramener, ni revenir à l'endroit où j'étais avec l'homme et la charge. Et moi, je n'osais risquer de les joindre, car le passage devenait de plus en plus dangereux. Il fallut attendre plus d'une heure, avant que je pusse aller à eux. Pendant ce temps, celui qui était devenu presque aveugle, pour se laver les yeux, fut obligé d'uriner sur un mouchoir, en attendant qu'il puisse se les laver avec le vin que nous avions : provisoirement, avec l'homme qui était resté avec moi, nous en vidâmes une bouteille.

Lorsque nous fûmes réunis, nous vîmes qu'il y avait impossibilité d'aller plus avant sans danger. Nous décidâmes de retourner sur nos pas, mais, au moment de retourner, nous eûmes l'idée de prendre chacun une grande plaque en tôle pour nous couvrir la tête en la tenant du côté où le vent, les flammes et les cendres venaient; nous en prîmes donc chacun une. Après les avoir ployées pour nous en servir comme d'un bouclier, nous les appliquâmes sur nos épaules gauches, en les tenant des deux mains, de manière que nous avions la tête et la partie gauche garanties. Après nous être serrés les uns contre les autres, et en prenant toutes les précautions possibles pour ne pas être écrasés, nous nous mîmes en marche, un soldat en tête, ensuite moi tenant celui qui ne voyait presque pas, par la main, et les autres suivaient. Enfin, nous traversâmes avec beaucoup de peine, et non sans avoir failli être renversés plusieurs fois.

Lorsque nous eûmes traversé, nous nous trouvâmes dans une nouvelle rue, où nous aperçûmes plusieurs familles juives et quelques Chinois accroupis dans des coins, gardant le peu d'effets qu'ils avaient sauvés ou pris chez les autres. Ils paraissaient surpris de nous voir : probablement qu'ils n'avaient pas encore vu de Français dans ce quartier. Nous approchâmes d'un juif, nous lui fîmes comprendre qu'il fallait nous conduire sur la place du Gouvernement. Un père y vint avec son fils, et comme, dans ce labyrinthe de feu, les rues étaient coupées quelquefois par des maisons croulées ou par d'autres enflammées, ce ne fut qu'après des détours et de grandes difficultés de trouver des issues, et après nous être reposés plusieurs fois, que nous arrivâmes, à onze heures de la nuit, à l'endroit d'où nous étions partis la veille.

Depuis que nous étions arrivés à Moscou, je n'avais pas, pour ainsi dire, pris de repos ; aussi je me couchai sur de belles fourrures que nos soldats avaient rapportées en quantité, et je dormis jusqu'à sept heures du matin.

La compagnie n'avait pas encore été relevée de service, vu que tous les régiments, ainsi que les fusiliers, et même la Jeune Garde, à la disposition du maréchal Mortier, qui venait d'être nommé gouverneur de la ville, étaient occupés, depuis trente-six heures, à comprimer l'incendie qui, lorsque l'on avait fini d'un côté, recommençait d'un autre. Cependant l'on conserva assez d'habitations, et même au delà de ce qu'il fallait, pour se loger, mais ce ne fut pas sans mal, car Rostopchin avait fait emmener toutes les pompes. Il s'en trouva encore quelques-unes, mais hors de service.

Pendant la journée du 16, l'ordre avait été donné de fusiller tous ceux qui seraient pris mettant le feu. Cet ordre avait, aussitôt, été mis à exécution. Pas loin de la place du Gouvernement, se trouvait une autre petite place où quelques incendiaires avaient été fusillés et pendus ensuite à des arbres : cet endroit s'appela toujours la *place des Pendus*.

Le jour même de notre entrée, l'Empereur avait donné l'ordre au maréchal Mortier d'empêcher le pillage. Cet ordre avait été donné dans chaque régiment, mais lorsque l'on sut que les Russes eux-mêmes mettaient le feu à la ville, il ne fut plus possible de retenir le soldat : chacun prit ce qui lui était nécessaire, et même des choses dont il n'avait pas besoin.

A Travers les Flammes!

Dans la nuit du 17, le capitaine me permit de prendre dix hommes de corvée, avec leurs sabres, pour aller chercher des vivres. Il en envoya vingt d'un autre côté, parce que la maraude ou le pillage [1], comme on

1. Nos soldats appelaient le pillage de la ville, la « foire de Moscou ». (*Note de l'auteur*)

voudra, était permis, mais en recommandant d'y mettre le plus d'ordre possible. Me voilà donc encore parti pour la troisième course de nuit.

Nous traversâmes une grande rue tenant à la place où nous étions. Quoique le feu y avait été mis deux fois, l'on était parvenu à s'en rendre maître, et, depuis ce moment, l'on avait été assez heureux de la préserver. Aussi plusieurs officiers supérieurs, ainsi qu'un grand nombre d'employés de l'armée, y avaient pris leur domicile. Nous en traversâmes encore d'autres où l'on ne voyait plus que la place, marquée par les plaques en tôle, des toits; le vent de la journée précédente en avait balayé les cendres.

Nous arrivâmes dans un quartier où tout était encore debout : l'on n'y voyait que quelques voitures d'équipage, sans chevaux. Le plus grand silence y régnait. Nous visitâmes les voitures; il ne s'y trouvait rien, mais, à peine les avions-nous dépassées, qu'un cri féroce se fit entendre derrière nous et fut répété deux fois et à deux distances différentes. Nous écoutâmes quelque temps, et nous n'entendîmes plus rien. Alors nous nous décidâmes à entrer dans deux maisons, moi avec cinq hommes dans la première, et un caporal avec les cinq autres, dans l'autre. Nous allumâmes des lanternes dont nous étions munis, et, le sabre en main, nous nous disposâmes à entrer dans celles qui nous paraissaient devoir renfermer des choses qui pouvaient nous être utiles.

Celle où je voulais entrer était fermée, et la porte garnie de grandes plaques de fer; cela nous contraria un peu, vu que nous ne voulions pas faire de bruit en l'enfonçant. Mais, ayant remarqué que la cave, dont la porte donnait sur la rue, était ouverte, deux hommes y descendirent. Ils y trouvèrent une trappe qui communiquait dans la maison, de manière qu'il leur fut facile de nous ouvrir la porte. Nous y entrâmes, et nous vîmes que nous étions dans un magasin d'épiceries : rien n'avait été dérangé dans la maison, seulement, dans une chambre à manger, il y avait un peu de désordre. De la viande cuite était encore sur la table; plusieurs sacs remplis de grosse monnaie étaient sur un coffre ; peut-être que l'on n'avait pas voulu, ou que l'on n'avait pu les emporter.

Après avoir visité toute la maison, nous nous disposâmes à faire nos provisions, car nous y trouvâmes de la farine, du beurre, du sucre en quantité et du café, ainsi qu'un grand tonneau rempli d'œufs rangés par couches, dans de la paille d'avoine. Pendant que nous étions à faire notre choix, sans disputer sur le prix, car il nous semblait que nous pouvions disposer de tout, puisqu'on l'avait abandonné et que, d'un moment à l'autre, cela pouvait devenir la proie des flammes, le caporal, qui était entré d'un autre côté, m'envoya dire que la maison où il était, était celle d'un carrossier où se trouvaient plus de trente petites voitures élégantes, que les Russes appellent *drouschki.* Il me fit dire aussi que, dans une chambre, il y avait plusieurs soldats russes de couchés sur des nattes de jonc, mais qu'ayant été surpris de voir des Français, ils s'étaient mis à genoux, les mains croisées sur la poitrine, et le front contre terre, pour demander grâce, mais que, voyant qu'ils étaient blessés, ils leur avaient porté des secours en leur donnant de l'eau, vu l'impossibilité où ils étaient de s'en procurer eux-mêmes, tant leurs blessures étaient graves, et que, par la même raison, ils ne pouvaient nous nuire.

Je fus de suite chez le carrossier, faire choix de deux jolies petites voitures fort commodes, afin d'y mettre les vivres que nous trouvions, et de pouvoir les transporter plus à notre aise. Je vis les blessés : parmi eux se trouvaient cinq canonniers de la Garde, avec les jambes brisées ; ils étaient au nombre de dix-sept; beaucoup étaient Asiatiques, faciles à reconnaître à leur manière de saluer.

Comme je sortais de la maison avec mes voitures, j'aperçus trois hommes, dont un armé d'une lance, le second d'un sabre et le troisième d'une torche allumée, mettant le feu à la maison de l'épicier, sans que les hommes que j'avais laissés dedans s'en fussent aperçus, tant ils étaient occupés à emballer et à faire choix des bonnes choses qui s'y trouvaient. En les voyant, nous jetâmes un grand cri pour épouvanter ces trois coquins, mais, à notre surprise, pas un ne bougea ; ils nous regardèrent venir tranquillement, et celui qui était armé d'une lance se mit fièrement en posture de vouloir se défendre, si nous approchions. Cela nous était assez difficile, vu que nous n'avions que nos sabres. Mais le caporal arriva avec deux pistolets chargés qu'il venait de trouver dans la chambre où étaient les blessés ; il m'en donna un et, avec celui qui lui restait, il voulait abattre celui qui était armé d'une lance. Mais je l'en empêchai pour le moment, ne voulant pas faire de bruit, dans la crainte qu'il ne nous en tombât un plus grand nombre sur les bras.

Voyant cela, un Breton, qui se trouvait parmi nos hommes, se saisit d'un petit timon d'une des petites voitures, et, faisant le moulinet, il avança contre l'individu qui, ne connaissant rien à cette manière de combattre, eut, au même instant, les deux jambes brisées. Il jeta, en tombant, un cri terrible, mais le Breton, en colère, ne lui laissa pas le temps d'en jeter un second, car il lui asséna un second coup tellement violent sur la tête, qu'un boulet de canon n'aurait pu mieux faire. Il allait en faire autant des deux autres, si nous ne l'avions arrêté. Celui qui avait une torche à la main ne voulait pas s'en dessaisir : il se sauva, avec son brandon enflammé, dans l'intérieur de la maison de l'épicier, où deux hommes le poursuivirent. Il ne fallut pas moins de deux coups de sabre pour le mettre à la raison. Tant qu'au troisième, il se soumit de bonne grâce, et fut aussitôt attelé à la voiture la plus chargée, avec un autre individu que l'on venait de saisir dans la rue.

Nous disposâmes tout pour notre départ. Nos deux voitures étaient chargées de tout ce que renfermait le magasin : sur la première, où nous avions attelé nos deux Russes, et qui était la plus chargée, nous avions mis le tonneau rempli d'œufs, et, pour ne pas que nos conducteurs puissent se sauver, nous avions eu la sage précaution de les attacher par le milieu du corps avec une forte corde et à double nœud ; la seconde devait être conduite par quatre hommes de chez nous, en attendant que nous puissions trouver un attelage, comme à la première.

Mais voilà qu'au moment où nous allions partir, nous apercevons le feu à la maison du carrossier ! L'idée que les malheureux allaient périr dans des douleurs atroces nous força de nous arrêter et de leur porter des secours. Nous y fûmes de suite, ne laissant que trois hommes pour garder nos voitures. Nous transportâmes les pauvres blessés sous une remise séparée du corps des bâtiments. C'est tout ce que nous pûmes faire. Après avoir rempli cet acte d'humanité, nous partîmes au plus vite, afin d'éviter que notre marche ne soit interceptée par l'incendie, car on voyait le feu à plusieurs endroits, et dans la direction que nous devions parcourir.

Mais à peine avions-nous fait vingt-cinq pas, que les malheureux blessés que nous venions de transporter, jetèrent des cris effrayants. Nous nous arrêtâmes encore, afin de voir de quoi il était question. Le caporal y fut avec quatre hommes. C'était le feu qui avait pris à la paille qui était en quantité dans la cour, et qui gagnait l'endroit où étaient ces malheureux. Il fit, avec ses hommes, tout ce qu'il était possible de faire, afin de les préserver d'être brûlés. Ensuite ils vinrent nous rejoindre, mais il est probable qu'ils auront péri.

Nous continuâmes notre route, et, dans la crainte d'être surpris par le eu, nous faisions trotter notre premier attelage à coups de plats de sabre. Cependant nous ne pûmes l'éviter, car lorsque nous fûmes dans le quartier de la place du Gouvernement, nous nous aperçûmes que la grand'rue, où beaucoup d'officiers supérieurs et des employés de l'armée s'étaient logés, était tout en flammes. C'était pour la troisième fois que l'on y mettait le feu. Mais aussi ce fut la dernière.

Lorsque nous fûmes à l'entrée, nous remarquâmes que le feu n'était mis que par intervalles et que l'on pouvait, en courant, franchir les espaces où il faisait ses ravages. Les premières maisons de la rue ne brûlaient pas. Arrivés à celles qui étaient en feu, nous nous arrêtâmes, afin de voir si l'on pouvait, sans s'exposer, les franchir. Déjà plusieurs étaient croulées ; celles sous lesquelles ou devant lesquelles nous devions passer, menaçaient aussi de s'abîmer sur nous et de nous engloutir dans les flammes. Cependant, nous ne pûmes rester longtemps dans cette position, car nous venions de nous apercevoir que la partie des maisons que nous avions passée, en entrant dans la rue, était aussi en feu.

Ainsi nous étions pris, non seulement devant et derrière, mais aussi à droite et à gauche, et, au bout d'un instant, partout, ce n'était plus qu'une voûte de feu sous laquelle il fallait passer. Il fut décidé que les voitures passeraient en avant; nous voulûmes que celle à laquelle étaient attelés les Russes passât la première, et malgré quelques coups de plats de sabre, ils firent des difficultés. L'autre, qui était conduite par nos soldats, se porta en avant et, s'excitant l'un et l'autre, ils franchirent le plus heureusement possible l'endroit le plus dangereux. Voyant cela, nous redoublâmes de coups sur les épaules de nos Russes qui, craignant quelque chose de pire, s'élancèrent en criant : « *Hourra!* »[1] et passèrent au plus vite, non sans avoir senti la chaleur, et couru de grands dangers, à cause qu'il se trouvait différents meubles qui venaient de rouler dans la rue.

A peine la dernière voiture fut-elle passée, que nous traversâmes la même distance au pas de course : alors nous nous trouvâmes dans un endroit qui formait quatre coins, et quatre rues larges et longues, que nous apercevions tout en feu. Et quoique, pour le moment, il tombât de l'eau en abondance, l'incendie n'en allait pas moins son train, car à chaque instant l'on voyait des habitations et même des rues entières disparaître dans la fumée et dans les décombres.

Il fallait cependant avancer et gagner au plus vite l'endroit où était le régiment, mais nous vîmes avec peine que la chose était impraticable, et qu'il fallait attendre que toute la rue fût réduite en cendres pour avoir un passage libre. Il fut décidé de retourner sur nos pas : c'est ce que nous fîmes de suite. Arrivés à l'endroit où nous avions passé, les Russes, cette fois, dans la crainte de recevoir une correction, n'hésitèrent pas à passer les premiers, mais, à peine ont-ils parcouru la moitié de l'espace qu'il fallait pour arriver au lieu de sûreté, et au moment où nous allions les suivre dans ce dangereux passage, un bruit épouvantable se fait entendre : c'était le craquement des voûtes et la chute des poudres brûlantes et des toits de fer qui croulaient sur la voiture. En un instant, tout fut anéanti, jusqu'aux conducteurs que nous ne cherchâmes plus à revoir, mais nous regrettâmes nos provisions, surtout nos œufs.

Il me serait impossible de dépeindre la situation critique où nous nous trouvions. Nous étions bloqués par le feu et sans aucun moyen de retraite. Heureusement pour nous qu'à l'endroit où étaient les quatre coins des rues,

1. *Hourra*, qui veut dire : *En avant!* (*Note de l'auteur.*)

il se trouvait une distance assez grande pour être à l'abri des flammes, de manière à pouvoir attendre qu'une rue fût entièrement brûlée pour nous ouvrir un passage.

Pendant que nous attendions un moment propice pour nous échapper, nous remarquâmes qu'une des maisons qui faisaient le coin d'une rue était la boutique d'un confiseur italien, et, quoique sur le point d'être rôtis, nous pensâmes qu'il serait bon de sauver quelques pots des bonnes choses qui pouvaient s'y trouver, si toutefois il y avait possibilité : la porte était fermée; au premier étage, une croisée était ouverte; le hasard nous procura une échelle, mais elle était trop courte; on la posa sur un tonneau qui se trouvait contre la maison : alors elle fut longue assez pour que nos soldats pussent y arriver et entrer dedans.

Quoiqu'une partie fût déjà en flammes, rien ne les arrêta. Ils ouvrirent la porte, et nous remarquâmes, à notre grande surprise et satisfaction, que rien n'avait été enlevé. Nous y trouvâmes toutes sortes de fruits confits et beaucoup de liqueurs, du sucre en quantité, mais ce qui nous fit le plus grand plaisir, et qui nous étonna le plus, fut trois grands sacs de farine. Notre surprise redoubla en trouvant des pots de moutarde de la rue Saint-André-des-Arts, n° 13, à Paris.

Nous nous empressâmes de vider toute la boutique, et nous en fîmes un magasin au milieu de la place où nous étions, en attendant qu'il nous fût possible de faire transporter le tout où était notre compagnie.

Comme il continuait toujours à tomber de l'eau, nous fîmes un abri avec les portes de la maison, et nous établîmes notre bivac, où nous restâmes plus de quatre heures, en attendant qu'un passage fût libre.

Pendant ce temps, nous fîmes des beignets à la confiture, et, lorsque nous pûmes partir, nous emportâmes, sur nos épaules, tout ce qu'il fut possible de prendre. Nous laissâmes notre autre voiture et nos sacs de farine sous la garde de cinq hommes, pour venir ensuite, avec d'autres, les chercher.

Pour la voiture, il était de toute impossibilité de s'en servir, vu que le milieu de la rue où il fallait passer était embarrassé par quantité de beaux meubles brisés et à demi brûlés, des pianos, des lustres en cristal et une infinité d'autres choses de la plus grande richesse.

Enfin, après avoir passé la place des Pendus, nous arrivâmes où était la compagnie, à dix heures du matin : nous en étions partis la veille à dix heures. Aussitôt notre arrivée, nous ne perdîmes pas de temps pour envoyer chercher tout ce que nous avions laissé en arrière : dix hommes partirent de suite; ils revinrent, une heure après, avec chacun une charge, et malgré tous les obstacles, ils ramenèrent la voiture que nous y avions laissée. Ils nous contèrent qu'ils avaient été obligés de débarrasser la place où la première voiture avait été écrasée avec les Russes, et que ces derniers étaient tous brûlés, calcinés et raccourcis.

Le même jour 18, nous fûmes relevés du service de la place, et nous fûmes prendre possession de nos logements, pas loin de la première enceinte du Kremlin, dans une belle rue dont une grande partie avait été préservée du feu. L'on désigna, pour notre compagnie, un grand café, car dans une des salles il y avait deux billards, et, pour nous autres sous-officiers, la maison d'un boyard tenant à la première. Nos soldats démontèrent les billards pour avoir plus de place; quelques-uns, avec le drap, se firent des capotes.

Nous trouvâmes, dans les caves de l'habitation de la compagnie, une grande quantité de vin, de rhum de la Jamaïque, ainsi qu'une grande cave remplie de tonnes d'excellente bière recouvertes de glace pour la tenir fraîche pendant l'été. Chez notre boyard, quinze grandes caisses de vin de Champagne mousseux, et beaucoup de vin d'Espagne.

Nos soldats, le même jour, découvrirent un grand magasin de sucre dont nous eûmes soin de faire une grande provision qui nous servit à faire du punch, pendant tout le temps que nous restâmes à Moscou, ce que nous n'avons jamais manqué, un seul jour, de faire en grande récréation. Tous les soirs, dans un grand vase en argent que le boyard russe avait oublié d'emporter, et qui contenait au moins six bouteilles, nous en faisions pour le moins trois ou quatre fois. Ajoutez à cela une belle collection de pipes dans lesquelles nous fumions d'excellent tabac.

Incendie du Palais de l'Impératrice

Le 19, nous passâmes la revue de l'Empereur, au Kremlin, et en face du palais. Le même jour, au soir, je fus encore commandé pour faire partie d'un détachement composé de fusiliers-chasseurs et grenadiers, et d'un escadron de lanciers polonais, en tout deux cents hommes; notre mission était de préserver de l'incendie le Palais d'été de l'Impératrice, situé à l'une des extrémités de Moscou. Ce détachement était commandé par un général que je pense être le général Kellermann.

Nous partîmes à huit heures du soir; il en était neuf et demie lorsque nous y arrivâmes. Nous vîmes une habitation spacieuse, qui me parut aussi grande que le château des Tuileries, mais bâtie en bois et recouverte d'un stuc qui faisait le même effet que le marbre. Aussitôt, l'on disposa des gardes à l'extérieur, et l'on établit un grand poste en face du palais où se trouvait un grand corps de garde. L'on fit partir des patrouilles pour la plus grande sûreté. Je fus chargé, avec quelques hommes, de visiter l'intérieur, afin de voir s'il ne s'y trouvait personne de caché.

Cette occasion me procura l'avantage de parcourir cette immense habitation, qui était meublée avec tout ce que l'Asie et l'Europe produisent de plus riche et de plus brillant. Il semblait que l'on avait tout prodigué pour l'embellir, et, cependant, en moins d'une heure, elle fut entièrement consumée, car à peine y avait-il un quart d'heure que tout était disposé pour empêcher que l'on y mette le feu, qu'un instant après il fut mis, malgré toutes les précautions que l'on avait prises, devant, derrière, à droite et à gauche, et sans voir qui le mettait ; enfin il se fit voir en plus de douze endroits à la fois. On le voyait sortir par toutes les fenêtres des greniers.

Aussitôt, le général demande des sapeurs pour tâcher d'isoler le feu, mais c'était impossible : nous n'avions pas de pompes, ni même d'eau. Un instant après, nous vîmes sortir de dessous les grands escaliers, par un souterrain du château, et s'en aller tranquillement, plusieurs hommes dont quelques-uns avaient encore des torches en partie allumées ; l'on courut sur eux et on les arrêta. C'étaient ceux qui venaient de mettre le feu au palais ; ils étaient vingt et un. Onze autres furent arrêtés, d'un autre côté, mais qui ne paraissaient pas sortir du château. Ils n'avaient rien sur eux qui indiquât qu'ils aient participé à ce nouvel incendie ; cependant, plus de la moitié furent reconnus pour des forçats.

Tout ce que nous pûmes faire fut de sauver quelques tableaux et d'autres objets précieux, parmi lesquels se trouvaient des ornements impériaux, comme manteaux en velours, doublés en peau d'hermine, ainsi que beaucoup d'autres choses non moins précieuses qu'il fallut ensuite abandonner.

Il y avait peut-être une demi-heure que le feu avait commencé, qu'un vent furieux s'éleva, et en moins de dix minutes, nous fûmes bloqués par un incendie général, sans pouvoir ni reculer, ni avancer. Plusieurs hommes furent blessés par des pièces de bois enflammées, que la force du vent chassait avec un bruit épouvantable. Nous ne pûmes sortir de cet enfer qu'à deux heures du matin, et, alors, plus d'une demi-lieue de terrain avait été la proie des flammes, car tout ce quartier était bâti en bois, et avec la plus grande élégance.

Nous nous remîmes en route pour retourner dans la direction du Kremlin : en partant, nous conduisions avec nous nos prisonniers, au nombre de trente-deux, et, comme j'avais été chargé de la garde de police pendant la nuit, je fus aussi chargé de l'arrière-garde et de l'escorte des prisonniers, avec ordre de faire tuer à coups de baïonnette ceux qui voudraient se sauver ou qui ne voudraient pas suivre.

Parmi ces malheureux, il se trouvait au moins les deux tiers de forçats, avec des figures sinistres; les autres étaient des bourgeois de la moyenne classe et de la police russe, faciles à reconnaître à leur uniforme.

Pendant que nous marchions, je remarquai, parmi les prisonniers, un individu affublé d'une capote verte assez propre, pleurant comme un enfant, et répétant à chaque instant, en bon français : « Mon Dieu! j'ai perdu dans l'incendie ma femme et mon fils! » Je remarquai qu'il regrettait davantage son fils que sa femme; je lui demandai qui il était. Il me répondit qu'il était Suisse et des environs de Zurich, instituteur des langues allemande et française à Moscou, depuis dix-sept ans. Alors il continua à pleurer et à se désespérer, en répétant toujours : « Mon cher fils! mon pauvre fils!... »

J'eus pitié de ce malheureux, je le consolai en lui disant que, peut-être, il les retrouverait, et, comme je savais qu'il devait mourir comme les autres, je résolus de le sauver. A côté de lui marchaient deux hommes qui se tenaient fortement par le bras, l'un jeune et l'autre déjà âgé; je demandai au Suisse qui ils étaient: il me dit que c'étaient le père et le fils, tous deux tailleurs d'habits: « Mais, me répondit-il, le père est plus heureux que moi, il n'est pas séparé de son fils, ils pourront mourir ensemble! » Il savait le sort qui l'attendait, car, comprenant le français, il avait entendu l'ordre que l'on avait donné pour eux.

Au moment où il me parlait, je le vis s'arrêter tout à coup et regarder avec des yeux égarés; je lui demandai ce qu'il avait : il ne me répondit pas. Un instant après, un gros soupir sortit de sa poitrine, et il se mit de nouveau à pleurer en me disant qu'il cherchait l'emplacement de son habitation, que c'était bien là, qu'il le reconnaissait au grand poêle qui était encore debout, car il est bon de dire que l'on y voyait toujours comme en plein jour, non seulement dans la ville, mais loin encore.

Dans ce moment, la tête de la colonne, qui marchait précédée du détachement de lanciers polonais, était arrêtée et ne savait où passer, à cause d'un grand encombrement qui se trouvait dans une rue plus étroite et par suite des éboulements. Je profitai de ce moment pour satisfaire au désir qu'avait ce malheureux de voir si, dans les cendres de son habitation, il ne retrouverait pas les cadavres de son fils et de sa femme. Je lui proposai de l'accompagner; nous entrons sur l'emplacement de la maison : d'abord nous ne voyons rien qui puisse confirmer son malheur, et déjà je le consolais en lui disant que, sans doute, ils étaient sauvés, quand tout à coup, à l'entrée de la porte de la cave, j'aperçus quelque chose de gros et informe, noir et raccourci. J'avançai, j'examinai, en ôtant avec mon pied tout ce qui pouvait m'empêcher de reconnaître la chose ; je vis que c'était un cadavre. Mais impossible de pouvoir discerner si c'était un homme ou une femme : d'abord je n'en eus pas le temps, car l'individu, que la chose intéressait et qui était à côté de moi comme un stupide, jeta un cri effroyable et tomba sur le pavé. Aidé par un soldat qui était près de moi, nous le relevâmes. Revenu un peu à lui-même, il parcourut, en se livrant au désespoir, le terrain de la maison et, par un dernier cri, il nomma son fils et se précipita dans la cave où je l'entendis tomber comme une masse.

L'envie de le suivre ne me prit pas : je m'empressai de rejoindre le détachement, en faisant de tristes réflexions sur ce que je venais de voir. Un de mes amis me demanda ce que j'avais fait de l'homme qui parlait français ; je lui contai la scène tragique que je venais de voir, et, comme l'on était toujours arrêté, je lui proposai de venir voir l'endroit. Nous allâmes jusqu'à la porte de la cave ; là, nous entendîmes des gémissements ; mon camarade me proposa d'y descendre afin de le secourir, mais, comme je savais qu'en le tirant de cet endroit, c'était le conduire à une mort certaine, puisqu'ils devaient tous être fusillés en arrivant, je lui observai que c'était commettre une grande imprudence que de s'engager dans un lieu sombre et sans lumière.

Fort heureusement, le cri : « Aux armes ! » se fit entendre ; c'était pour se remettre en marche, mais comme il fallait encore quelque temps avant que la gauche fît son mouvement, nous restâmes encore un moment au même endroit, et, comme nous allions nous retirer, nous entendîmes quelqu'un marcher ; je me retournai. Jugez quelle fut ma surprise en voyant paraître ce malheureux, ayant l'air d'un spectre, portant dans ses bras des fourrures avec lesquelles, disait-il, il voulait ensevelir son fils et sa femme, car, pour son fils, il l'avait trouvé mort dans la cave, sans être brûlé. Le cadavre qui était à la porte était bien celui de sa femme ; je lui conseillai de rentrer dans la cave, de s'y cacher jusqu'après notre départ, et qu'il pourrait ensuite remplir son pénible devoir ; je ne sais s'il comprit, mais nous partîmes.

Nous arrivâmes près du Kremlin à cinq heures du matin ; nous mîmes nos prisonniers dans un lieu de sûreté ; mais avant, j'avais eu la précaution de faire mettre de côté les deux tailleurs, père et fils, et cela pour notre compte ; ils nous furent, comme l'on verra, très utiles pendant notre séjour à Moscou.

Le 20, l'incendie s'était un peu ralenti ; le maréchal Mortier, gouverneur de la ville, avec le général Milhaud, nommé commandant de la place, s'occupèrent activement d'organiser une administration de police. L'on choisit, à cet effet, des Italiens, des Allemands et des Français habitant Moscou, qui s'étaient soustraits, en se cachant, aux mesures de rigueur de Rostopchine, qui, avant notre arrivée, faisait partir les habitants malgré eux.

A midi, en regardant par la fenêtre de notre logement, je vis fusiller un forçat ; il ne voulut pas se mettre à genoux ; il reçut la mort avec courage et, frappant sur sa poitrine, il semblait défier celui qui la lui donnait. Quelques heures après, ceux que nous avions conduits subirent le même sort.

On me met aux Arrêts

Je passai le reste de la journée assez tranquille, c'est-à-dire jusqu'à sept heures du soir, où l'adjudant-major Delaître me signifia de me rendre aux arrêts dans un endroit qu'il me désigna, pour avoir, disait-il, laissé échapper trois prisonniers que l'on avait confiés à ma garde ; je m'excusai comme je pus, et je me rendis dans l'endroit que l'on m'avait indiqué ; d'autres sous-officiers y étaient déjà. Là, après avoir réfléchi, je fus satisfait d'avoir sauvé trois hommes, dont j'étais persuadé qu'ils étaient innocents.

La chambre dans laquelle j'étais donnait sur une grande galerie étroite qui servait de passage pour aller dans un autre corps de bâtiment, dont une partie avait été incendiée, de manière que personne n'y allait, et je remarquai que la partie qui était conservée n'avait pas encore été explorée. N'ayant rien à faire, et naturellement curieux, je m'amusai à parcourir la galerie. Lorsque je fus au bout, il me sembla entendre du bruit dans une chambre dont la porte était fermée. En écoutant, il me sembla entendre un langage que je ne comprenais pas. Voulant savoir ce qu'elle renfermait, je frappai. L'on ne me répondit pas, et le silence le plus profond succéda au bruit. Alors, regardant par le trou de la serrure, j'aperçus un homme couché sur un canapé, et deux femmes debout qui semblaient lui imposer silence ; comme je comprenais quelques mots de la langue polonaise, qui a beaucoup de rapport avec la langue russe, je frappai une seconde fois, et je demandai de l'eau ; pas de réponse. Mais, à la seconde demande, que j'accompagnai d'un grand coup de pied dans la porte, l'on vint m'ouvrir.

Alors j'entrai ; les deux femmes, en me voyant, se sauvèrent dans une autre chambre. Je commençai par fermer la porte par où j'étais entré ; l'individu couché sur le canapé ne bougeait pas ; je le reconnus, de suite, pour un forçat de la figure la plus ignoble et la plus sale, ainsi que sa barbe et tout son accoutrement, composé d'une capote de peau de mouton serrée avec une ceinture de cuir. Il avait, à côté de lui, une lance et deux torches à incendie, plus deux pistolets à sa ceinture, objets dont je commençai par m'emparer. Ensuite, prenant une des torches qui était grosse comme mon bras, je lui en appliquai un coup sur le côté, qui lui fit ouvrir les yeux. L'individu, en me voyant, fit un bond comme pour sauter après moi, mais il tomba de tout son long. Alors je lui présentai le bout d'un des pistolets que je lui avais pris ; il me regarda encore d'un air stupide, et, voulant se relever, il retomba. A la fin, il parvint à se tenir debout. Voyant qu'il était ivre, je le pris par un bras et, l'ayant fait sortir de la chambre, je le conduisis au bout de la galerie qui séparait les chambres, et lorsqu'il fut sur le bord de l'escalier qui était droit comme une échelle, je le poussai : il roula jusqu'en bas comme un tonneau, et presque contre la porte du corps de garde de la police, qui était en face de l'escalier. Les hommes de garde le traînèrent dans une chambre destinée pour y enfermer tous ceux de son espèce que l'on arrêtait à chaque instant; enfin, je n'en entendis plus parler.

Après cette expédition, je retournai à la chambre et je m'y enfermai, et, ayant encore regardé si rien ne pouvait me nuire, j'ouvris la porte de la seconde chambre où j'aperçus, en entrant, les deux Dulcinées assises sur un canapé. En me voyant, elles ne parurent pas surprises; elles me parlèrent toutes deux à la fois; je ne pus jamais rien comprendre. Je voulus savoir si elles avaient quelque chose à manger; elles me comprirent parfaitement, car aussitôt elles me servirent des concombres, des oignons et un gros morceau de poisson salé avec un peu de bière, mais pas de pain. Un instant après, la plus jeune m'apporta une bouteille qu'elle appela *Kosalki*; en le goûtant, je le reconnus pour du genièvre de Dantzig, et, en moins d'une demi-heure, nous eûmes vidé la bouteille, car je m'aperçus que mes deux Moscovites buvaient mieux que moi. Je restai encore quelque temps avec les deux sœurs, car elles m'avaient fait comprendre qu'elles l'étaient; alors je retournai dans ma chambre.

En entrant, je trouvai un sous-officier de la compagnie qui était venu pour me voir, et qui, depuis longtemps, m'attendait. Il me demanda d'où je venais; lorsque je lui eus conté mon histoire, il ne fut pas surpris de mon absence, mais il parut enchanté, à cause, me dit-il, que l'on ne trouvait personne pour blanchir le linge; puisque le hasard nous procurait deux dames moscovites, certainement elles se trouveraient très honorées de blanchir et de racommoder celui des militaires français. A dix heures, lorsque tout le monde fut couché, comme nous ne voulions pas que personne sache que nous avions des femmes, le sous-officier revint, avec le sergent-major, chercher nos deux belles. Elles firent d'abord quelques difficultés, ne sachant où on les conduisait; mais, ayant fait comprendre qu'elles désiraient que je les accompagnasse, j'allai jusqu'au logement, où elles nous suivirent de bonne grâce, en riant. Un cabinet se trouvant disponible, nous les y installâmes, après l'avoir meublé convenablement avec ce que nous trouvâmes dans leur chambre; bien mieux, avec tout ce que nous trouvâmes de beau et d'élégant que les dames nobles moscovites n'avaient pu emporter, de manière que, de grosses servantes qu'elles paraissaient être, elles furent de suite transformées en baronnes, mais blanchissant et raccommodant notre linge.

Le lendemain au matin, 21, j'entendis une forte détonation d'armes à feu; j'appris que l'on venait encore de fusiller plusieurs forats et hommes de la police, que l'on avait pris mettant le feu à l'hospice des Enfants Trouvés et à l'hôpital où étaient nos blessés; un instant après, le sergent major accourut me dire que j'étais libre.

En rentrant dans notre logement, j'aperçus nos tailleurs, les deux hommes que j'avais sauvés, déjà en train de travailler; ils faisaient des grands collets avec les draps des billards qui étaient dans la grande salle du café où était logée la compagnie, et que l'on avait démontés pour avoir plus de place. J'entrai dans la chambre où étaient enfermées nos femmes; elles étaient occupées à faire la lessive, et elles s'en tiraient passablement mal. Cela n'est pas étonnant, elles avaient sur elles des robes en soie d'une baronne! Mais il fallait prendre patience, faute de mieux. Le reste de la journée fut consacré à organiser notre local et à faire des provisions, comme si nous devions rester longtemps dans cette ville. Nous avions en magasin, pour passer l'hiver, sept grandes caisses de vin de Champagne mousseux, beaucoup de vin d'Espagne, du porto; nous étions possesseurs de cinq cents bouteilles de rhum de la Jamaïque, et nous avions à notre disposition plus de cent gros pains de sucre, et tout cela pour six sous-officiers, deux femmes et un cuisinier.

La viande était rare; ce soir-là, nous eûmes une vache: je ne sais d'où elle venait, probablement d'un endroit où il n'était pas permis de la prendre, car nous la tuâmes pendant la nuit, pour ne pas être vus.

Nous avions aussi beaucoup de jambons, car l'on en avait trouvé un grand magasin; ajoutez à cela du poisson salé en quantité, quelques sacs de farine, deux grands tonneaux remplis de suif que nous avions pris pour du beurre; la bière ne manquait pas; enfin, voilà quelles étaient nos provisions, pour le moment, si toutefois nous venions à passer l'hiver à Moscou.

Le soir, nous eûmes l'ordre de faire un contre-appel; il fut fait à dix heures; il manquait dix-huit hommes. Le reste de la compagnie dormait tranquillement dans la salle des billards; ils étaient couchés sur des riches fourrures de martes-zibelines, des peaux de lions, de renards et d'ours; une partie avait la tête enveloppée de riches cachemires et formant un grand turban, de sorte que, dans cette situation, ils ressemblaient à des sultans plutôt qu'à des grenadiers de la Garde : il ne leur manquait plus que des houris.

J'avais prolongé mon appel jusqu'à onze heures, à cause des absents, pour ne pas les porter manquants; effectivement, ils rentrèrent un instant après, ployant sous leur charge. Parmi les objets remarquables qu'ils rapportèrent, il se trouvait plusieurs plaques en argent, avec des dessins en relief; ils apportaient aussi chacun un lingot du même métal, de la grosseur et de la forme d'une brique. Le reste consistait en fourrures, châles des Indes, des étoffes en soie tissée d'or et d'argent. Ils me demandèrent encore la permission de faire, de suite, deux autres voyages, pour aller chercher du vin et des fruits confits, qu'ils avaient laissés dans une cave : je la leur accordai, un caporal les accompagna. Il est bon de savoir que, sur tous les objets qui avaient échappé à l'incendie, nous autres sous-officiers prélevions toujours un droit au moins de vingt pour cent.

Le 22 fut consacré au repos, à augmenter nos provisions, à chanter, fumer, rire et boire, à nous promener. Le même jour, je fis une visite à un Italien, marchand d'estampes, qui restait dans notre quartier, et dont la maison n'avait pas été brûlée.

Le 23 au matin, un forçat fut fusillé dans la cour du café. Le même jour, l'ordre fut donné de nous tenir prêts, pour le lendemain matin, à passer la revue de l'Empereur.

Le 24, à huit heures du matin, nous nous mîmes en marche pour le Kremlin. Lorsque nous y arrivâmes, plusieurs régiments de l'armée y étaient déjà réunis pour la même cause; il y eut, ce jour-là, beaucoup de promotions et beaucoup de décorations données. Ceux qui, dans cette revue, reçurent des récompenses, avaient bien mérité de la patrie, car plus d'une fois ils avaient versé leur sang au champ d'honneur.

Je profitai de cette circonstance pour visiter en détail les choses remarquables que renfermait le Kremlin. Pendant que plusieurs régiments étaient occupés à passer la revue, je visitai l'église Saint-Michel, destinée à la sépulture des empereurs de Russie. Ce fut dans cette église que, les premiers jours de notre arrivée, croyant y trouver des grands trésors que l'on disait être cachés, des militaires de la Garde, du 1er de chasseurs, qui étaient restés de piquet au Kremlin, s'y étaient introduits, avaient parcouru des caveaux immenses, mais, au lieu d'y trouver des trésors, ils n'y trouvèrent que des tombeaux en pierre, recouverts en velours, avec des inscriptions sur des plaques en argent. On y rencontra aussi quelques personnes de la ville qui s'y étaient retirées sous la protection des morts, croyant y être en sûreté, parmi lesquelles se trouvait une jeune et jolie personne que l'on disait appartenir à une des premières familles de Moscou, et qui fit la folie de s'attacher à un officier supérieur de l'armée. Elle fit la folie, plus grande encore, de le suivre dans la retraite. Aussi, comme tant d'autres, elle périt de froid, de faim et de misère.

Sortant des caveaux de l'église Saint-Michel, je fus voir la fameuse cloche, que j'examinai dans tous ses détails. Sa hauteur est de dix-neuf pieds; une bonne partie est enterrée, probablement par son propre poids, depuis le temps qu'elle est à terre, par suite de l'incendie qui brûla la tour où elle était suspendue et dont on voit encore les fondations. Les grosses pièces de bois auxquelles elle était suspendue y sont encore attachées, mais cassées par le milieu.

Pas loin de là, et en face du palais, se trouve l'arsenal où l'on voit, à chaque côté de la porte, deux pièces de canon monstres ; un peu plus loin et sur la droite, c'est la cathédrale, avec ses neuf tours ou clochers couverts en cuivre doré. Sur la plus haute des tours, l'on y voyait la croix du grand Ivan, qui domine le tout; elle avait trente pieds de haut, elle était en bois, recouverte de fortes lames d'argent doré; plusieurs chaînes aussi dorées la tenaient de tous les côtés.

Quelques jours après, des hommes de corvée, charpentiers et autres, furent commandés pour la descendre, afin de la transporter à Paris comme trophée, mais, en la détachant, elle fut emportée par son poids; elle faillit tuer et entraîner avec elle tous les hommes qui la tenaient par les chaînes; il en fut de même des grands aigles qui dominaient les hautes tours, autour de l'enceinte du Kremlin.

Il était midi lorsque nous eûmes fini de passer la revue; en partant, nous passâmes sous la fausse porte où se trouve le grand Saint Nicolas dont j'ai parlé plus haut. Nous y vîmes beaucoup d'esclaves russes occupés à prier, à faire des courbettes et des signes de croix au grand Saint; probablement qu'ils l'intercédaient contre nous.

Le 25, avec plusieurs de mes amis, nous parcourûmes les ruines de la ville. Nous passâmes dans plusieurs quartiers que nous n'avions pas encore vus: partout l'on rencontrait, au milieu des décombres, des paysans russes, des femmes sales et dégoûtantes, juives et autres, confondues avec des soldats de l'armée, cherchant, dans les caves que l'on découvrait, les objets cachés qui avaient pu échapper à l'incendie. Indépendamment du vin et du sucre qu'ils y trouvaient, l'on en voyait chargés de châles, de cachemires, de fourrures magnifiques de Sibérie, et aussi d'étoffes tissées de soie, d'or et d'argent, et d'autres avec des plats d'argent et d'autres choses précieuses. Aussi voyait-on les juifs, avec leurs femmes et leurs filles, faire à nos soldats toute espèce de propositions pour en obtenir quelques pièces, que souvent d'autres soldats de l'armée reprenaient.

Le même jour, au soir, le feu fut mis à un temple grec, en face de notre logement, et tenant au palais où était logé le maréchal Mortier. Malgré les secours que nos soldats portèrent, l'on ne put parvenir à l'éteindre. Ce temple, qui avait été conservé dans son entier et où rien n'avait été dérangé, fut, dans un rien de temps, réduit en cendres. Cet accident fut d'autant plus déplorable, que beaucoup de malheureux s'y étaient retirés avec le peu d'effets qui leur restaient, et même, depuis quelques jours, l'on y officiait.

Le 26, je fus de garde aux équipages de l'Empereur, que l'on avait placés dans des remises situées à une des extrémités de la ville et vis-à-vis une grande caserne que l'incendie avait épargnée et où une partie du premier corps d'armée était logée. Pour y arriver avec mon poste, il m'avait fallu parcourir plus d'une lieue de terrain en ruines et situé presque sur la rive gauche de la Moskowa, où l'on n'apercevait plus que, çà et là, quelques pignons d'églises; le reste était réduit en cendres. Sur la rive droite, on voyait encore quelques jolies maisons de campagne isolées, dont une partie aussi était brûlée.

En attendant la paix, que l'on croyait prochaine, l'Empereur donnait des ordres afin de tout organiser dans Moscou, comme si l'on devait y passer l'hiver. L'on commença par les hôpitaux pour les blessés de l'armée ; ceux des Russes mêmes furent traités comme les nôtres.

On s'occupa de réunir, autant que possible, les approvisionnements de tous genres qui se trouvaient dans différents endroits de la ville. Quelques temples qui avaient échappé à l'incendie furent ouverts et rendus au culte. Pas loin de notre habitation, et dans la même rue, il existait une église pour les catholiques ; un prêtre français émigré y disait la messe. L'église portait le nom de Saint-Louis. L'on parvint même à rétablir un théâtre, et l'on m'a assuré que l'on y avait joué la comédie avec des acteurs français et italiens. Que l'on y ait joué ou non, une chose dont je suis certain, c'est qu'ils furent payés pour six mois, et cela afin de faire croire aux Russes que nous étions disposés à passer l'hiver dans cette ville.

Distractions Permises

Le 27, comme j'arrivais de descendre ma garde aux équipages, je fus surpris agréablement en trouvant deux de mes pays qui venaient me voir. C'étaient Flament, natif de Péruwelz, vélite dans les dragons de la Garde, et Melet, dragon dans le même régiment; ce dernier était de Condé. Ils tombaient bien, ce jour-là, car nous étions en disposition pour rire. Nous invitâmes nos dragons à dîner et à passer la soirée avec nous.

Dans différentes courses de maraude que nos soldats avaient faites, ils nous avaient rapporté beaucoup de costumes d'hommes et de femmes de toutes les nations, même des costumes français du temps de Louis XVI, et tous ces vêtements étaient de la plus grande richesse. C'est pourquoi, le soir, après avoir dîné, nous proposâmes de donner un bal et de nous revêtir de tous les costumes que nous avions. J'oubliais de dire qu'en arrivant, Flament nous avait appris une nouvelle qui nous fit beaucoup de peine, c'était la catastrophe du brave lieutenant-colonel Martod, commandant le régiment de dragons dont Flament et Melet faisaient partie. Ayant été à la découverte deux jours avant le 25, dans les environs de Moscou, avec deux cents dragons, ils avaient donné dans une embuscade, et, chargés par trois mille hommes, tant cavalerie qu'artillerie, le colonel Martod avait été mortellement blessé, ainsi qu'un capitaine et un adjudant-major qui furent faits prisonniers après avoir combattu en désespérés. Le lendemain, le colonel fit demander ses effets, mais, le jour suivant, nous apprîmes sa mort.

Je reviens à notre bal, qui fut un vrai bal de carnaval, car nous nous travestîmes tous.

Nous commençâmes par habiller nos femmes russes en dames françaises, c'est-à-dire en marquises, et, comme elles ne savaient comment s'y prendre, c'est Flament et moi qui furent chargés de présider à leur toilette. Nos deux tailleurs russes étaient en Chinois, moi en boyard russe, Flament en marquis, enfin chacun de nous prit un costume différent, même notre cantinière, la mère Dubois, qui survint dans le moment et qui mit sur elle un riche habillement national d'une dame russe. Comme nous n'avions pas de perruques pour nos marquises, le perruquier de la compagnie les coiffa. Pour pommade, il leur mit du suif et, pour poudre, de la farine ; enfin elles étaient on ne peut pas mieux ficelées, et, lorsque tout fut disposé, nous nous mîmes en train de danser. J'oubliais de dire que, pendant ce temps, nous buvions force punch, que Melet, le vieux dragon, avait soin d'alimenter, et que nos marquises, ainsi que la cantinière, quoique supportant très bien la boisson, avaient déjà le cerveau troublé, par suite des grands verres de punch qu'elles avalaient de temps en temps, avec délices.

Nous avions, pour musique, une flûte qu'un sergent-major jouait, et le tambour de la compagnie l'accompagnait en mesure. On commença par l'air :

On va leur percer les flancs,
Ram, ram, ram, tam plam,
Tirelire, ram plam.

Mais à peine la musique avait-elle commencé, et la mere Dubois allait-elle en avant avec le fourrier de la compagnie, avec qui elle faisait vis-à-vis, que voilà nos marquises, à qui probablement notre musique sauvage allait, qui se mettent à sauter comme des Tartares, allant à droite et à gauche, écartant les jambes, les bras, tombant sur cul, se relevant pour y tomber encore. L'on aurait dit qu'elles avaient le diable dans le corps. Cela n'aurait été que très ordinaire pour nous, si elles avaient été habillées avec leurs habits à la russe, mais voir des marquises françaises qui, généralement, sont si graves, sauter comme des enragées, cela nous faisait pâmer de rire, de manière qu'il fut impossible, au joueur de flûte, de continuer; mais notre tambour y suppléa en battant la charge. C'est alors que nos marquises recommencèrent de plus belle, jusqu'au moment où elles tombèrent de lassitude sur le plancher. Nous les relevâmes pour les applaudir, ensuite nous recommençâmes à boire et à danser jusqu'à quatre heures du matin.

La mère Dubois, en vraie cantinière, et qui savait apprécier la valeur des habits qu'elle avait sur elle, car c'était en soie tissée d'or et d'argent, partit sans rien dire. Mais, en sortant, le sergent de garde à la police, voyant une dame étrangère dans la rue, aussi matin, et pensant faire une bonne capture, s'avança vers elle et voulut la prendre par le bras pour la conduire dans sa chambre. Mais la mère Dubois, qui avait son mari, et du punch dans le corps, appliqua sur la figure du sergent un vigoureux soufflet qui le renversa à terre. Il cria : « A la garde! » Le poste prit les armes, et comme nous n'étions pas encore couchés, nous descendîmes pour la débarrasser. Mais le sergent était tellement furieux que nous eûmes toutes les peines du monde à lui faire comprendre qu'il avait eu tort de vouloir arrêter une femme comme la mère Dubois.

Le 28 et le 29 furent encore consacrés à nous occuper de nos provisions; pour cela nous allions faire des reconnaissances de jour, et, la nuit — pour ne pas avoir de concurrence, — nous allions chercher ce que nous avions remarqué.

Notre bal fut un vrai bal de carnaval.

Le 30, nous passâmes la revue de l'inspecteur dans la rue, en face de notre logement.

Le 1er octobre, un fort détachement du régiment fut commandé pour aller fourrager à quelques lieues de Moscou, dans un grand château construit en bois. Nous y trouvâmes fort peu de chose : une voiture chargée de foin fut toute notre capture. A notre retour, nous rencontrâmes la cavalerie russe qui vint caracoler autour de nous, sans cependant oser nous attaquer sérieusement. Il est vrai de dire que nous marchions d'une manière à leur faire voir qu'ils n'auraient pas eu l'avantage, car, quoiqu'étant infiniment moins nombreux qu'eux, nous leur avions mis plusieurs cavaliers hors de combat. Ils nous suivirent jusqu'à un quart de lieue de Moscou.

Le 2, nous apprîmes que l'Empereur venait de donner l'ordre d'armer le Kremlin ; trente pièces de canon et obusiers de différents calibres devaient être placés sur toutes les tours tenant à la muraille qui forme l'enceinte du Kremlin.

Le 3, des hommes de corvée de chaque régiment de la Garde furent commandés pour piocher la terre et transporter des matériaux provenant de vieilles murailles que des sapeurs du génie abattaient autour du Kremlin, et des fondations que l'on faisait sauter par la mine.

Le reste de notre séjour dans cette ville se passa en revues et parades, jusqu'au jour où un courrier vint annoncer à l'Empereur, au moment où il était à passer la revue de plusieurs régiments, que les Russes avaient rompu l'armistice et avaient attaqué à l'improviste la cavalerie de Murat, au moment où il ne s'y attendait pas.

Aussitôt la revue passée, l'ordre du départ fut donné, et, en un instant, toute l'armée fut en mouvement ; mais ce ne fut que le soir que notre régiment eut connaissance de l'ordre de se tenir prêt à partir pour le lendemain.

Avant de partir, nous fîmes, à nos deux femmes moscovites, ainsi qu'à nos deux tailleurs, leur part du butin que nous ne pouvions emporter ; vingt fois ils se jetèrent à terre pour nous remercier en nous baisant les pieds : jamais ils ne s'étaient vus si riches !

Commencement de la Retraite

Le 19, de grand matin, la ville se remplit de juifs et de paysans russes; les premiers, pour acheter aux soldats ce qu'ils ne pouvaient emporter, et les autres pour ramasser ce que nous jetions dans les rues. Nous apprîmes que le maréchal Mortier restait au Kremlin avec dix mille hommes, avec ordre de s'y défendre au besoin.

Dans l'après-midi, nous nous mîmes en marche, non sans avoir fait, comme nous pûmes, quelques provisions de liquides que nous mîmes sur la voiture de notre cantinière, la mère Dubois, ainsi que notre grand vase en argent; il était presque nuit lorsque nous étions hors de la ville. Un instant après, nous nous trouvâmes au milieu d'une grande quantité de voitures, conduites par des hommes de différentes nations, marchant sur trois ou quatre rangs, sur une étendue de plus d'une lieue. L'on entendait parler français, allemand, espagnol, italien, portugais, et d'autres langues encore, car des paysans moscovites suivaient aussi, ainsi que beaucoup de juifs : tous ces peuples, avec leurs costumes et leurs langages différents, les cantiniers avec leurs femmes et leurs enfants pleurant, se pressant en tumulte et en un désordre dont on ne peut se faire une idée. Quelques-uns avaient déjà leurs voitures brisées; ceux-là criaient et juraient, de manière que c'était un tintamarre à vous casser la tête. Nous finîmes, non sans peine, à dépasser cet immense convoi, qui était celui de toute l'armée. Nous avançâmes sur la route de Kalouga (là, nous étions en Asie); un instant après, nous arrêtâmes pour bivaquer dans un bois, le reste de la nuit, et comme elle était déjà avancée, notre repos ne fut pas long.

A peine s'il faisait jour, que nous nous remîmes en marche, mais nous fûmes obligés d'arrêter pour attendre la gauche de la colonne. Je profitai de cette circonstance pour faire une revue de mon sac, qui me semblait trop lourd, et voir s'il n'y avait rien à mettre de côté, afin de m'alléger. Il était assez bien garni; j'avais plusieurs livres de sucre, du riz, un peu de biscuit, une demi-bouteille de liqueur, le costume d'une femme chinoise en étoffe de soie, tissue d'or et d'argent, plusieurs objets de fantaisie en or et argent, entre autres un morceau de la croix du grand Ivan [1], c'est-à-dire un morceau de l'enveloppe qui la recouvrait, qui était d'argent doré et qui m'avait été donné par un homme de la compagnie qui avait été commandé

1. J'ai oublié de dire qu'au milieu de la grande croix de Saint-Ivan, il s'en trouvait une petite en or massif, d'un pied de long. (*Note de l'auteur.*)

de corvée avec d'autres hommes du même état, couvreurs et charpentiers, pour la détacher.

J'avais aussi mon grand uniforme, une grande capote de femme servant à monter à cheval (cette capote était de couleur noisette, doublée en velours vert, et, comme je n'en connaissais pas l'usage, je me figurais que la femme qui l'avait portée avait plus de six pieds); plus deux tableaux en argent d'un pied de long sur huit pouces de hauteur, dont les personnages étaient en relief : l'un de ces tableaux représentait le jugement de Pâris, sur le mont Ida. L'autre représentait Neptune, sur un char formé d'une coquille et traîné par des chevaux marins. Tout cela était d'un travail fini. J'avais, en outre, plusieurs médaillons et un crachat d'un prince russe enrichi de brillants. Tous ces objets étaient destinés pour des cadeaux et avaient été trouvés dans des caves où les maisons avaient croulé par suite de l'incendie.

Comme l'on voit, mon sac devait peser, mais, pour qu'il ne soit plus aussi lourd, je laissai sur le terrain ma culotte blanche, prévoyant bien que je n'en aurais pas besoin de sitôt. Sur moi, j'avais, sur ma chemise, un gilet de soie jaune piqué et ouaté que j'avais fait moi-même avec le jupon d'une femme, et, par-dessus tout, un grand collet doublé en peau d'hermine, plus une carnassière suspendue à mon côté et sous mon collet, par un large galon en argent, contenant plusieurs objets parmi lesquels était un Christ en or et argent, ainsi qu'un petit vase en porcelaine de Chine. Ces deux pièces ont échappé au naufrage comme par miracle ; je les possède encore et les conserve comme des reliques. Ensuite, mon fourniment, mes armes et soixante cartouches dans ma giberne ; ajoutez à cela de la santé, de la gaieté, de la bonne volonté et l'espoir de présenter mes hommages aux dames mogoles, chinoises et indiennes, et vous aurez une idée du sergent vélite de la Garde impériale[1].

A peine avais-je passé la revue de mon butin, que nous entendîmes, devant nous, quelques coups de fusil ; l'on nous fit prendre les armes et doubler le pas. Une demi-heure après, nous arrivâmes sur l'emplacement où un convoi, escorté par un détachement de lanciers rouges de la Garde, avait été attaqué par des partisans.

Plusieurs lanciers étaient tués, et aussi des Russes et quelques chevaux. Près d'une voiture, l'on voyait étendue à terre et sur le dos, une jolie femme, morte de saisissement. Nous continuâmes à marcher sur une route assez belle. Le soir, nous arrêtâmes et nous formâmes notre bivac dans un bois, afin d'y passer la nuit.

1. A cause du blocus continental, le bruit courait dans l'armée que nous devions aller en Mongolie et en Chine, pour nous emparer des possessions anglaises. (*Note de l'auteur.*)

Le lendemain 21, de grand matin, nous nous remîmes en marche, et, dans le milieu du jour, nous rencontrâmes un parti de Cosaques réguliers, que l'on chassa à coups de canon.

Le 22, nous eûmes de la pluie. L'on marcha lentement et avec peine jusqu'au soir, où nous arrêtâmes et prîmes position près d'un bois. Dans la nuit, nous entendîmes une forte explosion : nous sûmes, après, que c'était le Kremlin que le maréchal Mortier venait de faire sauter, par le moyen d'une grande quantité de poudre que l'on avait mise dans les caves. Le maréchal était parti de Moscou trois jours après nous, le 22, avec ses dix mille hommes, dont deux régiments de Jeune Garde que nous rejoignîmes, quelques jours après, sur la route de Mojaïsk. Le reste de cette journée, nous fîmes peu de chemin, quoique marchant toujours.

Le 24, nous n'étions pas loin de Kalouga.

Le 25, au matin, j'étais de garde depuis la veille au soir, près d'une petite maison isolée où l'Empereur était logé et où il avait passé la nuit ; le soleil se montrait au travers d'un épais brouillard, comme il en fait souvent au mois d'octobre, quand, tout à coup et sans prévenir personne, il monta à cheval, suivi seulement de quelques officiers d'ordonnance. A peine était-il parti, que nous entendîmes un grand bruit ; un moment, nous crûmes que c'étaient des cris de « Vive l'Empereur ! » mais nous entendîmes crier : « Aux armes ! » C'étaient plus de 6 000 Cosaques commandés par Platow, qui, à la faveur du brouillard et des ravins, étaient venus faire un *hourra*. Aussitôt les escadrons de service de la Garde s'élancèrent dans la plaine ; nous les suivîmes, et, pour raccourcir notre chemin, nous traversâmes un ravin. Dans un instant, nous fûmes devant cette nuée de sauvages qui hurlaient comme des loups et qui se retirèrent. Nos escadrons finirent par les atteindre et leur reprendre tout ce qu'ils avaient enlevé de bagages, de caissons, en leur faisant essuyer beaucoup de pertes.

L'Empereur en Danger

Lorsque nous entrâmes dans la plaine, nous vîmes l'Empereur presque au milieu des Cosaques, entouré des généraux et de ses officiers d'ordonnance, dont un venait d'être dangereusement blessé, par une fatale méprise :

au moment où les escadrons entraient dans la plaine, plusieurs de ses officiers avaient été obligés, pour se défendre, et pour défendre l'Empereur, qui était au milieu d'eux et qui avait failli être pris, de faire le coup de sabre avec les Cosaques. Un des officiers d'ordonnance, après avoir tué un Cosaque et en avoir blessé plusieurs autres, perdit, dans la mêlée, son chapeau, et laissa tomber son sabre. Se trouvant sans armes, il courut sur un Cosaque, lui arracha sa lance et se défendit avec. Dans ce moment, il fut aperçu par un grenadier à cheval de la Garde qui, à cause de sa capote verte et de sa lance, le prit pour un Cosaque, courut dessus et lui passa son sabre au travers du corps[1].

Le malheureux grenadier, désespéré en voyant sa méprise, veut se faire tuer; il s'élance au milieu de l'ennemi, frappant à droite et à gauche; tout fuit devant lui. Après en avoir tué plusieurs, n'ayant pu se faire tuer, il revint seul et couvert de sang demander des nouvelles de l'officier qu'il avait, si malheureusement blessé. Celui-ci guérit et revint en France sur un traîneau.

Je me rappelle qu'un instant après cette échauffourée, l'Empereur, étant à causer avec le roi Murat, riait de ce qu'il avait failli être pris, car il s'en est fallu de bien peu. Le grenadier-vélite Monfort, de Valenciennes, avait encore eu l'occasion de se distinguer, en tuant et en mettant hors de combat plusieurs Cosaques.

Nous restâmes encore quelque temps dans cette position, et nous nous mîmes en marche, laissant Kalouga sur notre gauche. Nous traversâmes sur un mauvais pont, une rivière fangeuse et fort escarpée, et prîmes la direction de Mojaïsk.

Le 26, nous fîmes encore une petite étape, et, le 27, après avoir marché sans interruption jusqu'au soir, nous allâmes coucher près de Mojaïsk; cette nuit, il commença à geler.

Le 28, nous partîmes de grand matin et, dans la journée, après avoir traversé une petite rivière, nous nous trouvâmes sur l'emplacement du fameux champ de bataille encore tout couvert de morts et de débris de toute espèce. On voyait sortir de terre des jambes, des bras et des têtes; presque tous ces cadavres étaient des Russes, car les nôtres, autant que possible, nous leur avions donné la sépulture. Mais, comme tout cela avait été fait à la hâte, les pluies qui étaient survenues depuis, en avaient mis une partie à découvert. Rien de plus triste à voir que tous ces morts qui, à peine, conservaient une forme humaine; il y avait cinquante-deux jours que la bataille avait eu lieu.

[1] Cet officier se nommait M. Leaulteur. (*Note de l'auteur.*)

Nous allâmes établir notre bivac un peu plus avant, et nous passâmes près de la grande redoute où le général Caulaincourt avait été tué et enterré. Lorsque nous fûmes arrêtés, nous nous occupâmes de nous abriter, afin de passer la nuit le mieux possible. Nous fîmes du feu avec les débris d'armes, de caissons, d'affûts de canon ; mais, pour l'eau, nous fûmes embarrassés, car la petite rivière qui coulait près de notre camp et où il se trouvait peu d'eau, était remplie de cadavres en putréfaction ; il fallut remonter à plus d'un quart de lieue pour en avoir de potable. Lorsque nous fûmes organisés, je fus avec un de mes amis[1] visiter le champ de bataille; nous allâmes jusqu'au ravin, à la place même où, le lendemain de la bataille, le roi Murat avait fait dresser ses tentes.

Le même jour, le bruit courut qu'un grenadier français avait été trouvé sur le champ de bataille, vivant encore : il avait les deux jambes coupées, et, pour abri, la carcasse d'un cheval dont il s'était nourri de la chair, et, pour boisson, l'eau d'un ruisseau rempli de cadavres. L'on a dit qu'il fut sauvé : pour le moment, je le pense bien, mais, par la suite, il aura fallu l'abandonner, comme tant d'autres. Le soir de cette journée, la faim commença à se faire sentir chez quelques-uns qui avaient épuisé leurs provisions. Jusqu'alors chacun, chaque fois que l'on faisait la soupe, donnait sa part de farine, mais, lorsque l'on s'aperçut que tout le monde n'y contribuait plus, l'on se cacha pour manger ce que l'on avait; il n'y avait que la soupe de viande de cheval, que l'on faisait depuis quelques jours, que l'on mangeait en commun.

Le jour suivant, nous passâmes près d'une abbaye qui avait servi d'hôpital à une partie de nos blessés de la grande bataille. Beaucoup s'y trouvaient encore. L'Empereur donna l'ordre de les transporter sur toutes les voitures, à commencer par les siennes, mais des cantiniers, à qui l'on avait confié plusieurs de ces malheureux, les abandonnèrent sur la route, sous différents prétextes, et cela pour conserver le butin qu'ils emportaient de Moscou et dont leurs voitures étaient chargées. Cette nuit, nous couchâmes dans un bois en arrière de Ghjat, où l'Empereur logea; pendant la nuit, pour la première fois, il tomba de la neige.

Le lendemain, 30, la route était déjà mauvaise; beaucoup de voitures, chargées de butin, avaient peine à se traîner, beaucoup déjà se trouvaient brisées, et d'autres, craignant le même sort, s'allégeaient en se débarrassant d'objets inutiles. Ce jour-là, j'étais d'arrière-garde, et, comme je me trouvais tout à fait en arrière de la colonne, à même de voir le commencement du désordre. La route était jonchée d'objets précieux, comme tableaux, candé-

1. Grangier, sergent. (*Note de l'auteur.*)

labres et beaucoup de livres, car, pendant plus d'une heure, je ramassai des volumes que je parcourais un instant, et que je rejetais ensuite pour être ramassés par d'autres qui, à leur tour, les abandonnaient.

C'étaient des éditions de Voltaire, de Jean-Jacques Rousseau et de l'*Histoire naturelle* par Buffon, reliées en maroquin rouge et dorées sur tranche.

C'est dans cette journée que j'eus le bonheur de faire l'acquisition d'une peau d'ours, qu'un soldat de la compagnie venait, me dit-il, de ramasser dans une voiture brisée, remplie de fourrures. Le même jour, notre cantinière perdit son équipage avec nos vivres et notre grand vase en argent, dans lequel nous avions fait tant de punch.

Le 30, nous arrivâmes à Wiasma, *ville au schnaps*, ainsi nommée, par nos soldats, à cause de l'eau-de-vie que l'on y trouva en allant à Moscou. L'Empereur fit séjour; notre régiment alla plus avant.

Le 1er novembre, nous avions, comme la nuit précédente, couché près d'un bois, sur le bord de la route : depuis plusieurs jours, nous avions déjà commencé à vivre de viande de cheval. Le peu de vivres que nous avions pu emporter de Moscou était consommé, et nos misères commençaient avec le froid qui, déjà, se faisait sentir avec force. Pour mon compte, j'avais encore un peu de riz que je conservais pour les derniers moments, car je prévoyais, pour la suite, des misères plus grandes encore.

NOUS ARRIVAMES AU MOMENT OU L'ON METTAIT LES PIÈCES EN BATTERIE POUR CHASSER LES COSAQUES.

II

Je suis dévoré par la Vermine

Le 3, nous fîmes séjour à Slawkowo; pendant toute la journée, nous aperçûmes les Russes sur notre droite. Le même jour, les autres régiments de la Garde, qui avaient fait séjour en arrière, se réunirent à nous.

Le 4, nous fîmes une marche forcée pour arriver à Dorogobouï, ville aux choux; c'est le nom que nous lui avions donné, à cause de la grande quantité de choux que nous y trouvâmes en allant à Moscou.

Il était bien onze heures lorsque notre bivouac fut formé, et, avec les débris des maisons, nous trouvâmes encore assez de bois pour faire du feu et bien nous chauffer. Mais déjà tout nous manquait, et nous étions tellement fatigués, que l'on n'avait pas la force de chercher un cheval pour le voler et le manger ensuite, de manière que nous prîmes le parti de nous reposer. Un soldat de la compagnie m'avait apporté des nattes de jonc pour me coucher :

les ayant mises devant le feu, je m'étendis dessus et, la tête sur mon sac, les pieds au feu, je m'endormis.

Il y avait peut-être une heure que je reposais, lorsque je sentis, par tout mon corps, un picotement auquel il me fut impossible de résister. Je passai machinalement la main sur ma poitrine et sur plusieurs parties de mon individu : quel fut mon effroi lorsque je m'aperçus que j'étais couvert de vermine! Je me levai, et en moins de deux minutes j'étais nu comme la main, jetant au feu chemise et pantalon. C'était comme un feu de deux rangs, tant cela pétillait dans les flammes, et, quoiqu'il tombât de la neige par gros flocons sur mon corps, je ne me rappelle pas avoir eu froid, tant j'étais occupé de ce qui venait de m'arriver! Enfin, je secouai au-dessus du feu le reste de mes vêtements dont je ne pouvais me défaire, et je remis la seule chemise et le seul pantalon qui me restaient. Alors, triste et ayant presque envie de pleurer, je pris le parti de m'asseoir sur mon sac, et, la tête dans mes mains, couvert de ma peau d'ours, éloigné des maudites nattes sur lesquelles j'avais dormi, je passai le reste de la nuit. Ceux qui prirent ma place n'attrapèrent rien : il paraît que j'avais tout pris.

Le jour suivant, 5 novembre, nous partîmes de grand matin. Avant le départ, l'on fit, dans chaque régiment de la Garde, une distribution de moulins à bras pour moudre le blé, si toutefois on en trouvait; mais comme l'on n'avait rien à moudre et que ces meubles étaient pesants et inutiles, l'on s'en débarrassa dans les vingt-quatre heures. Cette journée fut triste, car une partie des malades et des blessés succombèrent; ils avaient, jusqu'à ce jour, fait des efforts surnaturels, espérant atteindre Smolensk, où l'on croyait trouver des vivres et prendre des cantonnements.

Le soir, nous arrêtâmes près d'un bois où l'on donna l'ordre de former des abris, afin de passer la nuit. Un instant après, notre cantinière, Mme Dubois, la femme du barbier de notre compagnie, se trouva malade, et, au bout d'un instant, pendant que la neige tombait, et par un froid de vingt degrés, elle accoucha d'un gros garçon : position malheureuse pour une femme. Je dirai que, dans cette circonstance, le colonel Bodelin, qui commandait notre régiment, fit tout ce qu'il était possible de faire pour le soulagement de cette femme, prêtant son manteau pour couvrir l'abri sous lequel était la mère Dubois, qui supporta son mal avec courage. Le chirurgien du régiment n'épargna rien, de son côté; enfin le tout finit heureusement. La même nuit, nos soldats tuèrent un ours blanc qui fut mangé à l'instant.

Après avoir passé la nuit la plus pénible, à cause du grand froid, nous nous mîmes en route. Le colonel prêta son cheval à la mère Dubois, qui tenait son nouveau-né dans les bras, enveloppé dans une peau de mouton; tant qu'à elle, on la couvrit avec les capotes de deux hommes de la compagnie, morts dans la nuit.

Ce jour-là, qui était le 6 novembre, il faisait un brouillard à ne pas y voir, et un froid de vingt-deux degrés; nos lèvres se collaient, l'intérieur du nez, ou plutôt le cerveau se glaçait; il semblait que l'on marchait au milieu d'une atmosphère de glace. La neige, pendant tout le jour, et par un vent extraordinaire, tomba par flocons, gros comme personne ne les avait jamais vus; non seulement l'on ne voyait plus le ciel, mais ceux qui marchaient devant nous.

Lorsque nous fûmes près d'un mauvais village[1], nous vîmes une estafette arriver à franc étrier, demandant après l'Empereur. Nous sûmes, un instant après, que c'était un général apportant la nouvelle de la conspiration de Malet, qui venait d'avoir lieu à Paris.

Comme l'endroit où nous étions arrêtés était près d'un bois, et que, pour se remettre en route, il fallait beaucoup attendre à cause que le chemin était étroit, l'on se trouvait beaucoup de monde en masse, et comme nous étions plusieurs amis réunis sur le bord de la route, frappant des pieds pour ne pas être saisis du froid, causant de nos malheurs et de la faim qui nous dévorait, je sentis, tout à coup, l'odeur du pain chaud. Aussitôt je me retourne, et derrière et près de moi, je vois un individu enveloppé d'une grande pelisse garnie de fourrures, sous laquelle sortait l'odeur du pain qui m'avait monté au nez. Aussitôt je lui adresse brusquement la parole, en lui disant : « Monsieur, vous avez du pain; vous allez m'en vendre! » Comme il allait se retirer, je le saisis par le bras. Alors, voyant qu'il n'y avait plus moyen de se débarrasser de moi, il tira de dessous sa pelisse une galette encore toute chaude que je saisis avec avidité d'une main, tandis que, de l'autre, je lui présentai une pièce de cinq francs pour la lui payer. Mais, à peine l'avais-je dans la main, que mes amis, qui étaient auprès de moi, tombèrent dessus comme des enragés, et me l'arrachèrent. Il ne me resta, pour ma part, que le morceau que je tenais sous le pouce et les deux premiers doigts de la main droite.

Pendant ce temps, le chirurgien-major de l'armée, car c'en était un, disparut. Il fit bien, car on l'aurait peut-être assommé pour avoir le reste Il est probable qu'étant arrivé des premiers dans le petit village dont j'ai parlé, il aura eu le bonheur de trouver de la farine, et, en attendant que nous fussions arrivés, il aura fait de la galette.

Depuis plus d'une demi-heure que nous étions dans cette position, plusieurs hommes avaient succombé à l'endroit où nous étions. Beaucoup

1. Ce village se nomme Miekalowka. (*Note de l'auteur.*)

d'autres étaient tombés dans la colonne, lorsqu'elle était en marche. Enfin, nos rangs commençaient à s'éclaircir, et nous n'étions qu'au commencement de nos misères! Lorsque l'on s'arrêtait afin de prendre quelque chose au plus vite, l'on saignait les chevaux abandonnés, ou ceux que l'on pouvait enlever sans être vu; l'on en recueillait le sang dans une marmite, on le faisait cuire et on le mangeait. Mais il arrivait souvent qu'au moment où l'on venait de le mettre au feu, l'on était obligé de le manger, soit que l'ordre du départ arrivât, ou que les Russes fussent trop près de nous. Dans ce dernier cas, l'on ne se gênait pas autant, car j'ai vu quelquefois une partie manger tranquillement, pendant que l'autre empêchait, à coups de fusil, les Russes de s'avancer. Mais lorsqu'il fallait quitter le terrain, on emportait la marmite, et chacun, en marchant, puisait à pleines mains et mangeait; aussi avait-on la figure barbouillée de sang.

Cette journée de marche ne fut pas aussi longue que la précédente, car, lorsque nous arrêtâmes, il faisait encore jour. C'était sur l'emplacement d'un village incendié où il ne restait plus que quelques pignons de maisons contre lesquels les officiers supérieurs établirent leur bivac pour se mettre à l'abri du vent et passer la nuit. Indépendamment des douleurs que nous avions, par suite des grandes fatigues que nous éprouvions, la faim se faisait sentir d'une manière effroyable. Ceux à qui il restait encore un peu de vivres, comme du riz ou du gruau, se cachaient pour le manger. Déjà il n'y avait plus d'amis, l'on se regardait d'un air de méfiance, l'on devenait même ingrat envers ses meilleurs camarades. Il m'est arrivé, à moi, de commettre, envers mes véritables amis, un trait d'ingratitude que je ne veux pas passer sous silence.

Premières Atteintes de la Faim

J'ÉTAIS ce jour-là, comme tous mes amis, dévoré par la faim, mais j'avais, plus qu'eux, le malheur de l'être aussi par la vermine que j'avais attrapée l'avant-veille. Nous n'avions pas un morceau de cheval à manger, nous comptions sur l'arrivée de quelques hommes de la compagnie, qui étaient restés en arrière, afin d'en couper aux chevaux qui tombaient. Tourmenté de n'avoir rien à manger, j'éprouvais des sensations qu'il me serait difficile d'exprimer. J'étais près d'un de mes meilleurs amis, Poumot, sergent, qui était debout près d'un feu que l'on venait de faire, en regardant de tous côtés s'il n'arrivait rien. Tout à coup, je lui serre la main avec un mouvement convulsif, en lui disant : « Mon ami, si je rencontrais, dans le bois, n'importe qui avec un pain, il faudrait qu'il m'en donne la moitié! » Puis, me reprenant : « Non, lui dis-je, je le tuerais pour avoir tout! »

A peine avais-je lâché la parole, que je me mis à marcher à grands pas dans la direction du bois, comme si je devais rencontrer l'homme et le pain. Y étant arrivé, je le côtoyai pendant un quart d'heure, et, tournant brusquement à gauche dans une direction opposée à notre bivac, j'aperçus, presque à la lisière du bois, un feu contre lequel un homme était assis. Je m'arrêta afin de l'observer, et je distinguai qu'il avait, devant lui et sur son feu, une marmite dans laquelle il faisait cuire quelque chose, car, ayant pris un couteau, il le plongea dedans, et, à ma grande surprise, je vis qu'il en retirait une pomme de terre qu'il pressa un peu et qu'il remit aussitôt, probablement parce qu'elle n'était pas cuite.

J'allais m'élancer et courir dessus, mais, dans la crainte qu'il ne m'échappât, je rentrai dans le bois, et, faisant un petit circuit, j'arrivai à quelques pas derrière l'individu, sans qu'il m'ait aperçu. Mais, en cet endroit, comme il y avait beaucoup de broussailles, je fis du bruit en avançant. Il se retourna, mais j'étais déjà à côté de la marmite et, sans lui donner le temps de me parler, je lui adressai la parole : « Camarade, vous avez des pommes de terre, vous allez m'en vendre ou m'en donner, ou j'enlève la marmite! » Un peu surpris de cette résolution, et comme je m'approchais avec mon sabre pour pêcher dedans, il me dit que cela ne lui appartenait pas, et que c'était à un général polonais qui bivaquait pas loin et dont il était le domestique; qu'il lui avait ordonné de se cacher où il était pour les faire cuire, afin d'en avoir pour le lendemain.

Comme, sans lui répondre, je me mettais en devoir d'en prendre, non sans lui présenter de l'argent, il me dit qu'elles n'étaient pas encore cuites, et, comme je n'avais pas l'air d'y croire, il en tira une qu'il me présenta pour me la faire palper; je la lui arrachai et, telle qu'elle était, je la dévorai : « Vous voyez, me dit-il, qu'elles ne sont pas mangeables : cachez-vous un instant, ayez de la patience, tâchez surtout que l'on ne vous voie pas jusqu'au moment où elles seront bonnes à manger; alors je vous en donnerai. »

Je fis ce qu'il me dit; je me cachai derrière un petit buisson, mais si près de lui que je ne pouvais le perdre de vue. Au bout de cinq à six minutes, — je ne sais s'il me croyait bien loin, — il se leva et, regardant à droite et à gauche, il prend la marmite et se sauve avec, mais pas loin, car je l'arrêtai de suite en le menaçant de tout prendre s'il ne voulait pas m'en donner la moitié. Il me répondit encore que c'était à son général : « Seraient-elles pour l'Empereur, qu'il m'en faut, lui dis-je, car je meurs de faim! » Voyant qu'il ne pouvait se débarrasser de moi qu'en me donnant ce que je lui demandais, il m'en donna sept. Je lui donnai quinze francs et je le quittai. Il me rappela et m'en donna deux autres; elles étaient loin d'être bien cuites, mais je n'y pris pas grande attention, j'en mangeai une et je mis les autres dans ma carnassière. Je comptais qu'avec cela, je pouvais vivre trois jours en mangeant, avec un morceau de viande de cheval, deux par jour.

Tout en marchant et en pensant à mes pommes de terre, je me trompai de chemin; je ne m'en aperçus qu'aux cris et aux jurements que faisaient cinq hommes qui se battaient comme des chiens; à côté d'eux était une cuisse de cheval qui faisait l'objet de leurs discussions. L'un de ces hommes, en me voyant, vint jusqu'à moi en me disant que lui et son camarade, tous deux soldats du train, avaient, avec d'autres, été tuer un cheval derrière le bois, et que, revenant avec leur part qu'ils portaient au bivac, ils avaient été attaqués par trois hommes d'un autre régiment qui voulaient la leur prendre, mais que, si je voulais les aider à la défendre, ils m'en donneraient ma part. A mon tour, craignant le même sort pour mes pommes de terre, je leur répondis que je ne pouvais m'arrêter, mais qu'ils n'avaient qu'à tenir bon un instant, que je leur enverrais quelqu'un pour les aider. Je poursuivis mon chemin.

Pas loin de là, je rencontrai deux hommes de notre régiment à qui je contai l'affaire; ils marchèrent de ce côté. J'ai su, le lendemain, qu'ils n'avaient vu, en arrivant, qu'un homme mort qui venait d'être assommé avec un gros bâton de sapin qu'ils avaient trouvé à côté, et rouge de sang. Probablement que les trois agresseurs avaient profité du moment où l'autre implorait mon assistance pour se défaire de celui qui était resté seul.

A mon arrivée à l'endroit où était le régiment, plusieurs de mes camarades me demandèrent si je n'avais rien découvert; je leur répondis que non. Ensuite, prenant ma place près du feu, je fis comme tous les jours; je creusai ma place, c'est-à-dire mon lit de neige, et, comme nous n'avions pas de paille, j'étendis ma peau d'ours pour me coucher, la tête sur mon collet doublé en peau d'hermine étendu sur moi. Je me disposais à passer la nuit, mais, avant de dormir, j'avais encore une pomme de terre à manger; c'est ce que je fis, caché par mon collet, faisant le moins de mouvements possible, de crainte que l'on ne s'aperçoive que je mangeais quelque chose, et, prenant une pincée de neige pour me désaltérer, je finis mon repas et je m'endormis, ayant bien soin de tenir dans mes bras ma carnassière, dans laquelle étaient mes vivres. Plusieurs fois dans la nuit, lorsque je me réveillais, j'avais soin de passer la main dedans, et de compter mes pommes de terre. C'est ainsi que je la passai, sans faire part à mes amis, qui mouraient

Le sapeur creusa un trou dans la neige : le père, pendant ce temps, était à genoux, tenant son enfant dans ses bras.

de faim, du peu que le hasard m'avait procuré : c'est, de ma part, un trait d'égoïsme que je ne me suis jamais pardonné.

La diane n'était pas encore battue que, déjà, j'étais éveillé et assis sur mon sac, prévoyant que la journée serait terrible, à cause du vent qui commençait à souffler. Je fis un trou à ma peau d'ours et je passai ma tête dedans, de manière que la tête de l'ours me tombât sur la poitrine; le reste de la peau couvrait mon sac et mon dos, mais elle était tellement longue que la queue traînait à terre. Enfin l'on battit la diane, ensuite la grenadière, et quoiqu'il ne fût pas encore jour, nous nous mîmes en marche. Le nombre de morts et de mourants que nous laissâmes dans nos bivacs, en partant, fut prodigieux. Plus loin, c'était pire encore, car, sur la route, nous étions obligés d'enjamber sur les cadavres que les corps d'armée qui nous précédaient laissaient après eux : mais c'était bien plus triste encore pour ceux qui marchaient après nous. Ceux-là voyaient les misères de tous ceux qui marchaient en avant. Les derniers étaient les corps des maréchaux Ney et Davoust, ensuite l'armée d'Italie commandée par le prince Eugène.

Il y avait environ une heure que nous marchions, quand le jour parut, et, comme nous avions atteint les corps qui nous précédaient, nous fîmes une petite halte. La mère Dubois, notre cantinière, voulut profiter de ce moment de repos pour donner le sein à son nouveau-né, mais, tout à coup, elle jette un cri de douleur : son enfant était mort et aussi dur que du bois. Ceux qui étaient autour d'elle la consolèrent, en lui disant que c'était un bonheur pour elle et pour son enfant, et, malgré ses gémissements, on lui arracha son enfant qu'elle pressait contre son sein. On le remit entre les mains d'un sapeur qui s'éloigna à quelques pas de la route, avec le père de l'enfant. Le sapeur creusa, avec sa hache, un trou dans la neige : le père, pendant ce temps, était à genoux, tenant son enfant dans ses bras. Lorsque le trou fut achevé, il l'embrassa et le déposa dans sa tombe; on le recouvrit ensuite, et tout fut fini.

A une lieue plus loin, et près d'un grand bois, nous arrêtâmes pour faire la grande halte. C'était l'endroit où avait couché une partie de l'artillerie et de la cavalerie; là se trouvaient beaucoup de chevaux morts et dépecés, et une plus grande quantité que l'on avait été obligé d'abandonner encore vivants et debout, mais engourdis, se laissant tuer sans bouger, car ceux que l'on avait tués pendant la nuit ou qui étaient morts de fatigue ou d'inanition étaient tellement gelés, qu'il était impossible d'en couper. J'ai remarqué, pendant cette marche désastreuse, que l'on nous faisait toujours marcher autant que possible derrière la cavalerie et l'artillerie, et que, le lendemain, l'on nous faisait arrêter où ils avaient passé la nuit, afin que nous puissions nous nourrir avec les chevaux qu'ils laissaient en partant.

Pendant que le régiment était à se reposer et que chaque homme était occupé à se composer un mauvais repas, de mon côté, comme un égoïste, j'étais entré, sans que l'on m'ait vu, dans le plus épais du bois, pour dévorer seul une des pommes de terre que j'avais toujours dans ma carnassière et que je cachais le plus soigneusement possible. Mais quel fut mon désappointement en voulant mordre dedans! Ce n'était plus que de la glace! Je voulus mordre : mes dents glissaient contre, sans pouvoir en détacher un morceau. C'est alors que je regrettai de ne les avoir pas partagées, la veille, avec mes amis, que je vins rejoindre, tenant encore à la main celle que j'avais voulu manger, toute rouge du sang de mes lèvres.

Ils me demandèrent ce que j'avais. Sans leur répondre, je leur montrai la pomme de terre que je tenais encore à la main, ainsi que celles que j'avais dans ma carnassière; mais à peine les avais-je montrées qu'elles me furent enlevées. Eux aussi furent trompés en voulant y mordre; on les vit courir près du feu pour les faire dégeler, mais elles fondirent comme de la glace. Pendant ce temps-là, d'autres vinrent me demander où je les avais eues; je leur montrai le bois, ils y coururent, et, après avoir cherché, ils revinrent me dire qu'ils n'avaient rien trouvé. Eux furent bons pour moi, car ils avaient fait cuire plein une marmite de sang de cheval, et m'invitèrent à y prendre ma part. C'est ce que je fis sans me faire prier. Aussi, me suis-je toujours reproché d'avoir agi de cette manière. Ils ont toujours cru que je les avais trouvées dans le bois; jamais je ne les ai désabusés. Mais cela n'est qu'un échantillon de ce que nous verrons plus tard.

Après une heure de repos, la colonne se remit en marche pour traverser le bois où, par intervalles, l'on rencontrait des espaces où se trouvaient quelques maisons habitées par des juifs. Quelquefois ces habitations sont grandes comme nos granges et construites de même, avec cette différence qu'elles sont bâties en bois et couvertes de même. Une grande porte se trouvait à chaque extrémité; elles servaient de poste, de manière qu'une voiture qui entre par une, après avoir changé de chevaux, sort par l'autre; il s'en trouve presque toujours à trois lieues de distance, mais la plus grande partie déjà n'existait plus; elles avaient été brûlées à notre premier passage.

Incendie d'une Maison de Poste

Arrivés à la sortie du bois, et comme nous approchions de Gara, mauvais hameau de quelques maisons, j'aperçus, à une courte distance, une de ces maisons de poste dont j'ai parlé. Aussitôt, je la fis remarquer à un sergent de la compagnie, qui était un Alsacien nommé Mather, à qui je proposai d'y passer la nuit, si toutefois il y avait possibilité d'y arriver des premiers, afin d'avoir chacun une place. Nous nous mîmes à courir, mais lorsque nous y arrivâmes, elle était tellement remplie d'officiers supérieurs, de soldats et de chevaux, qu'il nous fut impossible, malgré tout ce que nous fîmes, d'y avoir une place, car l'on prétendait qu'il y avait plus de huit cents personnes.

Pendant que nous étions occupés à aller de droite et de gauche, afin de voir si nous ne pourrions pas y pénétrer, la colonne impériale, ainsi que notre régiment, nous avaient dépassés. Alors nous prîmes la résolution de passer la nuit sous le ventre des chevaux qui étaient attachés aux portes. Plusieurs fois, ceux qui étaient bivaqués autour vinrent pour la démolir, afin d'avoir le bois avec lequel elle était construite, pour se chauffer et se faire des abris, et de la paille qui se trouvait dans une séparation qu'il faut considérer comme un grenier. Il y avait aussi quantité de bois de sapin sec et résineux.

Une partie de la paille servit à ceux qui étaient dedans pour se coucher, et, quoiqu'ils fussent les uns sur les autres, ils avaient fait des petits feux pour se chauffer et faire cuire du cheval. Loin de laisser démolir leur habitation, ils menacèrent ceux qui vinrent pour en arracher des planches, de leur tirer des coups de fusil. Même quelques-uns, qui avaient monté sur le toit pour en arracher et qui, déjà, en avaient pris, furent forcés d'en descendre pour ne pas être tués.

Il pouvait être onze heures de la nuit. Une partie de ces malheureux étaient endormis; d'autres, près des feux, réchauffaient leurs membres. Un bruit confus se fit entendre : c'était le feu qui avait pris dans deux endroits de la grange, dans le milieu et à une des extrémités, contre la porte opposée où nous étions couchés. Lorsque l'on voulut l'ouvrir, les chevaux attachés en dedans, effrayés par les flammes, étouffés par la fumée, se cabrèrent, de sorte que les hommes, malgré leurs efforts, ne purent, de ce côté, se faire un passage. Alors ils voulurent revenir sur l'autre porte, mais impossible de traverser les flammes et la fumée.

La confusion était à son comble; ceux de l'autre côté de la grange qui n'avaient le feu que d'un côté, s'étaient jetés en masse sur la porte contre laquelle nous étions couchés en dehors et, par ce moyen, empêchèrent de l'ouvrir plus encore. De crainte que d'autres pussent y entrer, ils l'avaient fortement fermée avec une pièce de bois mise en travers; en moins de deux minutes, tout était en flammes; le feu, qui avait commencé par la paille sur laquelle les hommes dormaient, s'était vite communiqué au bois sec qui était au-dessus de leurs têtes; quelques hommes qui, comme nous, étaient couchés près de la porte, voulurent l'ouvrir, mais ce fut inutilement, car elle s'ouvrait en dedans. Alors nous fûmes témoins d'un tableau qu'il serait difficile de peindre. Ce n'étaient que des hurlements sourds et effrayants que l'on entendait; les malheureux que le feu dévorait jetaient des cris épouvantables; ils montaient les uns sur les autres afin de se frayer un passage par le toit, mais, lorsqu'il y eut de l'air, les flammes commencèrent à se faire jour, de sorte que, lorsqu'il y en avait qui paraissaient à demi brûlés, les habits en feu et les têtes sans cheveux, les flammes, qui sortaient avec impétuosité, et qui, ensuite, se balançaient par la force du vent, les refoulaient dans le fond de l'abîme.

Alors l'on n'entendait plus que des cris de rage, le feu n'était plus qu'un feu mouvant, par les efforts convulsifs que tous ces malheureux faisaient en se débattant contre la mort : c'était un vrai tableau de l'enfer.

Du côté de la porte où nous étions, sept hommes purent être sauvés en se faisant tirer par un endroit où une planche avait été arrachée. Le premier était un officier de notre régiment. Encore avait-il les mains brûlées et les habits déchirés; les six autres étaient plus maltraités encore : il fut impossible d'en sauver davantage. Plusieurs se jetèrent en bas du toit, mais à moitié brûlés, priant qu'on les achevât à coups de fusil. Pour ceux qui se présentèrent après, à l'endroit où nous en avions sauvé sept, ils ne purent être retirés, car ils étaient placés en travers et déjà étouffés par la fumée et par le poids des autres hommes qui étaient sur eux; il fallut les laisser brûler avec les autres.

A la clarté de ce sinistre, les soldats isolés de différents corps qui bivaquaient autour de là, et mourant de froid autour de leurs feux presque morts comme eux, accoururent, non pour porter des secours — il était trop tard et même il avait presque toujours été impossible, — mais pour avoir de la place et se chauffer en faisant cuire un morceau de cheval au bout de leurs baïonnettes ou de leurs sabres.

Il n'était pas encore jour, lorsque je me mis en route avec mon camarade pour rejoindre le régiment.

Nous marchions, sans nous parler, par un froid plus fort encore que la veille, sur des morts et des mourants, en réfléchissant sur ce que nous venions de voir, lorsque nous joignîmes deux soldats de la ligne, occupés à mordre chacun dans un morceau de cheval, parce que, disaient-ils, s'ils attendaient plus longtemps, il serait tellement durci par la gelée qu'ils ne sauraient plus le manger. Ils nous assurèrent qu'ils avaient vu des soldats étrangers (des Croates) faisant partie de notre armée, retirant du feu de la grange un cadavre tout rôti, en couper et en manger. Je crois que cela est arrivé plusieurs fois, dans le cours de cette fatale campagne, sans cependant jamais l'avoir vu. Quel intérêt ces hommes presque mourants avaient-ils à nous le dire, si cela n'était pas vrai?

Depuis notre départ de Moscou, l'on voyait, chaque jour, à la suite de la colonne de la Garde, une jolie voiture russe attelée de quatre chevaux; mais, depuis deux jours, il ne s'en trouvait plus que deux, soit qu'on les eût tués ou volés pour les manger, ou qu'ils eussent succombé. Dans cette voiture était une dame jeune encore, probablement veuve, avec ses deux enfants, qui étaient deux demoiselles, l'une âgée de quinze ans, et l'autre de dix-sept. Cette famille, qui habitait Moscou et que l'on disait d'origine française, avait cédé aux instances d'un officier supérieur de la Garde, à se laisser conduire en France.

Peut-être avait-il l'intention d'épouser la dame, car déjà cet officier était vieux; enfin, cette malheureuse et intéressante famille était, comme nous, exposée au froid le plus rigoureux et à toutes les horreurs de la misère, et devait la sentir plus péniblement que nous

Un Drame de Famille

Le jour commençait à paraître, lorsque nous arrivâmes à l'endroit où notre régiment avait couché; déjà le mouvement général de l'armée était commencé; depuis deux jours il était facile de voir que les régiments étaient diminués d'un tiers, et qu'une partie des hommes que l'on voyait marcher avec peine, succomberait encore dans la journée qui allait commencer; l'on voyait marcher à la suite, ou plutôt se traîner, les équipages dont notre régiment devait faire l'arrière-garde; c'est là où j'aperçus encore la voiture renfermant cette malheureuse famille. Elle sortait d'un petit bois pour gagner la route; quelques sapeurs l'accompagnaient, ainsi que l'officier supérieur, qui paraissait très affecté; arrivée sur la route, elle fit halte à l'endroit même ou j'étais arrêté; alors j'entendis des plaintes et des gémissements; l'officier supérieur ouvrit la portière, y entra, parla quelque temps et, un instant après, il présenta à deux sapeurs qu'il avait fait mettre contre la voiture, un cadavre : c'était une des jeunes personnes qui venait de mourir. Elle était vêtue d'une robe de soie grise et, par-dessus, une pelisse de la même étoffe garnie de peau d'hermine. Cette personne, quoique morte, était belle encore, mais maigre. Malgré notre indifférence pour les scènes tragiques, nous fûmes sensibles en voyant celle-ci; pour mon compte, j'en fus touché jusqu'aux larmes, surtout en voyant pleurer l'officier.

Au moment où les sapeurs emportèrent cette jeune personne qu'ils placèrent sur un caisson, ma curiosité me porta à regarder dans la voiture : je vis la mère et l'autre demoiselle toutes deux tombées l'une sur l'autre. Elles paraissaient être sans connaissance; enfin, le soir de la même journée, elles avaient fini de souffrir. Elles furent, je crois, enterrées toutes trois dans le même trou que firent les sapeurs, pas loin de Valoutina. Pour en finir, je dirai que le lieutenant-colonel, ayant peut-être à se reprocher ce malheur, chercha à se faire tuer dans différents combats que nous eûmes, à Krasnoé et ailleurs. Quelques jours après notre arrivée à Elbing, au mois de janvier, il mourut de chagrin.

Cette journée, qui était celle du 8 novembre, fut terrible, car nous arrivâmes tard à la position et comme, le lendemain, nous devions arriver à Smolensk, l'espoir de trouver des vivres et du repos — on disait que l'on devait y prendre des cantonnements — faisait que beaucoup d'hommes, malgré le froid excessif et la privation de toutes choses, faisaient des efforts surnaturels pour ne pas rester en arrière, où ils auraient succombé.

Avant d'arriver à l'endroit où nous devions bivaquer, il fallait traverser un ravin profond et gravir une côte. Nous remarquâmes que quelques artilleurs de la Garde étaient arrêtés dans ce ravin avec leurs pièces de canon, n'ayant pu monter la côte. Tous les chevaux étaient sans force et les hommes sans vigueur. Des canonniers de la garde du roi de Prusse les accompagnaient : ils avaient, comme nous, fait la campagne : ils étaient attachés à notre artillerie comme contingent de la Prusse. Ils avaient, à cette même place et à côté de leurs pièces, formé leurs bivacs et allumé leurs feux comme ils avaient pu, afin d'y passer la nuit, dans l'espérance de pouvoir, le lendemain, continuer leur chemin. Notre régiment, ainsi que les chasseurs, fut placé à droite de la route, et je crois que c'était sur les hauteurs de Valoutina, où s'était donnée une bataille et où avait été tué le brave général Gudin, le 19 août de la même année.

Je fus commandé de garde chez le maréchal Mortier; son habitation était une grange sans toit. Cependant on lui avait fait un abri pour le préserver, autant que possible, de la neige et du froid. Notre colonel et l'adjudant-major avaient aussi pris leur place au même endroit. L'on arracha quelques pièces de bois qui formaient la clôture de la grange, et on alluma, pour le maréchal, un feu auquel nous nous chauffâmes tous.

Il pouvait être neuf heures, la nuit était extraordinairement sombre, et déjà une partie de nous, ainsi que le reste de notre malheureuse armée, qui bivaquait autour de l'endroit où nous étions, commençait à se reposer d'un sommeil interrompu par le froid et les douleurs causées par la fatigue et la faim, près d'un feu qui, à chaque instant, s'éteignait, comme les hommes qui l'entouraient; nous pensions à la journée du lendemain qui devait nous conduire à Smolensk, où, disait-on, nos misères devaient finir, puisque nous devions y trouver des vivres et prendre des cantonnements.

Je venais de finir mon triste repas composé d'un morceau de foie d'un cheval que nos sapeurs venaient de tuer, et, pour boisson, un peu de neige. Le maréchal en avait mangé aussi un morceau que son domestique venait de lui faire cuire, mais il l'avait mangé avec un morceau de biscuit et, par-dessus, il avait bu une goutte d'eau-de-vie; le repas, comme on voit, n'était pas très friand, pour un maréchal de France, mais c'était beaucoup, pour les circonstances malheureuses où nous nous trouvions.

Dans ce moment, il venait de demander à un homme qui était debout à l'entrée de la grange, et appuyé sur son fusil, pourquoi il était là. Le soldat lui répondit qu'il était en faction : « Pour qui, répond le maréchal, et pourquoi faire? Cela n'empêchera pas le froid d'entrer et la misère de nous accabler! Ainsi, rentrez et venez prendre place au feu. » Un instant après, il demanda quelque chose pour reposer sa tête ; son domestique lui apporta un portemanteau et, s'enveloppant dans son manteau, il se coucha.

Comme j'allais en faire autant en m'étendant sur ma peau d'ours, nous fûmes effrayés par un bruit extraordinaire : c'était un vent du nord qui arrivait brusquement au travers des forêts, et qui amenait avec lui une neige des plus épaisses et un froid de vingt-sept degrés, de manière qu'il fut impossible aux hommes de rester en place. On les entendait crier en courant dans la plaine, cherchant à se diriger du côté où ils voyaient des feux, espérant trouver mieux ; mais enveloppés dans des tourbillons de neige, ils ne bougeaient plus, ou, s'ils voulaient continuer, ils faisaient un faux pas et tombaient pour ne plus se relever. Plusieurs centaines périrent de cette manière, mais plusieurs milliers moururent à leur place, n'espérant rien de mieux. Tant qu'à nous, nous fûmes heureux qu'un côté de la grange fût à l'abri du vent ; plusieurs hommes vinrent se réfugier chez nous et, par ce moyen, éviter la mort.

Il faut que je cite un trait de dévouement qui s'est passé dans cette nuit désastreuse où tous les éléments les plus terribles de l'enfer semblaient être déchaînés contre nous.

Dévouement des Hessois pour leur Prince

Le prince Émile de Hesse-Cassel faisait partie de notre armée, avec son contingent qu'il fournissait à la France. Son petit corps d'armée était composé de plusieurs régiments d'infanterie et de cavalerie. Il était, comme nous, bivaqué sur la gauche de la route, avec le reste de ses malheureux soldats, réduits à cinq ou six cents hommes, parmi lesquels se trouvaient encore environ cent cinquante dragons, mais presque tous à pied, leurs chevaux étant morts ou mangés. Ces braves soldats, succombant de froid, et ne pouvant rester en place par une nuit et un temps aussi abominables, se dévouèrent pour sauver leur jeune prince, âgé, je crois, tout au plus de vingt ans, en le mettant au milieu d'eux pour le garantir du vent et du froid. Enveloppés de leurs grands manteaux blancs, ils restèrent debout toute la nuit, serrés les uns contre les autres ; le lendemain au matin, les trois quarts étaient morts et ensevelis sous la neige, avec plus de dix mille autres de différents corps.

Au jour, lorsque nous regagnâmes la route, nous fûmes obligés, avec le maréchal, de descendre près du ravin, où, la veille, nous avions vu de l'artillerie former son bivac : plus un n'existait ; hommes, chevaux, tous étaient couchés et couverts de neige, les hommes autour de leurs feux, et les chevaux encore attelés aux pièces qu'il fallait abandonner. Il arrivait presque toujours qu'après une tempête et un froid excessif causé par le vent et la neige, le temps devenait plus supportable ; il semblait que la nature s'était épuisée de nous avoir frappés et qu'elle voulait respirer pour nous frapper encore.

Cependant, tout ce qui respirait se mit en marche. L'on voyait, à droite et à gauche de la route, des hommes à demi morts sortir de dessous des mauvais abris formés de branches de sapin, ensevelis sous la neige ; d'autres venaient de plus loin, sortant des bois où ils s'étaient réfugiés, se traînant péniblement, afin de gagner la route. L'on fit halte un instant, pour les attendre. Pendant ce temps, j'étais, avec plusieurs de mes amis, à parler de nos désastres de la nuit et de la quantité incroyable d'hommes qui avaient péri. Nous jetions machinalement un coup d'œil sur cette terre de malheur. Par places, l'on voyait encore des faisceaux d'armes formés; et d'autres renversés, mais plus personne pour les prendre. Ceux qui gagnaient la route avec les aigles de leurs régiments, après s'être réunis à d'autres, se mettaient en marche.

Après avoir rassemblé le mieux possible tout ce qu'il y avait sur la route, le mouvement de marche commença : notre régiment forma l'arrière-garde qui, ce jour-là, fut on ne peut plus pénible pour nous, vu la quantité d'hommes qui ne pouvaient plus marcher, et que nous étions obligés de prendre sous les bras, afin de les aider à se traîner et de les sauver, si l'on pouvait, en les conduisant jusqu'à Smolensk.

Avant d'arriver à cette ville, il faut traverser un petit bois ; c'est là où nous atteignîmes toute l'artillerie réunie. Les chevaux faisaient peine à voir; les affûts de canons, ainsi que les caissons, étaient chargés de soldats malades et mourant de froid.

Je continuais de marcher dans un sentier étroit, à gauche de la route et dans le bois. Je venais, dans ce moment, d'être joint par un de mes amis, sergent du même régiment que moi, lorsque, sur notre chemin, nous trouvâmes un canonnier de la Garde couché en travers du sentier, et qui nous empêchait de passer. A côté était un autre canonnier occupé à le dépouiller de ses vêtements; nous nous aperçûmes que cet homme n'était pas mort, car il faisait aller les jambes et frappait, par moments, la terre avec les mains fermées.

Mon camarade, surpris ainsi que moi, applique, sans rien dire, un grand coup de crosse de fusil dans le dos de ce misérable, qui se retourna. Mais sans lui donner le temps de nous parler, nous lui fîmes des reproches violents sur son acte de barbarie. Il nous répondit que, s'il n'était pas mort, il ne tarderait pas à l'être, puisque, lorsqu'on l'avait déposé à l'endroit où il était, pour ne pas le laisser sur le chemin et broyer par l'artillerie, il ne donnait plus aucun signe de vie ; que, d'abord, c'était son camarade de lit, qu'il valait mieux que ce fût lui qui ait sa dépouille qu'un autre.

Ce que je viens de citer est arrivé souvent sur des malheureux soldats, que l'on supposait avoir de l'argent, car au lieu de les aider à se relever, il y en avait qui restaient près de ceux qui tombaient, non pour les soulager, mais pour faire comme le canonnier.

Je n'aurais pas dû, pour l'honneur de l'espèce humaine, écrire toutes ces scènes d'horreur, mais je me suis fait un devoir de dire tout ce que j'ai vu. Il me serait impossible de faire autrement, et, comme tout cela me bouleverse la tête, il me semble qu'une fois que je l'aurai mis sur le papier, je n'y penserai plus. Il faut dire aussi que si, dans cette campagne désastreuse, il s'est commis des actes infâmes, il s'est aussi fait des traits d'humanité qui nous honorent, car j'ai vu des soldats porter, pendant plusieurs jours, sur leurs épaules, un officier blessé.

Comme nous allions sortir du bois, nous rencontrâmes une centaine de lanciers bien montés, équipés à neuf : ils venaient de Smolensk qu'ils n'avaient jamais quitté, on les envoyait à notre arrière-garde; ils étaient épouvantés de nous voir si malheureux, et, de notre côté, nous étions surpris de les voir aussi bien. Beaucoup de soldats couraient après eux comme des mendiants, en leur demandant s'ils n'avaient pas un morceau de pain ou de biscuit à leur donner.

Lorsque nous fûmes sortis du bois, nous fîmes halte pour attendre ceux qui conduisaient les malades. Il n'y avait rien de plus pénible à voir, car, de tout ce que l'on pouvait leur dire de l'espoir des vivres et d'un bon logement, ils n'entendaient plus rien : c'étaient comme des automates, marchant lorsqu'on les conduisait, s'arrêtant aussitôt qu'on les laissait. Les plus forts portaient tour à tour leurs armes et leurs sacs, car ces malheureux, indépendamment des forces et d'une partie de la raison qu'ils avaient perdues, avaient aussi perdu les doigts des pieds et des mains.

Enfin, c'est de cette manière que nous revîmes le Dniéper sur notre gauche, et que nous aperçûmes, sur l'autre rive, des milliers d'hommes qui avaient traversé le fleuve sur la glace : il y en avait de tous les corps, fantassins et cavalerie, courant autant qu'ils le pouvaient, en apercevant au loin quelque village, afin d'y trouver des vivres et d'y passer la nuit à couvert. Après avoir marché encore péniblement pendant une heure, nous arrivâmes, le soir, abîmés de fatigue et mourants, sur les bords du fatal Boristhène, que nous traversâmes, et nous fûmes sous les murs de la ville.

Déjà des milliers de soldats de tous les corps et de toutes les nations, qui composaient notre armée, étaient, depuis longtemps, aux portes et autour des remparts, en attendant qu'on les laissât entrer. On les en avait empêchés, de crainte que tous ces hommes, marchant sans ordre et sans chefs, mourants de faim, ne se portassent aux magasins pour y piller le peu de vivres qu'il pouvait y avoir, et dont on voulait faire la distribution avec le plus d'ordre possible. Plusieurs centaines de ces hommes étaient déjà morts ou mourants.

Lorsque nous fûmes arrivés, ainsi que les autres corps de la Garde, marchant avec le plus d'ordre possible, et après avoir pris toutes les précautions pour faire entrer nos malades et nos blessés, l'on ouvrit la porte et l'on entra. La plus grande partie se répandit de tous côtés, et en désordre, afin de trouver un endroit pour passer la nuit sous un toit et de pouvoir manger le peu de vivres que l'on avait promis, et dont on fit une petite distribution.

Pour obtenir un peu d'ordre, l'on fit connaître que les hommes isolés n'auraient rien. De ce moment, l'on vit les plus forts se réunir par numéros de régiment et se choisir un chef pour les représenter, car, il y avait des régiments qui n'existaient plus. Tandis que nous, la Garde impériale, nous traversâmes la ville, mais avec peine, car, exténués de fatigue comme nous l'étions, et devant gravir le bord escarpé qui existe à partir du Boristhène jusqu'à l'autre porte, cette montée couverte de glace faisait qu'à chaque instant les plus faibles tombaient, et qu'il fallait les aider à se relever, et porter ceux qui ne pouvaient plus marcher.

C'est de la sorte que nous arrivâmes sur l'emplacement du faubourg qui avait été incendié lors du bombardement arrivé le 15 du mois d'août dernier. Nous y prîmes position et nous nous y installâmes comme nous pûmes. Partout l'on ne voyait plus que les murailles des maisons qui étaient bâties en pierre, car celles qui l'étaient en bois, et qui formaient la plus grande partie de la ville, avaient disparu; enfin la ville n'était plus qu'un vrai squelette.

Si l'on s'éloignait dans l'obscurité, on rencontrait des pièges, c'est-à-dire que, sur l'emplacement des maisons bâties en bois, où aucune trace ne se faisait plus voir, on rencontrait les caves recouvertes de neige, et le soldat assez malheureux pour s'y engager, disparaissait tout à coup pour ne plus reparaître. Plusieurs périrent de cette manière, que d'autres retirèrent le lendemain, lorsqu'il fit jour, non pour leur donner la sépulture, mais pour avoir leurs vêtements ou quelque autre chose qu'ils auraient pu avoir sur eux. Il en était de même de tous ceux qui succombaient, en marchant ou arrêtés : les vivants se partageaient les dépouilles des morts, et souvent, à leur tour, succombaient quelques heures après et finissaient par subir le même sort.

Une heure après notre arrivée, l'on nous fit une petite distribution de farine, et la valeur d'une once de biscuit : c'est plus que l'on ne pouvait espérer. Ceux qui avaient des marmites firent de la bouillie, les autres firent des galettes qu'ils faisaient cuire dans la cendre et que l'on dévora à moitié cuites; l'avidité avec laquelle ils mangèrent faillit leur être funeste, car plusieurs furent dangereusement malades et manquèrent étouffer. Tant qu'à moi, quoique je n'avais pas mangé de soupe depuis le 1er novembre et que la bouillie de farine de seigle fût épaissie comme de la boue, je fus assez heureux pour ne pas être incommodé; mon estomac était encore bon.

Depuis le moment où nous étions arrivés, plusieurs hommes du régiment, qui étaient malades et qui avaient pu, en faisant des efforts extraordinaires, arriver à l'endroit où nous étions, venaient de mourir, et, comme on leur avait donné les meilleures places dans les mauvaises masures que l'on nous avait désignées pour logements, l'on s'empressa de les porter loin, afin de prendre leur place.

Après que je fus reposé, malgré le froid et la neige qui tombait, je me disposai à chercher après un de mes amis, celui avec qui j'étais le plus intimement lié, celui avec qui je n'avais jamais compté; nos bourses ne faisaient qu'une. Il se nommait Grangier[1]. Il y avait sept ans que nous étions ensemble. Je ne l'avais pas vu depuis Wiasma, où il était parti en avant avec un détachement, escortant un caisson appartenant au maréchal Bessières. L'on m'avait assuré qu'il était arrivé depuis deux jours et logé dans un faubourg.

Ayant pris mes armes et mon sac, sans rien dire à personne, je rentrai en ville par la même route que nous étions venus, et, après avoir tombé plusieurs fois en descendant cette pente rapide et glissante que nous avions montée en arrivant, j'arrivai près de la porte par où nous étions entrés.

Je me fis indiquer, par l'officier de poste, la direction où il supposait que le maréchal Bessières était logé, mais, soit que je fus mal informé, ou que j'eus mal compris, je pris l'un des chemins pour l'autre : je me trouvai ayant le rempart à ma droite, au-dessous duquel coulait le Boristhène; à ma gauche était une étendue de terrain, ou l'emplacement d'une rue longeait le bas du rempart et dont toutes les maisons avaient été brûlées et écrasées pendant le bombardement. L'on y voyait encore, çà et là, malgré l'obscurité, quelques pignons sortir, comme des ombres, du milieu de la neige.

Un Coupe-Gorge

Le chemin que j'avais pris était tellement mauvais, je me trouvai si fatigué, après un instant de marche, que je regrettai de m'être hasardé seul. Je me disposais à retourner sur mes pas et de remettre au lendemain ma recherche

1. Sergent vélite dans le même régiment que moi, aux fusiliers-grenadiers. (*Note de l'auteur.*)

après Grangier, mais au moment où je me retournais, j'entendis marcher derrière moi et, aussitôt, j'aperçus, à quelques pas, un individu que je reconnus pour un soldat badois portant sur son épaule une petite barrique que je supposai être de l'eau-de-vie. Je l'appelai, il ne me répondit pas ; je voulus le suivre, il doubla le pas : j'en fis autant. Il descendit une petite pente un peu rapide ; je voulus faire comme lui, mais mes jambes n'étant pas aussi fermes que les siennes, je tombai et, roulant du haut jusqu'en bas, j'arrivai aussi vite que lui contre la porte d'une cave que le poids de mon corps fit ouvrir et où j'entrai, l'épaule droite meurtrie, avant l'individu.

Je n'avais pas encore eu le temps de reconnaître et de savoir où j'étais, que je fus tiré de mon étourdissement par des cris confus de différentes langues d'une douzaine d'individus couchés sur de la paille, autour d'un feu : Français, Allemands, Italiens, que je reconnus, de suite, pour être des associés pillards et voleurs, marchant ensemble pour leur compte, et toujours en avant de l'armée, de crainte de rencontrer l'ennemi et de se battre, arrivant des premiers dans les maisons lorsqu'il s'en trouvait, ou bivaquant dans des lieux séparés. Lorsque l'armée arrivait, la nuit, bien fatiguée, ils sortaient de leur cachette, rôdaient autour des bivacs, enlevaient lestement les chevaux et les portemanteaux des officiers, et se remettaient en route de grand matin, quelques heures avant la colonne, et ainsi de même chaque jour. Enfin c'était une de ces bandes comme il y en avait beaucoup, qui s'étaient formées depuis les premiers jours où les grands froids avaient commencé, et qui avaient amené nos désastres. Ces bandes se propagèrent, par la suite.

J'étais encore étourdi de ma chute, et je n'étais pas encore relevé, qu'un individu se leva du fond de la cave, alluma de la paille pour mieux me voir, car il était impossible, à mon costume, et surtout à la peau d'ours qui me couvrait en partie, de savoir à quel régiment j'appartenais. Mais, ayant vu l'aigle impérial sur mon shako, il cria, d'un air goguenard : « Ah! ah ! de la Garde impériale ? A la porte ! » Et les autres répétèrent : « A la porte ! à la porte ! » Étourdi, sans être intimidé de leurs cris, je me levai pour les prier, puisque le hasard, ou plutôt le bonheur m'avait fait tomber chez eux, de m'y laisser au moins jusqu'au jour, et qu'alors je m'en irais. Mais l'individu qui s'était levé le premier, et qui paraissait être le chef, ayant à son côté un demi-espadon, qu'il avait soin de faire voir avec affectation, répéta que je devais sortir, et de suite, et tous répétèrent en chœur : « A la porte ! A la porte ! » Un Allemand vint pour mettre la main sur moi, mais, d'une poussée que je lui donnai dans la poitrine, je l'envoyai tomber de tout son long sur d'autres qui étaient encore couchés, et mis la main sur la poignée de mon sabre, car mon fusil, lorsque je roulai en bas de la rampe, était resté derrière.

L'homme au demi-espadon applaudit à la culbute que je venais de faire faire à celui qui voulait me mettre à la porte, en lui disant qu'il n'appartenait pas à un Allemand, à une tête de choucroute, de mettre la main sur un Français.

Voyant que l'homme au demi-espadon m'avait donné raison, je répondis que j'étais décidé à ne sortir qu'au jour, et que je me ferais plutôt tuer par eux que de mourir de froid sur le chemin. Une femme, car il s'en trouvait deux, voulut intervenir pour moi, mais elle reçut l'ordre de se taire, et cet ordre fut accompagné de jurements et des mots les plus sales ; alors, le chef me signifia encore l'ordre de sortir, en me disant de lui éviter le désagrément de mettre la main sur moi, parce que, s'il s'en mêlait, la chose serait bientôt faite, et qu'il m'enverrait coucher où était mon régiment. Je lui demandai pourquoi lui et les siens n'y étaient pas. Il me répondit que cela ne me regardait pas, qu'il n'avait pas de comptes à me rendre, qu'il était chez lui et que je ne pourrais pas rester la nuit avec eux, parce que je les gênais pour aller faire leurs courses en ville et profiter du désordre et du peu de surveillance qu'il y avait aux voitures d'équipage, pour y faire du butin. Je demandai comme une grâce de rester encore un instant pour me chauffer et rajuster ma chaussure, et alors que je sortirais. Mais personne ne m'ayant répondu, je fis une seconde demande ; l'homme au demi-espadon me dit qu'il y consentait, à condition que je sortirais dans une demi-heure. Il chargea un tambour, qui paraissait son second, de l'exécution de l'ordre.

Voulant mettre à profit le peu de temps qui me restait, je demandai si quelqu'un n'avait pas un peu de vivres à me vendre, et surtout de l'eau-de-vie : « Si nous en avions, me répondit-on, nous la garderions pour nous ! »

Cependant la barrique que j'avais vu porter par le Badois, était quelque chose de semblable, car j'avais compris qu'il avait dit, en sa langue, qu'il l'avait prise à une cantinière de son régiment, qui l'avait cachée lorsque l'armée était arrivée en ville. D'après ce langage, je compris que l'individu était un nouveau venu, soldat de la garnison, et associé avec les autres seulement depuis la veille et, comme eux, décidé à quitter son régiment pour faire la guerre au butin.

Le tambour chargé de l'ordre de me faire sortir, et que je voyais causer mystérieusement avec d'autres, me demanda si j'avais de l'or pour des pièces de cinq francs et pour acheter de l'eau-de-vie : « Non, lui dis-je, mais j'ai des pièces de cinq francs. » La femme qui était à côté de moi, la même qui avait voulu prendre ma défense, fit semblant, en se baissant, de chercher quelque chose à terre, du côté de la porte. Alors, s'approchant de moi, elle me dit, de manière à ne pas être entendue : « Sauvez-vous, croyez-moi, ils vous tueront ! Je suis avec eux depuis Wiasma, et j'y suis malgré moi.

Revenez en force, je vous en prie, demain matin, pour me sauver! » Je lui demandai quelle était l'autre femme qui était là; elle me dit que c'était une juive. J'allais lui faire d'autres questions, lorsqu'une voix, partant du fond de la cave, lui ordonna de se taire et lui demanda ce qu'elle me disait. Elle répondit qu'elle m'enseignait où je pourrais trouver de l'eau-de-vie, chez un juif qui restait sur le Marché-Neuf : « Tais-toi, bavarde! » lui répondit-on. Elle se tut, ensuite elle se retira dans un coin de la cave.

D'après l'avis que cette femme venait de me donner, je vis bien que je ne m'étais pas trompé, et que j'étais dans un vrai coupe-gorge. Aussi je n'attendis pas que l'on me dise de sortir; je me levai et, faisant semblant de chercher un endroit pour me coucher, je m'approchai de la porte, je l'ouvris et je sortis. L'on me rappela, en me disant que je pouvais rester jusqu'au jour et dormir. Mais, sans leur répondre, je ramassai mon fusil que je trouvai près de la porte, et cherchai une issue afin de pouvoir sortir de l'enfoncement où je me trouvais; je ne pus en trouver. Alors, craignant de rester longtemps dans cette position, j'allais frapper à la porte de la cave pour demander mon chemin, lorsque le Badois en sortit, probablement pour voir s'il était temps de faire une excursion. Il me demanda encore si je voulais rentrer; je lui répondis que non, mais je le priai de m'enseigner le chemin pour aller au faubourg. Il me fit signe de le suivre et, longeant plusieurs maisons en ruine, il monta des escaliers. Je le suivis et, lorsque je fus arrivé sur le rempart et sur le chemin, il me fit faire quelques tours sous prétexte de me montrer par où je devais aller; mais je m'aperçus que c'était pour me faire perdre la trace de la cave que, cependant, je voulais reconnaître, car je me proposais d'y revenir, le matin, avec quelques hommes, et sauver la femme qui avait imploré mon secours, et aussi pour leur demander compte de plusieurs portemanteaux que j'avais aperçus dans le fond de cette maudite cave.

Musique Mystérieuse

Mon guide avait disparu sans que je m'en aperçoive, de manière que je me trouvai tout à coup désorienté. C'est alors que je regrettai encore d'avoir quitté le régiment. Cependant il fallait prendre un parti et, comme la neige avait cessé de tomber, un instant avant ma descente dans la cave, je regardai si je ne retrouverais pas la trace de mes pas. Puis je me rappelai que je devais toujours avoir le rempart à ma droite. Après quelques moments de marche, je reconnus la place où j'avais rencontré le Badois, mais, pour mieux m'en assurer et la reconnaître lorsqu'il ferait jour, je fis, avec la crosse de mon fusil, deux grandes croix profondes dans la neige, et je poursuivis mon chemin.

Il pouvait être minuit; j'avais passé près d'une heure dans la cave et, pendant ce temps, le froid avait considérablement augmenté.

Sur ma gauche, j'apercevais bien des feux, mais je n'osais pas me diriger de ce côté, de crainte de me détruire en tombant dans des trous cachés par la neige. Je marchai, toujours en tâtonnant, et la tête baissée, afin de voir où je posais les pieds. Depuis un moment, je m'apercevais que la route descendait, et, un peu plus avant, je la trouvais embarrassée par des affûts de canon que, probablement, on avait voulu conduire sur le rempart. Lorsque je fus dans le bas, il me fut impossible de reconnaître la direction, tant il faisait obscur, de sorte que je fus forcé de m'asseoir sur le derrière d'un affût pour me reposer, et aussi tâcher de voir de quel côté je devais prendre.

Dans cette situation pénible, mon fusil entre les jambes, la tête appuyée dans les deux mains, au moment où j'allais, pour mon malheur, m'endormir probablement pour toujours, j'entendis des sons extraordinaires. Je me relevai, tout saisi en pensant au danger que je venais de courir en me laissant aller au sommeil. Ensuite, je prêtai mon attention afin de voir de quelle direction venaient les sons, mais je n'entendis plus rien. Alors je crus avoir rêvé, ou que c'était un avertissement du Ciel pour me sauver. Aussitôt, reprenant courage, je me mis à marcher à tâtons et à enjamber au hasard les obstacles sans nombre qui se trouvaient sur mon passage.

Enfin étant parvenu, non sans risquer plusieurs fois de me casser les jambes, à laisser derrière moi tout ce qui s'opposait à mon passage, je me reposais un instant pour reprendre haleine, afin de pouvoir gravir la pente opposée, lorsque le même bruit qui m'avait éveillé, me fit de nouveau lever la tête. Mais ce que j'entends, c'est de l'harmonie! Ce sont les sons graves de l'orgue, encore éloignés et qui font, sur moi, à cette heure de la nuit, seul et dans un pareil endroit, une impression que je ne saurais définir. Aussitôt je marche, doublant le pas, dans la direction d'où viennent ces sons. En un moment, je suis sorti du fond où j'étais retenu Arrivé en haut, je fais encore quelques pas et j'arrête; il était temps! Encore quelques pas et c'était fini de moi! Je tombais du haut en bas du rempart, à plus de cinquante pieds de hauteur, sur le bord du Boristhène où, fort heureusement, j'avais aperçu le feu d'un bivouac qui m'avait fait arrêter.

Épouvanté du danger que je venais de courir, je reculai de quelques pas et j'arrêtai encore pour écouter, mais je n'entendis plus rien. Je me remis à marcher et, tournant à gauche, en un instant j'eus le bonheur de retrouver le chemin frayé. Je continuai à avancer, mais lentement et avec précaution, la tête haute, toujours en prêtant l'oreille, mais, n'entendant plus rien, je finis par me persuader que c'était l'effet de mon imagination frappée, car, dans la position pénible où nous étions, nous ou les habitants qui étaient en petit nombre, il n'y avait pas de musique possible, et surtout à pareille heure.

Tout en avançant et en faisant des réflexions, mon pied droit, qui commençait déjà à être gelé et à me faire souffrir, rencontra quelque chose de dur qui me fit pousser un cri de douleur et tomber de mon long sur un cadavre, ma figure presque sur la sienne. Je me relevai péniblement. Malgré l'obscurité, je reconnus que c'était un dragon, car il avait encore son casque sur la tête, attaché avec les jugulaires, et son manteau sur lequel il était tombé, il n'y avait probablement pas longtemps.

Le cri de douleur que j'avais jeté en tombant, fut entendu par un individu qui était sur ma droite et qui me cria d'aller de son côté, en me faisant comprendre qu'il y avait longtemps qu'il m'attendait. Surpris et content de trouver quelqu'un dans un endroit où je me croyais seul, j'avançai dans la direction d'où partait la voix. Plus je m'approchais, plus il me semblait la reconnaître. Je lui criai : « C'est toi, Beloque[1] ? — Oui ! » me répondit-il, et, nous ayant reconnus l'un et l'autre, il fut aussi surpris que moi de nous trouver, à pareille heure, dans un lieu aussi triste et ne sachant pas plus que moi où il était. Il m'avait primitivement pris pour un caporal qui était allé chercher des hommes de corvée pour transporter des malades de sa compagnie que l'on avait laissés à la porte de la ville, lorsque l'on était arrivé, et qui, ensuite, avec quelques hommes pour porter et aider à marcher ces malades, avait pris le chemin du rempart pour éviter de monter la rampe de glace. Mais, arrivés ici, étant trop faibles pour marcher, et les hommes de corvée ne pouvant plus les porter, ils étaient tombés à la place où je les voyais. Le premier qu'il avait envoyé au camp n'étant pas revenu, il avait envoyé successivement les deux autres, de manière qu'il se trouvait seul. C'étaient précisément les hommes que nous avions laissés à notre arrivée dans la baraque, où ensuite j'en avais trouvé un de mort.

Je lui contai comment je m'étais perdu ; je lui parlai de mon aventure dans la cave, mais je n'osai lui parler de la musique que j'avais cru entendre, de crainte qu'il ne me dise que j'étais malade. Il me pria de rester près de lui ; c'était bien ma pensée. Un instant après, il me demanda pourquoi

1. Beloque était un de mes amis, sergent vélite comme moi. (*Note de l'auteur.*)

j'avais jeté un cri qu'il avait entendu. Je lui contai ma culbute sur le dragon, et comme ma figure avait touché la sienne : « Tu as donc eu peur, mon pauvre ami? — Non, lui répondis-je, mais j'ai eu bien mal! — C'est très heureux, me dit-il, que tu te sois fait assez de mal pour te faire crier, sans cela tu aurais passé sans que j'eusse pu te voir! »

Tout en causant, nous marchions à droite et à gauche pour nous réchauffer, en attendant que les hommes fussent arrivés pour transporter les malades qui, couchés l'un contre l'autre sur une peau de mouton, et couverts de la capote et de l'habit de celui que l'on avait dépouillé à la baraque, ne donnaient plus grand signe de vie : « Je crains bien, me dit Beloque, que nous n'ayons pas la peine de les faire transporter! » En effet, l'on entendait par moments qu'ils voulaient parler ou respirer, mais il était facile de comprendre que leur langage était celui des agonisants.

Tandis que le râle de la mort se faisait entendre près de nous, la musique aérienne, que je croyais n'exister que dans mon imagination, recommença de nouveau, mais beaucoup plus rapprochée. J'en fis la remarque à Beloque, et je lui contai ce qui m'était arrivé à la première et à la seconde fois que j'avais entendu ces sons harmonieux. Alors il me conta que, depuis qu'il était arrêté, il avait entendu, par intervalles, cette musique, et qu'il n'y pouvait rien comprendre; qu'il y avait des moments que cela faisait un vacarme d'enfer, et que, si c'étaient des hommes qui s'amusaient à cela, il fallait qu'ils eussent le diable au corps. Alors, s'approchant plus près de moi, il me dit à demi-voix, de crainte que les deux hommes qui se mouraient à nos pieds l'entendent : « Mon cher ami, ces sons que nous entendons ressemblent beaucoup à la musique de la mort! Tout ce qui nous entoure est mort, et j'ai un pressentiment que, sous peu de jours, je serai mort! » Puis il ajouta : « Que la volonté de Dieu soit faite! Mais c'est trop souffrir pour mourir. Regarde ces malheureux! » en montrant les deux hommes couchés dans la neige. A cela je ne répondis rien, car, dans ce moment, ma pensée était comme la sienne.

Il avait cessé de parler, et nous écoutions toujours sans nous rien dire, interrompus seulement par la difficulté de respirer d'un des hommes mourants, lorsque rompant de nouveau le silence : « Cependant, me dit-il, les sons que nous entendons semblent arriver d'en haut! » Nous écoutâmes encore avec attention; effectivement cela paraissait venir d'au-dessus de notre tête. Tout à coup, le bruit cessa; alors un silence affreux régna autour de nous. Ce silence fut interrompu par un cri plaintif : c'était le dernier soupir d'un des hommes que nous gardions.

Au même instant, des pas se font entendre; c'était un caporal qui arrivait avec huit hommes, pour enlever les deux mourants, mais, comme il n'en restait plus qu'un, il fut enlevé de suite. On le couvrit avec la dépouille des autres, et l'on partit.

Il était plus d'une heure du matin; le froid avait diminué, car, depuis un instant, le vent avait cessé de se faire sentir avec autant de violence, mais j'étais tellement fatigué que je ne pouvais plus marcher, et, jointe à cela, l'envie de dormir me dominait tellement que, pendant le chemin, Beloque me surprit plusieurs fois arrêté et dormant debout.

Il m'avait donné des indications pour trouver Grangier, car des hommes de sa compagnie, qui escortaient le seul fourgon qui restait au maréchal, avaient été voir leurs camarades et avaient indiqué le fourgon placé à la porte d'une maison où était logé le maréchal. Arrivé au point où nous descendions la rampe du rempart, afin de prendre la direction du camp où était le régiment, je me séparai du convoi funèbre, et je me décidai à suivre le nouveau chemin que l'on venait de m'enseigner, espérant atteindre bientôt le but de mes recherches.

Il n'y avait qu'un instant que je marchais seul, lorsque la maudite musique se fit encore entendre. Aussitôt je cesse de marcher, je lève la tête pour mieux écouter, et j'aperçois de la clarté devant moi. Je me dirige sur le point lumineux, mais le chemin va en descendant et la lumière disparaît. Je n'en continue pas moins à marcher, mais, au bout d'un instant, arrêté par un mur, je suis forcé de revenir sur mes pas; je tourne à droite, à gauche; je me trouve, enfin, dans une rue, et au milieu de maisons en ruines. Je continue à marcher à grands pas, toujours guidé par la musique. Arrivé à l'extrémité de la rue, je vois un édifice éclairé; c'est de là que viennent les sons graves qui continuent toujours. Je marche directement dessus, et, après avoir tourné plusieurs fois, je me trouve arrêté par une petite muraille qui semble servir d'enceinte à l'édifice que je reconnais pour une église.

Le Cimetière et l'Eglise de Smolensk

Ne voulant pas me fatiguer davantage à chercher l'entrée, je me décide à escalader la muraille et pour m'assurer qu'elle n'est pas assez haute, je sonde de l'autre côté avec mon fusil. Voyant qu'il n'y avait pas plus de trois à quatre pieds de haut, je monte dessus et je saute de l'autre côté. Mes pieds ayant rencontré quelque chose de bombé, je tombe sur mes genoux; je me relève sans m'être fait mal, je fais encore quelques pas et je sens que le terrain n'est pas égal. Pour ne pas tomber, je m'appuie sur mon fusil. Je m'aperçois bientôt que je suis au milieu de plus de deux cents cadavres à peine recouverts de neige. Pendant que j'avance en trébuchant, appuyé sur mon fusil, et que mes pieds s'enfoncent et sont quelquefois tenus entre les jambes et les bras de ceux sur lesquels je marche, et qui semblent arrangés avec symétrie, afin de faire place à d'autres, des chants lugubres se font entendre. Il me semble que c'est l'office des morts. Les paroles de Beloque me reviennent à la mémoire; une sueur me prend, je ne sais plus ce que je fais, ni où je vais. Je me trouve, je ne sais comment, appuyé contre le derrière du chœur de l'église.

Revenu un peu à moi en dépit du tintamarre diabolique qui continue, je marche, appuyé d'une main contre le mur, et je me trouve à la porte que je vois ouverte et par où une fumée épaisse sort. J'entre et je me trouve au milieu d'individus que je prends pour des ombres, tant il y a de fumée. Ces individus continuent à chanter et d'autres à jouer des orgues. Tout à coup, une grande flamme s'échappe, la fumée se dissipe; je regarde où je suis et avec qui; un des chanteurs s'approche de moi et s'écrie : « C'est mon sergent! » Il m'avait reconnu à ma peau d'ours, et, à mon tour, je reconnais des soldats de la compagnie; que l'on juge de ma surprise en les voyant dans cet état de gaîté! J'allais leur faire des questions, lorsque l'un d'eux s'approche et me présente de l'eau-de-vie, plein un vase en argent. Alors je devine d'où vient leur gaîté : ils étaient tous en ribote!

Un qui l'était moins que les autres me conta qu'en arrivant, ils avaient été à la corvée, et qu'en passant où il y avait encore quelques maisons, ils avaient vu sortir d'une cave deux hommes portant une lanterne, qu'ils avaient reconnus pour des juifs; que, de suite, ils s'étaient concertés pour y revenir faire une visite après la distribution des vivres, afin de voir s'ils n'y trouveraient rien à manger, et ensuite passer la nuit dans cette église, qu'ils avaient remarquée; qu'en effet ils étaient revenus et avaient trouvé, dans la cave, une barrique d'eau-de-vie, un sac de riz et un peu de biscuit, ainsi que dix capotes ou pelisses garnies de fourrures, et des bonnets, entre autres celui du rabbin. Comme ils s'étaient affublés de tout cela, je les avais pris, en entrant, pour ce qu'ils n'étaient pas. Avec eux se trouvaient plusieurs musiciens du régiment qui, un peu en train, s'étaient mis à jouer des orgues; ainsi s'expliquaient les sons harmonieux qui m'avaient si fort intrigué.

Ils me donnèrent du riz, quelques petits morceaux de biscuit et le

Tout à coup, la fumée se dissipe, un des chanteurs s'approche de moi et s'écrie : « C'est mon sergent! ».

bonnet du rabbin, garni d'une superbe fourrure de renard noir. Je mis le riz précieusement dans mon sac. Tant qu'au bonnet, je le mis sur la tête et, voulant me reposer, je mis, devant le feu, une planche sur laquelle je me couchai. A peine avais-je la tête sur mon sac, que nous entendîmes, du côté de la porte, crier et jurer; nous fûmes voir ce qu'il pouvait y avoir. C'étaient six hommes conduisant une voiture attelée d'un mauvais cheval, chargée de plusieurs cadavres qu'ils venaient déposer derrière l'église pour faire nombre avec ceux sur lesquels j'avais marché, la terre étant trop dure pour y faire des trous, et la gelée les conservant provisoirement. Ils nous dirent que, si cela continuait, l'on ne saurait plus où les placer, car toutes les églises servaient d'hôpitaux et étaient remplies de malades à qui il était impossible de donner des soins; qu'il n'y avait plus que celle où nous étions où il n'y avait personne et où, depuis quelques jours, ils déposaient les morts; que, depuis le moment où la tête de colonne de la Grande Armée avait commencé à paraître, ils ne pouvaient suffire aux transports des hommes qui mouraient un instant après leur arrivée. Après ces explications, je fus me recoucher; les infirmiers, car c'en étaient, demandèrent à passer le reste de la nuit avec nous, afin d'attendre le jour pour déposer leur charge auprès des autres; ils dételèrent leur cheval et le firent entrer dans l'église.

Je dormis assez bien le reste de la nuit, quoique réveillé souvent par le picotement de la vermine. Depuis que j'étais infecté, je ne l'avais pas encore sentie comme dans ce moment; cela se conçoit, car, couchant au grand air, ils ne bougeaient pas; mais là où j'étais, il faisait assez chaud; ils en profitaient pour me manger.

Il n'était pas encore jour, lorsque je fus réveillé par les cris d'un malheureux musicien qui venait de se casser la jambe en descendant les escaliers qui conduisaient aux orgues, où il avait dormi. Ceux qui étaient en bas avaient, pendant la nuit, enlevé une partie des marches pour faire du feu et se chauffer, de manière que le pauvre diable, en descendant, fit une chute qui le mit dans un état à ne pouvoir marcher de sitôt; il est probable qu'il ne sera jamais revenu.

Lorsque je fus réveillé, je trouvai presque tous les soldats occupés de faire rôtir de la viande au bout de la lame de leur sabre. En attendant que la soupe fût cuite, je leur demandai où ils avaient eu de la viande, ou si l'on avait fait une distribution. Ils me répondirent que non, que c'était la viande du cheval de la voiture des morts, qu'ils avaient tué, pendant que les infirmiers étaient en train de dormir; ils avaient bien fait, il fallait vivre.

Une heure après, lorsque déjà un bon quart du cheval était mangé, un des croque-morts en prévint ses camarades qui tempêtèrent contre nous et nous menacèrent de porter leurs plaintes au directeur en chef des hôpitaux. Nous continuâmes à manger en leur répondant que c'était fâcheux qu'il fût si maigre ou qu'il n'y en eût pas une demi-douzaine pour en faire une distribution au régiment. Ils partirent en nous menaçant, et, pour se venger, ils versèrent les sept cadavres dont leur voiture était chargée, à l'entrée de la porte, de manière que nous ne pouvions sortir ni rentrer sans marcher dessus.

Ces infirmiers, qui n'avaient pas fait la campagne, et à qui jamais rien n'avait manqué, ne savaient pas que, depuis plusieurs jours, nous mangions les chevaux qui nous tombaient sous la main.

Il était sept heures, lorsque je me disposai à partir pour retourner où était le régiment. Je commençai par prévenir les hommes, au nombre de quatorze, qu'il fallait se réunir et arriver ensemble et en ordre. Avant, nous nous mîmes à manger une bonne soupe au riz, faite avec le bouillon de viande de cheval. Après cela, leur ayant fait mettre sur le dos le sac où ils avaient enfermé leurs grandes pelisses de juifs, nous sortîmes de l'église qui commençait déjà à se remplir de nouveaux venus, malheureux et autres, qui avaient passé la nuit comme ils avaient pu, et de beaucoup d'autres encore qui quittaient leurs régiments, espérant trouver mieux. La faim les faisait rôder dans tous les coins. En entrant, ils ne prenaient pas garde aux cadavres qui obstruaient le passage ; ils passaient dessus comme sur des pièces de bois, ils étaient aussi durs.

Lorsque je fus sur le chemin, je proposai à mes hommes, à qui je contai mon aventure de la cave, d'y venir faire une visite : ma proposition fut acceptée. Nous en trouvâmes facilement le chemin, car nous avions, pour premier guide, l'homme que Beloque avait laissé mort, ensuite le dragon sur lequel j'étais tombé, et que nous retrouvâmes avec son manteau et sa chaussure de moins. Après avoir passé le fond où étaient les affûts de canon, et où j'avais failli m'endormir, nous arrivâmes à l'endroit où j'avais fait mes remarques dans la neige. Ayant descendu la rampe moins vite que la veille, j'arrivai à la porte que nous trouvâmes fermée. Nous frappâmes, mais personne ne répondit. Elle fut enfoncée de suite, mais les oiseaux étaient envolés : nous n'y trouvâmes qu'un seul individu, tellement ivre qu'il ne pouvait parler. Je le reconnus pour l'Allemand qui avait voulu me mettre à la porte. Il était enveloppé d'une grosse capote de peau de mouton qu'un musicien du régiment lui enleva, malgré tout ce qu'il put faire pour la défendre. Nous y trouvâmes plusieurs portemanteaux et une malle ; tout cela avait été volé pendant la nuit, mais tout était vide, ainsi que la barrique que le soldat badois avait apportée et que nous reconnûmes pour avoir contenu du genièvre.

Avant de reprendre le chemin du camp, je considérai la position où j'étais et je vis avec surprise que, pendant la nuit, j'avais beaucoup marché sans avoir fait beaucoup de chemin; je n'avais fait que tourner autour de l'église.

Nous retournâmes au camp. Chemin faisant, je rencontrai plusieurs hommes du régiment, que je réunis à ceux qui étaient avec moi. Un instant après, j'aperçus de loin un sous-officier du régiment, que je reconnus de suite à son sac blanc pour celui que je cherchais, Grangier. Je l'avais déjà embrassé qu'il ne m'avait pas encore reconnu, tant j'étais changé. Nous nous cherchions l'un et l'autre, car il me dit que, depuis la veille, une heure après l'arrivée du régiment, il avait été à l'endroit où il était pour me chercher, mais que personne n'avait pu lui dire où j'étais et que, si j'avais eu la patience d'attendre, il m'aurait conduit où il était logé, car il m'attendait avec une bonne soupe pour me restaurer et de la paille pour me coucher. Il me suivit jusqu'au camp, où j'arrivai en ordre avec dix-neuf hommes. Un instant après, Grangier me fit signe; je le suivis, il ouvrit son sac et en tira un morceau de viande de bœuf cuit qu'il avait, me dit-il, réservé pour moi, ainsi qu'un morceau de pain de munition. Il y avait vingt-trois jours que je n'en avais mangé : aussi je le dévorai.

Grangier me conduisit à son poste; un instant après, il fut relevé par les chasseurs; avant de partir, nous n'oubliâmes pas de leur recommander l'homme de leur régiment que nous venions de quitter. Le sergent envoya de suite quatre hommes pour le prendre : il sera probablement mort en arrivant, car tous ceux qui se trouvaient dans cette position mouraient de suite, comme s'ils eussent été asphyxiés.

Nous retournâmes au régiment, où nous passâmes le reste de la journée à mettre nos armes en bon état, à nous chauffer et à causer. Pendant la journée, nous tuâmes plusieurs chevaux que nos hommes nous amenèrent et que nous partageâmes; l'on fit aussi une petite distribution de farine de seigle et d'un peu de gruau, dans lequel se trouvait presque autant de paille et de grains de seigle.

Le lendemain, à quatre heures du matin, l'on nous fit prendre les armes pour nous porter en avant à un quart de lieue de la ville, où, malgré un froid rigoureux, nous restâmes en bataille jusqu'au grand jour. Les jours suivants, nous fîmes de même, car l'armée russe manœuvrait sur notre gauche.

Le 14 au matin, l'Empereur partit de Smolensk avec les régiments de grenadiers et de chasseurs : nous les suivîmes, quelque temps après, en faisant l'arrière-garde, laissant derrière nous les corps d'armée du prince Eugène, Davoust et Ney réduits à peu de monde; en sortant de la ville, nous traversâmes le Champ sacré, appelé ainsi par les Russes. Un peu plus loin de Korouïtnia se trouve un ravin assez profond et encaissé; étant obligés de nous arrêter afin de donner le temps à l'artillerie de le traverser, je cherchai Grangier, ainsi qu'un autre de mes amis, à qui je proposai de le traverser et de nous porter en avant pour ne pas nous geler à attendre; étant, de l'autre côté, forcés de nous arrêter encore, nous remarquâmes trois hommes autour d'un cheval mort; deux de ces hommes étaient debout et semblaient ivres, tant ils chancelaient. Le troisième, qui était un Allemand, était couché sur le cheval. Ce malheureux, mourant de faim et ne pouvant en couper, cherchait à mordre dedans; il finit par expirer dans cette position, de froid et de faim. Les deux autres, qui étaient deux hussards, avaient la bouche et les mains ensanglantées; nous leur adressâmes la parole, mais nous ne pûmes en obtenir aucune réponse : ils nous regardèrent avec un rire à faire peur, et, se tenant le bras, ils allèrent s'asseoir près de celui qui venait de mourir, où, probablement, ils finirent par s'endormir pour toujours.

Nous continuâmes à marcher sur le côté de la route, afin de gagner la droite de la colonne et, de là, attendre notre régiment près d'un feu abandonné, si toutefois nous avions le bonheur d'en trouver. Nous rencontrâmes un hussard, — je crois qu'il était du 8e régiment, — luttant contre la mort, se relevant et tombant aussitôt. Malgré le peu de moyens que nous avions de donner des secours, nous avançâmes pour le secourir, mais il venait de tomber pour ne plus se relever. Ainsi, à chaque instant, l'on était obligé d'enjamber au-dessus des morts et des mourants.

Comme nous continuions, quoique avec beaucoup de difficulté, à marcher sur la droite de la route, pour dépasser les convois, nous vîmes un soldat de la ligne assis contre un arbre où il y avait un petit feu : il était occupé à faire fondre de la neige dans une marmite, afin d'y faire cuire le foie et le cœur d'un cheval qu'il avait éventré. Il nous dit que, n'ayant pu en couper de la viande, il avait, avec sa baïonnette, fait un trou au ventre, d'où il avait tiré ce qu'il allait faire cuire.

Comme nous avions du riz et du gruau, nous lui proposâmes de nous prêter sa marmite pour en faire cuire, et que nous le mangerions ensemble. Il accepta avec plaisir. Ainsi, avec du riz et du gruau où il y avait autant de paille, nous fîmes une soupe que nous assaisonnâmes avec un morceau de sucre que Grangier avait dans son sac, ne voulant pas la saler avec de la poudre, car nous n'avions pas de sel. Pendant que notre soupe cuisait, nous nous occupâmes à faire cuire, au bout de nos sabres, des morceaux de foie et les rognons du cheval, que nous trouvâmes délicieux. Lorsque notre riz fut à moitié cuit, nous le mangeâmes, et nous rejoignîmes le régiment qui nous avait déjà dépassés. Le même jour, l'Empereur coucha à Korouïtnia, et nous un peu en arrière, dans un bois.

Le lendemain, l'on se mit en route de grand matin, pour atteindre Krasnoé, mais, avant d'arriver à cette ville, la tête de la colonne impériale fut arrêtée par vingt-cinq mille Russes qui barraient la route. Les premiers de l'armée qui les aperçurent étaient des hommes isolés qui, aussitôt, se replièrent sur les premiers régiments de la Garde, mais la plus grande partie, moins intimidée ou plus valide, se réunit et fit face à l'ennemi. Il y eut quelques hommes insouciants ou malheureux qui, sans s'en apercevoir, furent se jeter au milieu d'eux.

Les grenadiers et les chasseurs de la Garde, s'étant formés en colonnes serrées par division, s'avancèrent de suite sur la masse des Russes qui, n'osant pas les attendre, se retirèrent et laissèrent le passage libre; mais ils prirent position sur les hauteurs à gauche de la route et tirèrent quelques volées de coups de canon. Au bruit du canon, et comme nous étions en arrière, nous doublâmes le pas et nous arrivâmes au moment où l'on mettait quelques pièces en batterie pour les chasser. Aussi, aux premiers coups que l'on tira, on les vit disparaître derrière les hauteurs, et nous continuâmes à marcher.

Deux heures après la rencontre des Russes, l'Empereur arriva à Krasnoé, avec les premiers régiments de la Garde, notre régiment et les fusiliers-chasseurs. Nous bivaquâmes en arrière de la ville : en arrivant, je fus commandé de garde avec quinze hommes, chez le général Roguet, qui était logé en ville, dans une mauvaise maison couverte en chaume. J'établis mon poste dans une écurie, m'estimant très heureux de passer la nuit à couvert et près d'un feu que nous venions d'allumer; mais il en fut tout autrement.

Pendant que nous étions dans Krasnoé et autour, l'armée russe, forte, dit-on, de quatre-vingt-dix mille hommes, nous entourait, car devant nous, à droite, à gauche et derrière, ce n'était que Russes qui croyaient, probablement, faire bon marché de nous. Mais l'Empereur voulut leur faire sentir que la chose n'était pas aussi facile qu'ils le pensaient, car, si nous étions malheureux, mourants de faim et de froid, il nous restait encore quelque chose qui nous soutenait : l'honneur et le courage. Aussi l'Empereur, fatigué de se voir suivre par cette nuée de barbares et de sauvages, résolut de s'en débarrasser.

Le soir de notre arrivée, le général Roguet reçut l'ordre d'attaquer, pendant la nuit, avec une partie de la Garde, les régiments de fusiliers-chasseurs, grenadiers, voltigeurs et tirailleurs : à onze heures du soir, l'on envoya quelques détachements, afin de faire une reconnaissance et de bien s'assurer de la position de l'ennemi, qui occupait deux villages devant lesquels il avait établi son camp, et dont on connut la direction par la position de leurs feux; il est probable qu'il craignait quelque chose, car, lorsque nous fûmes l'attaquer, une partie était déjà en mesure de nous recevoir.

Il pouvait être une heure du matin lorsque le général vint me dire, avec son accent gascon : « Sergent, vous allez laisser ici un caporal et quatre hommes pour garder mon logement et le peu d'effets qu'il me reste; vous, retournez au camp rejoindre le régiment avec votre garde; tout à l'heure, nous aurons de la besogne! »

Je le dirai franchement, cet ordre ne me fit pas plaisir ; ce n'était certainement pas la crainte de me battre, mais c'était la peine que j'avais de perdre quelques moments de repos, dont j'avais tant besoin.

Lorsque j'arrivai au camp, chacun était déjà occupé à préparer ses armes; je les trouvai disposés à bien se battre; plusieurs me dirent qu'ils espéraient trouver une fin à leurs souffrances, car il leur était impossible de résister davantage.

La Bataille des Héros

Il était deux heures lorsque le mouvement commença ; nous nous mîmes en marche sur trois colonnes : les fusiliers-grenadiers, dont je faisais partie, et les fusiliers-chasseurs formaient celle du centre ; les tirailleurs et voltigeurs celles de droite et de gauche. Il faisait un froid comme les jours précédents; nous marchions avec peine, au milieu des terres, dans la neige jusqu'aux genoux. Après une demi-heure de marche, nous nous trouvâmes au milieu des Russes, dont une partie avait pris les armes, car une grande ligne d'infanterie était sur notre droite, et à moins de quatre-vingts pas, faisant sur nous un feu meurtrier ; leur grosse cavalerie, composée de cuirassiers habillés de blanc, portant cuirasse noire, était sur notre gauche, à une pareille distance, hurlant comme des loups pour s'exciter les uns les autres, mais n'osant nous aborder, et leur artillerie, au centre, tirant à mitraille. Cela n'arrêta pas notre marche, car, malgré leurs feux et le nombre d'hommes qui tombaient chez nous, nous les abordâmes au pas de charge et nous entrâmes dans leur camp, où nous fîmes un carnage affreux à coups de baïonnettes.

Ceux qui étaient plus éloignés avaient eu le temps de prendre les armes et de venir au secours des premiers. Alors, un autre genre de combat commença, car ils mirent le feu à leur camp et aux deux villages. Nous pûmes nous battre à la lueur de l'incendie. Les colonnes de droite et de gauche nous avaient dépassés et étaient entrés dans le camp ennemi par les extrémités, tandis que notre colonne entrait par le centre.

J'oubliais de dire qu'au moment où nous battions la charge, et que la tête de notre colonne enfonçait les Russes, en mettant leur camp en déroute, nous rencontrâmes étendus sur la neige, plusieurs centaines de Russes que l'on crut morts ou dangereusement blessés. Nous les dépassâmes, mais, à peine fûmes-nous au-dessus, qu'ils se relevèrent avec leurs armes ; ils firent feu, de manière que nous fûmes obligés de faire demi-tour pour nous défendre. Malheureusement pour eux, un bataillon qui faisait l'arrière-garde et qu'ils n'avaient pu apercevoir, arriva. Ils furent pris entre deux feux ; en moins de cinq minutes, plus un n'existait : c'est une ruse de guerre dont les Russes se servent souvent, mais là, elle ne réussit pas.

Le premier qui tomba chez nous, lorsque nous marchions en colonne, fut le malheureux Beloque, celui qui, à Smolensk, m'avait prédit sa mort. Il fut atteint d'une balle à la tête et tué sur le coup ; il était l'ami de tous ceux qui le connaissaient, et, malgré l'indifférence que nous avions pour tout, et même pour nous, Beloque fut généralement regretté de ses camarades.

Lorsque nous eûmes traversé le camp des Russes, et abordé le village, après les avoir forcés à jeter une partie de leur artillerie dans un lac, un grand nombre de leurs fantassins s'étaient retirés dans les maisons, dont une partie était en flammes. C'est là où nous nous battîmes avec acharnement et corps à corps. Le carnage fut terrible ; nous étions divisés ; chacun se battait pour son compte. Je me trouvais près de notre colonel, le plus ancien colonel de France, qui avait fait les campagnes d'Égypte. Il était, dans ce moment, conduit par un sapeur qui le soutenait en le tenant par le bras ; près de lui était aussi l'adjudant-major Roustan ; nous nous trouvions à l'entrée d'une espèce de ferme où beaucoup de Russes s'étaient retirés et étaient bloqués par des hommes de notre régiment ; ils n'avaient, pour toute retraite, qu'une issue dans la grande cour, mais fermée par une barrière qu'ils étaient obligés d'escalader.

Pendant ce combat isolé, je remarquai, dans la cour, un officier russe monté sur un cheval blanc, frappant à coups de plat de sabre sur ses soldats qui se pressaient de fuir en voulant sauter la barrière, et ne lui laissaient aucun moyen de se sauver. Il finit cependant par se rendre maître du passage, mais, au moment où il allait sauter de l'autre côté, son cheval fut atteint d'une balle et tomba sous lui, de manière que le passage devint difficile. Alors les soldats russes furent forcés de se défendre. Dès ce moment, le combat devint plus acharné. A la lueur des flammes, ce n'était plus qu'une vraie boucherie. Russes, Français étaient les uns sur les autres, dans la neige, se tuant à bout portant.

Je voulus courir sur l'officier russe qui s'était dégagé de dessous son cheval, et qui cherchait, aidé de deux soldats, à se sauver en passant la barrière; mais un soldat russe m'arrêta à deux pas du bout du canon de son fusil, et fit feu; probablement qu'il n'y eut que l'amorce qui brûla, car, si le coup avait parti, c'en était fait de moi; sentant que je n'étais pas blessé, je me retirai à quelques pas de mon adversaire qui, pensant que j'étais dangereusement blessé, rechargeait tranquillement son arme. L'adjudant-major Roustan, qui se trouvait près du colonel et m'avait vu en danger, courut sur moi et, me prenant dans ses bras, me dit : « Mon pauvre Bourgogne, n'êtes-vous pas blessé? — Non, lui répondis-je. — Alors ne le manquez pas! » C'était bien ma pensée. En supposant que mon fusil manquât (chose qui arrivait souvent, à cause de la neige), j'aurais couru dessus avec ma baïonnette. Je ne lui donnai pas le temps de finir de recharger, qu'une balle l'avait déjà traversé. Quoique blessé mortellement, il ne tomba pas sur le coup; il recula en chancelant, et en me regardant d'un air menaçant, sans lâcher son arme, et alla tomber sur le cheval de l'officier qui se trouvait contre la barrière. L'adjudant-major, passant près de lui, lui porta un coup de sabre dans le côté qui accéléra sa chute; au même instant, je revins près du colonel que je trouvai abîmé de fatigue, n'ayant plus la force de commander; il n'avait près de lui que son sapeur. L'adjudant-major arriva avec son sabre ensanglanté, en nous disant que, pour traverser la mêlée et rejoindre le colonel, il avait été obligé de se faire jour à coups de sabre, mais qu'il arrivait avec un coup de baïonnette dans la cuisse droite. Dans ce moment, le sapeur qui soutenait le colonel fut atteint d'une balle dans la poitrine. Le colonel, s'en étant aperçu, lui dit : « Sapeur, vous êtes blessé? — Oui, mon colonel », répondit le sapeur, et, prenant la main du colonel, il lui fit sentir sa blessure en lui mettant son doigt dans le trou et en lui disant : « Ici, mon colonel! — Alors retirez-vous! » Le sapeur lui répondit qu'il avait encore assez de force pour le soutenir ou mourir avec lui, ou seul à côté de lui, s'il le fallait : « Après tout, reprit l'adjudant-major, où irait-il? Se jeter dans un parti ennemi! Nous ne savons où nous sommes, et je vois bien que, pour nous reconnaître, nous serons obligés d'attendre le jour en combattant! »

Effectivement, nous étions tout à fait désorientés, à cause de la lueur de l'incendie; le régiment se battait sur plusieurs points et par pelotons.

Il n'y avait pas cinq minutes que le sapeur était blotti, que les Russes qui étaient dans la ferme et que nous tenions étroitement bloqués, se voyant sur le point d'être brûlés, voulurent se rendre : un sous-officier blessé vint

Russes, Français, étaient les uns sur les autres, dans la neige.
se tuant à bout portant.

au milieu d'une grêle de balles en faire la proposition. Alors, l'adjudant-major m'envoya commander que l'on cessât le feu : « Cesser le feu? me répondit un soldat de notre régiment, qui était blessé; cessera qui voudra, mais, puisque je suis blessé et que, probablement, je périrai, je ne cesserai de tirer que lorsque je n'aurai plus de cartouches ! »

En effet, blessé comme il l'était, d'un coup de balle qui lui avait cassé la cuisse, et assis sur la neige qu'il rougissait de son sang, il ne cessa de tirer et même de demander des cartouches aux autres. L'adjudant-major, voyant que ses ordres n'étaient pas exécutés, vint lui-même, disait-il, de la part du colonel. Mais nos soldats, qui se battaient en désespérés, ne l'entendirent pas et continuèrent. Les Russes, voyant qu'il n'y avait plus pour eux aucun espoir de salut, et n'ayant plus, probablement, de munitions pour se défendre, essayèrent de sortir en masse du corps de bâtiment où ils s'étaient retirés et où ils commençaient à rôtir, mais nos hommes les forcèrent d'y rentrer. Un instant après, n'y pouvant plus tenir, ils firent une nouvelle tentative, mais à peine quelques hommes furent-ils dans la cour, que le bâtiment s'écroula sur le reste, où peut-être plus de quarante périrent dans les flammes ; ceux qui étaient sortis ne furent pas plus heureux.

Après cette scène, nous ramassâmes nos blessés et nous nous réunîmes autour du colonel avec nos armes chargées, en attendant le jour. Pendant ce temps, ce n'était qu'un bruit, autour de nous, de coups de fusil de ceux qui combattaient encore sur d'autres points ; à cela étaient mêlés les cris des blessés et les plaintes des mourants. Rien d'aussi triste qu'un combat de nuit, où souvent il arrive des méprises bien funestes.

Nous attendîmes le jour dans cette position. Lorsqu'il parut, nous pûmes nous reconnaître et juger du résultat du combat : tout l'espace que nous avions parcouru était jonché de morts et de blessés. Je reconnus celui qui avait voulu me tuer : il n'était pas mort ; la balle lui avait traversé le côté, indépendamment du coup de sabre que l'adjudant-major lui avait donné. Je le fis mettre dans une position meilleure que celle où il était, car le cheval blanc de l'officier russe, près duquel il avait été tomber, et qui se débattait, pouvait lui faire mal.

L'intérieur des maisons du village où nous étions, — je ne sais si c'est Kircova ou Malierva, — ainsi que le camp des Russes et les environs, étaient couverts de cadavres dont une partie étaient à demi brûlés. Notre chef de bataillon, M. Gilet, eut la cuisse cassée d'une balle, dont il mourut peu de jours après. Les tirailleurs et voltigeurs perdirent plus de monde que nous ; dans la matinée, je rencontrai le capitaine Débonnez, qui était du même endroit que moi, et qui commandait une compagnie des voltigeurs de la Garde ; il venait s'informer s'il ne m'était rien arrivé ; il me conta qu'il avait perdu le tiers de sa compagnie, plus son sous-lieutenant qui était un Vélite, et son sergent-major qui furent tués des premiers.

Par suite de ce combat meurtrier, les Russes se retirèrent de leurs positions, sans cependant s'éloigner, et nous restâmes sur le champ de bataille pendant toute la journée et la nuit du 16 au 17, pendant lesquelles nous fûmes toujours en mouvement. A chaque instant, pour nous tenir en haleine, l'on nous faisait prendre les armes ; nous étions toujours sur le qui-vive, sans pouvoir nous reposer, ni même nous chauffer.

A la suite d'une de ces prises d'armes, et au moment où tous les sous-officiers, nous étions réunis, causant de nos misères et du combat de la nuit précédente, l'adjudant-major Delaître, l'homme le plus méchant et le plus cruel que j'aie jamais connu, faisant le mal pour le plaisir de le faire, vint se mêler à notre conservation et, chose étonnante, commença par s'apitoyer sur la fin tragique de Beloque dont nous déplorions la perte : « Pauvre Beloque! se disait-il, je regrette beaucoup de lui avoir fait de la peine! »

Une voix, — je n'ai jamais pu savoir qui, — vint me dire à l'oreille, assez haut pour être entendue de plusieurs : « Il va bientôt mourir! » Il semblait regretter le mal qu'il avait fait à tous ceux qui étaient sous ses ordres et principalement à nous, les sous-officiers; il n'y en avait pas un dans le régiment qui n'eût voulu le voir enlever d'un coup de boulet, et il n'avait pas d'autre nom que Pierre le Cruel.

Le 17 au matin, à peine s'il faisait jour, que nous prîmes les armes et, après nous être formés en colonnes serrées par division, nous nous mîmes en marche pour aller prendre position sur le bord de la route, du côté opposé au champ de bataille que nous venions de quitter.

En arrivant, nous aperçûmes une partie de l'armée russe devant nous, sur une éminence, et adossée à un bois. Aussitôt, nous nous déployâmes en ligne pour leur faire face. Nous avions notre gauche appuyée contre un ravin qui traversait la route et à qui nous tournions le dos; ce chemin, qui était creux et dominé par les côtés, pouvait abriter et garantir du feu de l'ennemi ceux qui y étaient. Notre droite était formée par les fusiliers-chasseurs, ayant la tête de leur régiment à une portée de fusil de la ville. Devant nous, à deux cent cinquante pas, était un régiment de la Jeune Garde, premier voltigeur, en colonne serrée par division, commandé par le colonel Luron. Plus loin en avant, et sur notre droite, étaient les vieux grenadiers et chasseurs, dans le même ordre, c'est-à-dire, ainsi que le reste de la Garde impériale, cavalerie et artillerie, qui n'avaient pas pris part au combat de la nuit du 15 au 16. Le tout était commandé par l'Empereur en personne, qui était à pied. S'avançant d'un pas ferme, comme au jour d'une grande parade, il alla se placer au milieu du champ de bataille, en face des batteries de l'ennemi.

Au moment où nous prenions position sur le bord de la route pour nous mettre en bataille et faire face à l'ennemi, je marchais avec deux de mes amis, Grangier et Leboude, derrière l'adjudant-major Delaître, et, au moment où les Russes commençaient à nous apercevoir, leur artillerie, qui n'était pas éloignée à une demi-portée, nous lâcha sa première bordée. Le premier qui tomba fut l'adjudant-major Delaître : un boulet lui coupa les deux jambes, juste au-dessus des genoux et de ses grandes bottes à l'écuyère ; il tomba sans jeter un cri, ni même pousser une plainte. Dans ce moment, il tenait son cheval par la bride, qu'il avait passée dans son bras droit, et marchait à pied. A peine fut-il tombé, que nous arrêtâmes, parce que, de la manière dont il était tombé, il barrait le petit chemin sur lequel nous marchions. Il fallait, pour continuer à marcher, enjamber au-dessus, et, comme je marchais après lui, je fus obligé de faire ce mouvement.

En passant, je l'examinai : il avait les yeux ouverts ; ses dents claquaient convulsivement les unes contre les autres. Il me reconnut et m'appela par mon nom. Je m'approchai pour l'écouter. Alors il me dit d'une voix assez haute, ainsi qu'aux autres qui le regardaient : « Mes amis, je vous en prie, prenez mes pistolets dans les arçons de la selle de mon cheval et brûlez-moi la cervelle ! » Mais personne n'osa lui rendre ce service, car, dans une semblable position, c'en était un. Sans lui répondre, nous passâmes en continuant notre chemin, et fort heureusement, car nous n'avions pas fait six pas, qu'une seconde décharge, probablement de la même batterie, vint abattre trois autres hommes parmi ceux qui nous suivaient et que l'on fit emporter de suite, ainsi que l'adjudant-major.

Depuis la pointe du jour, l'on voyait l'armée russe qui, de trois côtés, devant nous, à droite et derrière, avec son artillerie, faisait mine de vouloir nous entourer. Dans ce moment, un instant après que l'adjudant-major venait d'être tué, l'Empereur arriva ; nous venions de terminer notre mouvement : alors la bataille commença.

Avec son artillerie, l'ennemi nous envoyait des bordées terribles qui, à chaque fois, portaient la mort dans nos rangs. Nous n'avions, de notre côté, pour leur riposter, que quelques pièces qui, à chaque coup, faisaient aussi, chez eux, des brèches profondes ; mais une partie des nôtres fut bientôt démontée. Pendant ce temps, nos soldats recevaient la mort sans bouger ; nous fûmes dans cette triste position jusqu'à deux heures après midi.

Pendant la bataille, les Russes avaient envoyé une partie de leur armée prendre position sur la route au delà de Krasnoé et nous couper la retraite, mais l'Empereur les arrêta en y envoyant un bataillon de la Vieille Garde.

Pendant que nous étions exposés au feu de l'ennemi et que nos forces diminuaient par la quantité d'hommes que l'on nous tuait, nous aperçûmes, derrière nous et un peu sur notre gauche, les débris du corps d'armée du maréchal Davoust, au milieu d'une nuée de Cosaques, qui n'osaient les aborder, et qu'eux dissipaient tranquillement, en marchant de notre côté. Je remarquai au milieu d'eux, lorsqu'ils étaient derrière nous et sur la route, la voiture du cantinier où étaient sa femme et ses enfants. Elle fut traversée par un boulet qui nous était destiné : au même instant, nous entendîmes des cris de désespoir jetés par la femme et les enfants, mais nous ne pûmes savoir s'il y avait eu quelqu'un de tué ou de blessé.

Au moment où les débris du maréchal Davoust passaient, les grenadiers hollandais de la Garde venaient d'abandonner une position importante que les Russes avaient aussitôt couverte d'artillerie, qui fut dirigée contre nous. De ce moment, notre position ne fut plus tenable. Un régiment, — je ne me rappelle plus lequel, — fut envoyé contre, mais il fut obligé de se retirer; un autre régiment, — le 1er des voltigeurs, — qui était devant nous, fit un mouvement à son tour, et arriva jusqu'au pied des batteries, mais aussitôt une masse de cuirassiers, les mêmes avec qui nous avions eu affaire dans la nuit du 15, et qui n'avaient pas osé nous charger, vinrent pour les arrêter. Alors ils se retirent un peu sur la gauche des batteries et presque en face de notre régiment, et se forment en carré ; à peine étaient-ils formés, que la cavalerie voulut les enfoncer, mais ils furent reçus, à bout portant, par une décharge que firent les voltigeurs, et qui en fit tomber un grand nombre. Le reste fit un demi-tour et se retira. Une seconde décharge eut lieu ; elle eut le même sort, de manière que les faces du carré où les cuirassiers s'étaient présentés étaient couvertes d'hommes et de chevaux ; mais ils réussirent une troisième fois avec deux pièces de canon chargées à mitraille, qui écrasèrent le régiment. Alors ils entrèrent dans le carré et achevèrent le reste à coups de sabre : ces malheureux, presque tous jeunes soldats, ayant en partie les pieds et les mains gelés, ne pouvant plus faire usage de leurs armes pour se défendre, furent presque tous massacrés.

Cette scène se passait devant nous, sans pouvoir leur porter secours; onze hommes rentrèrent ; le reste fut tué, blessé ou prisonnier, et conduit à coups de sabre dans un petit bois qui était en face de nous; le colonel lui-même[1], couvert de blessures, ainsi que plusieurs officiers, furent prisonniers.

Il pouvait être deux heures, et déjà nous avions perdu le tiers de notre monde, mais les fusiliers-chasseurs avaient été plus maltraités que nous : étant rapprochés de la ville, ils étaient exposés à un feu plus meurtrier. Depuis une demi-heure, l'Empereur s'était retiré avec les premiers régi-

1. Colonel Luron. (*Note de l'auteur.*)

ments de la Garde et en suivant la grande route; il ne restait plus que nous sur le champ de bataille, et quelques pelotons de différents corps, faisant face à plus de cinquante mille hommes ennemis. Dans ce moment, le maréchal Mortier ordonne la retraite, et, aussitôt, nous commençons notre mouvement, en nous retirant et au pas, comme à une parade, et suivis de l'artillerie russe qui nous écrasait par sa mitraille. En nous retirant, nous entraînions avec nous ceux de nos camarades qui étaient le moins blessés.

Le moment où nous quittâmes le champ de bataille fut terrible et triste, car lorsque nos pauvres blessés virent que nous les abandonnions au milieu d'un champ de mort, et entourés d'ennemis, surtout ceux du 1er voltigeurs, dont une partie avait les jambes brisées par la mitraille, nous en vîmes plusieurs se traînant péniblement sur leurs genoux, rougissant la neige de leur sang; ils levaient les mains au ciel en jetant des cris qui déchiraient le cœur, pour implorer notre secours; mais que pouvions-nous faire? Le même sort nous attendait à chaque instant, car, en nous retirant, nous étions obligés d'abandonner ceux qui tombaient dans nos rangs.

Après avoir passé l'emplacement des fusiliers-chasseurs, et comme nous étions à l'entrée de la ville, nous vîmes, à notre gauche, à dix pas de la route et contre la première maison, des pièces de canon qui, pour nous protéger, faisaient feu sur les Russes qui s'avançaient; elles étaient soutenues et suivies par environ quarante hommes, tant canonniers que voltigeurs; c'était le reste d'une brigade commandée par le général Longchamps; il sortait de la Garde impériale; il était là avec tout ce qui lui restait, pour les sauver ou mourir avec eux.

Aussitôt qu'il aperçut notre colonel, il vint à lui les bras ouverts; ils s'embrassèrent comme deux hommes qui ne s'étaient pas vus depuis longtemps et qui, peut-être, se revoyaient pour la dernière fois. Le général, les yeux remplis de larmes, dit à notre colonel, en lui montrant les deux pièces de canon et le peu d'hommes qui lui restaient: « Tiens, regarde ! Voilà ce qui me reste ! » Ils avaient fait ensemble les campagnes d'Égypte.

Le général Longchamps, avec le reste de ses hommes, dut abandonner ses pièces de canon, dont presque tous les chevaux étaient tués, et suivre notre mouvement de retraite en profitant des accidents de terrain et des maisons, pour se retirer en se défendant.

A peine commencions-nous à entrer dans Krasnoé, que les Russes, avec leurs pièces montées sur des traîneaux, vinrent se placer aux premières maisons, nous lâchèrent plusieurs coups de canon chargés à mitraille. Trois hommes de notre compagnie furent atteints. Un biscaïen qui toucha mon fusil, et qui en abîma le bois en me rasant l'épaule, atteignit à la tête un

jeune tambour qui marchait devant moi, le tua sans qu'il fît le moindre mouvement.

Krasnoé est partagé par un ravin qu'il faut traverser. Lorsque nous y fûmes arrivés, nous y vîmes, dans le fond, un troupeau de bœufs morts de faim et de froid; ils étaient tellement durcis par la gelée, que nos sapeurs ne purent en couper à coups de hache. Les têtes seules se voyaient, et ils avaient les yeux ouverts comme s'ils eussent été encore en vie; leurs corps étaient couverts de neige. Ces bœufs appartenaient à l'armée et n'avaient pu nous joindre; le grand froid et le manque de vivres les avaient fait périr.

Toutes les maisons de cette misérable ville, ainsi qu'un grand couvent qui s'y trouve, étaient remplis de blessés, qui, en s'apercevant que nous les abandonnions aux Russes, jetaient des cris déchirants. Nous étions obligés de les abandonner à la brutalité d'un ennemi sauvage et sans pitié, qui dépouillait ces malheureux blessés, sans avoir égard ni à leur position, ni à leurs blessures.

Les Russes nous suivaient encore, mais mollement; quelques pièces tiraient encore sur la gauche de la route, mais ils ne pouvaient nous faire grand mal; le chemin sur lequel nous marchions était encaissé; les boulets passaient au-dessus et ne pouvaient nous atteindre, et la présence du peu de cavalerie qui nous restait et qui marchait aussi sur notre gauche, les empêchait de nous aborder de plus près.

Lorsque nous fûmes à un quart de lieue de l'autre côté de la ville, nous fûmes un peu plus tranquilles; nous marchions tristes et silencieux en pensant à notre position et à nos malheureux camarades que nous avions été forcés d'abandonner; il me semblait les voir encore nous suppliant de les secourir; en regardant derrière, nous en vîmes quelques-uns des moins blessés, presque nus, que les Russes avaient déjà dépouillés, et qu'ils avaient ensuite abandonnés; nous fûmes assez heureux pour les sauver, au moins pour le moment; l'on s'empressa de leur donner ce que l'on put pour les couvrir.

Le soir, l'Empereur coucha à Liadouï, village bâti en bois; notre régiment alla établir son bivac un peu plus loin. En passant dans le village où était l'Empereur, je m'arrêtai près d'une mauvaise baraque pour me chauffer à un feu qui s'y trouvait; j'eus le bonheur de rencontrer encore le sergent Guignard, mon pays, ainsi que sa cantinière hongroise, avec qui je mangeai un peu de soupe de gruau et un morceau de cheval qui me rendit un peu de force. J'en avais bien besoin, car j'étais faible, n'ayant, pour ainsi dire, rien mangé depuis deux jours. Je le quittai pour rejoindre le régiment, déjà établi près de la route; cette nuit fut encore plus pénible, car il tomba une neige fondue qui nous mouilla, avec cela un grand vent et pas beaucoup de feu; mais tout cela n'est rien encore auprès de ce qu'on verra par la suite.

Le Dragon Melet et son Cheval

Il était environ minuit, qu'une sentinelle de notre bivac me fit prévenir qu'elle apercevait un cavalier qui paraissait venir de notre côté : je courus de suite, avec deux hommes armés, afin de voir ce que ce pouvait être. Arrivé à une certaine distance, je distinguai parfaitement un cavalier, mais précédé d'un fantassin que le cavalier paraissait faire marcher de force. Lorsqu'ils furent près de nous, le cavalier se fit connaître : c'était un dragon de la Garde qui, pour se procurer des vivres pour lui et son cheval, s'était introduit dans le camp des Russes, pendant la nuit, et, pour qu'on ne fît pas attention à lui, s'était coiffé du casque d'un cuirassier russe qu'il avait tué le même jour; il avait, de cette manière, parcouru une partie du camp ennemi, avait enlevé une botte de paille, un peu de farine, et blessé d'un coup de sabre une sentinelle avancée et culbuté une autre qu'il amenait prisonnière. Ce brave dragon se nommait Melet; il était de Condé; il resta avec nous le reste de la nuit. Il me disait que ce n'était pas pour lui qu'il s'exposait, que c'était pour son cheval, pour le pauvre Cadet, comme il l'appelait. Il voulait, disait-il, à quelque prix que ce soit, lui procurer de quoi le nourrir, « car si je sauve mon cheval, à son tour il me sauvera ». C'était la seconde fois, depuis Smolensk, qu'il s'introduisait dans le camp des Russes. La première fois, il avait enlevé un cheval tout harnaché.

Il eut le bonheur de rentrer en France avec son cheval, avec lequel il avait déjà fait les campagnes de 1806-1807 en Prusse, en Pologne, 1808 en Espagne, 1809 en Allemagne, 1810-1811 en Espagne, et 1812 en Russie, ensuite 1813 en Saxe et 1814 en France. Son pauvre cheval fut tué à Waterloo, après avoir assisté dans plus de douze grandes batailles commandées par l'Empereur, et dans plus de trente combats. Dans le cours de cette malheureuse campagne, je le rencontrai encore une fois, faisant un trou dans la glace avec une hache, au milieu d'un lac, afin de procurer de l'eau à son cheval. Un jour, je l'aperçus au haut d'une grange qui était toute en feu, au risque d'être dévoré par les flammes, et cela toujours pour son cheval, afin d'avoir un peu de paille du toit pour le nourrir, car il n'y avait pas plus à manger pour les chevaux que pour nous.

Melet n'était pas le seul qui s'exposa en s'introduisant dans le camp des Russes pour se procurer des vivres ; beaucoup furent pris et périrent de cette manière, soit par les paysans, en s'introduisant dans les villages à une lieue ou deux sur la droite ou sur la gauche de la route, ou par des partisans de l'armée russe, car toutes les nations soumises à cet empire se levaient en masse et venaient rejoindre le gros de l'armée.

LA ROUTE QUE NOUS SUIVIONS, LARGE ET BORDÉE DE GRANDS BOULEAUX, ÉTAIT COUVERTE DE VOITURES ET DE CHEVAUX EXPIRANTS.

III

Les Débris de la Garde Impériale

Le 18 novembre, qui était le lendemain de la bataille de Krasnoé, nous partîmes de grand matin de notre bivac. Dans cette journée, notre marche fut encore bien fatigante et triste ; il avait dégelé, nous avions les pieds mouillés et, jusqu'au soir, il fit un brouillard à ne pas s'y voir. Nos soldats marchaient encore en ordre, mais il était facile à voir que les combats des jours précédents les avaient démoralisés, et surtout l'abandon forcé de leurs camarades qui leur tendaient les bras, car ils pensaient aussi que le même sort les attendait.

Ce jour-là, j'étais très fatigué ; un soldat de la compagnie, nommé Labbé, qui m'était très attaché, et qui, la veille, avait perdu son sac, voyant que je marchais avec beaucoup de peine, me demanda le mien à porter. Comme je le connaissais pour un brave garçon, je le lui confiai, et certainement, c'était lui confier ma vie, car il y avait dedans plus d'une livre de riz et du gruau que le hasard m'avait procuré à Smolensk, et que je conservais pour les moments les plus critiques, que je prévoyais arriver bientôt, lorsqu'il n'y aurait plus de chevaux à manger. Ce jour-là, l'Empereur marchait à pied, un bâton à la main.

Le soir, la gelée ayant repris, il fit un verglas à ne pas se tenir, les hommes tombaient à chaque instant, plusieurs furent grièvement blessés. Je marchais derrière la compagnie, ayant toujours, autant que possible, les yeux sur mon porteur de sac, et même je regrettais déjà de le lui avoir confié; aussi je me proposais bien de le lui reprendre le soir même, en arrivant au bivac. Enfin la nuit arriva, mais tellement obscure, qu'il était impossible de se voir. A chaque instant j'appelais : « Labbé! Labbé! » Il me répondait : « Présent! mon sergent. » Mais une autre fois que je l'appelais encore, un soldat me répondit qu'il y avait un instant, il était tombé, mais que, probablement il suivait derrière le régiment. Je ne m'en inquiétai pas beaucoup, car nous devions, dans peu, arrêter et prendre position. En effet, l'on fit halte sur la route où l'on nous annonça que nous allions passer la nuit, ainsi que dans les environs. Dans ce moment, presque toute l'armée se trouvait réunie; il manquait seulement le corps d'armée du maréchal Ney, qui se trouvait en arrière, et que l'on croyait perdu.

Dans cette triste nuit, chacun s'arrangea comme il put; nous nous trouvions plusieurs sous-officiers réunis et nous nous étions emparés d'une grange, car nous étions, sans le savoir, près d'un village. Beaucoup d'hommes du régiment y étaient entrés avec nous, mais ceux qui arrivèrent un instant après, voyant qu'il n'y avait pas, pour eux, de quoi s'abriter, firent ce que l'on faisait en pareille circonstance : ils montèrent sur le toit, sans que nous pussions nous y opposer, et, en un instant, nous fûmes aussi bien qu'en plein champ. Dans le moment, l'on vint nous dire que, plus loin sur la route, il y avait une église — c'était un temple grec — que l'on avait désignée pour notre régiment, mais qu'elle se trouvait occupée par des soldats de différents régiments, marchant à volonté, et qu'ils ne voulaient pas qu'on y entrât.

Lorsque nous fûmes bien informés où ce temple était situé, nous nous réunîmes à une douzaine de sous-officiers et caporaux, et nous partîmes pour y aller. Nous eûmes bientôt trouvé l'endroit, puisque c'était sur la route; lorsque nous nous présentâmes pour y entrer, nous trouvâmes de l'opposition de la part de ceux qui s'en étaient emparés. C'était une réunion d'Allemands, d'Italiens, et aussi quelques Français, qui commencèrent par vouloir nous intimider en mettant la baïonnette au bout du fusil, et à nous signifier de ne pas entrer ; nous leur répondîmes sur le même ton, en faisant de même, et nous forçâmes l'entrée. Alors ils se retirèrent un peu, et un Italien leur cria : « Faites comme moi, chargez vos armes ! — Les nôtres le sont ! » répondit un sergent-major de chez nous ; et un combat sanglant allait s'engager entre nous, lorsqu'il nous arriva du renfort. C'étaient des hommes de notre régiment : alors, voyant qu'il n'y avait rien à gagner, et qu'à notre tour, nous n'étions pas disposés à les souffrir près de nous, ils prirent le parti de sortir et de s'établir non loin de là.

Malheureusement pour eux, pendant la nuit, le froid augmenta considérablement, accompagné d'un grand vent et de beaucoup de neige. Aussi, le lendemain matin, lorsque nous partîmes, nous trouvâmes, non loin de l'endroit où nous avions couché, et sur le bord de la route, plusieurs de ces malheureux que nous avions fait sortir du temple, et qui, trop faibles pour aller plus loin, avaient expiré devant le portail. D'autres avaient péri plus loin, dans la neige, en cherchant à gagner un endroit pour s'abriter. Nous passâmes près de ces cadavres sans rien nous communiquer. Que de tristes réflexions devions-nous faire sur ce tableau dont nous étions en partie la cause ! Mais nous en étions venus au point que les choses les plus tragiques nous devenaient indifférentes, car nous disions de sang-froid et sans émotion que, bientôt, nous mangerions les cadavres des hommes morts, car dans peu de jours, il n'y aurait plus de chevaux pour se nourrir.

Une heure après nous être mis en marche, nous arrivâmes à Doubrowna, petite ville habitée en partie par des Juifs, et où toutes les maisons sont bâties en bois, et où l'Empereur avait couché avec les grenadiers et chasseurs de la Garde et une partie de l'artillerie. Nous les trouvâmes sous les armes ; ils nous apprirent que, la nuit, une fausse alarme les avait forcés d'être constamment dans la position où nous les trouvions, que c'était ce qui pouvait leur arriver de plus malheureux, car ils avaient espéré passer la nuit dans des maisons bien chauffées et habitées ; mais le sort en avait décidé autrement.

Nous traversâmes cette ville de bois pour aller à Orcha. Après une heure de marche, nous passâmes un ravin où les bagages eurent encore beaucoup de peine à traverser, et où beaucoup de chevaux périrent. Enfin, dans l'après-midi, nous arrivâmes dans cette ville que nous trouvâmes fortifiée, et avec une garnison composée d'hommes de différents régiments : c'étaient des hommes qui étaient restés en arrière et qui étaient venus avec des détachements, pour rejoindre la Grande Armée, et qu'on avait retenus. Il s'y trouvait aussi des gendarmes et quelques Polonais. Ces hommes, en nous voyant aussi misérables, furent saisis, surtout lorsqu'ils virent la grande quantité de traîneurs marchant en désordre. L'on fit rester une partie de la Garde dans la ville, afin d'y maintenir l'ordre, et comme il s'y trouvait un magasin de farine et un peu d'eau-de-vie, l'on en fit une distribution. Nous trouvâmes, dans cette ville, un équipage de pont et beaucoup d'artillerie avec les attelages, et par une fatalité extraordinaire, nous brûlâmes les bateaux qui composaient les ponts, afin de faire servir les chevaux à traîner les canons. Mais nous ne savions pas encore ce qui nous attendait à la Bérézina, où les ponts pouvaient tant nous servir.

Nous n'étions plus que 7 à 8000 hommes de la Garde, reste de 35000. Encore, parmi ceux qui restaient, quoique marchant toujours en ordre, une portion se traînait péniblement. Comme je l'ai dit, l'Empereur et une partie de la Garde étaient dans la ville et le reste bivaquait dans les environs. Pendant la nuit, le maréchal Ney, que l'on croyait perdu, arriva avec le reste de son corps d'armée ; il lui restait encore environ 2 à 3000 combattants, reste de 70000. Nous apprîmes, au même instant, que la joie de l'Empereur fut à son comble, lorsqu'il sut que le maréchal était sauvé.

Le 20, nous fîmes séjour, pendant lequel je cherchai mon porteur de sac, mais inutilement. Le lendemain 21, nous partîmes sans avoir pu le joindre; cependant l'on m'avait assuré l'avoir vu, mais je commençais à désespérer.

Lorsque nous fûmes à quelque distance d'Orcha, nous entendîmes des coups de fusil; nous arrêtâmes un instant et nous vîmes arriver quelques traînards que des Cosaques avaient surpris. Ces hommes vinrent se mettre dans nos rangs, et nous continuâmes à marcher. Parmi ces traînards, je cherchai encore mon homme et mon sac, mais ce fut comme la première fois; je n'aperçus rien. Nous fûmes coucher dans un village où il ne restait plus qu'une grange qui servait de maison de poste, et deux ou trois maisons. Ce village s'appelle Kokanow.

Le 22, après avoir passé une nuit bien triste, nous nous remîmes en route de grand matin; nous marchions avec beaucoup de peine à travers un chemin que le dégel avait rendu fangeux. Avant midi, nous avions atteint Toloczin. C'était l'endroit où l'Empereur avait couché; lorsque nous fûmes de l'autre côté, l'on nous fit faire une halte; tous les débris de l'armée se trouvaient réunis; nous nous mîmes sur la droite de la route, en colonne serrée par division. Un instant après, M. Serraris, officier de notre compagnie, vint me dire qu'il venait de voir Labbé, celui qui avait mon sac, occupé près d'un feu à frire de la galette, et qu'il lui avait ordonné de joindre la compagnie. Il lui avait répondu qu'il allait venir de suite, mais une nuée de Cosaques étant arrivée, avait tombé sur des traînards, et, comme il était du nombre, il avait probablement été pris. Adieu mon sac et tout ce qu'il contenait! Moi qui avais tant à cœur de rapporter en France mon petit trophée! Comme j'aurais été fier de dire : « J'ai rapporté cela de Moscou! »

Dans ce moment, l'on cria : « Aux armes! » et j'entendis battre le rappel. On nous fit former le carré; les grenadiers et les chasseurs, ainsi que les débris des régiments de Jeune Garde, en firent autant. Au même instant, l'Empereur passa avec le roi Murat et le prince Eugène. L'Empereur alla se placer au milieu des grenadiers et chasseurs, et là, il leur fit une allocution en rapport aux circonstances, en leur annonçant que les Russes nous attendaient au passage de la Bérézina, et qu'ils avaient juré que pas un de nous ne la repasserait. Alors, tirant son épée et élevant la voix, il s'écria : « Jurons aussi, à notre tour, plutôt mourir les armes à la main en combattant, que ne pas revoir la France! » Et, aussitôt, le serment de mourir fut juré. Au même instant, l'on vit les bonnets à poil et les chapeaux au bout des fusils et des sabres, et le cri de : « Vive l'Empereur! » se fit entendre. De notre côté, c'était le maréchal Mortier qui nous faisait un discours semblable, et auquel l'on répondit avec le même enthousiasme; il en était de même dans les autres régiments.

Ce moment, vu les circonstances malheureuses où nous nous trouvions, fut sublime et, pour un instant, nous fit oublier nos misères : si les Russes se fussent trouvés à notre portée, eussent-ils été six fois plus nombreux que nous, l'affaire n'eût pas été douteuse, nous les aurions anéantis. Nous restâmes dans cette position jusqu'au moment où la droite de la colonne commença son mouvement.

Je vis le maréchal Lefebvre, auprès duquel je me trouvais sans le savoir. Il était seul et à pied, un bâton à la main, et dans le milieu du chemin, s'écriant d'une voix forte, avec son accent allemand : « Allons, mes amis, réunissons-nous! Il vaut mieux des bataillons nombreux que des brigands et des lâches! » Le maréchal s'adressait à ceux qui, sans prétexte, ne marchaient jamais avec leurs corps, et qui étaient en arrière ou en avant, suivant les circonstances.

J'avais, en marchant dans la cohue, dépassé de beaucoup le régiment : je me reposai près d'un feu de bivac de ceux qui venaient de partir.

Jusqu'à Krasnoé, j'avais toujours été d'un caractère assez gai, et au-dessus de toutes les misères qui nous accablaient; il me semblait que, plus il y avait de danger et de peine, plus il devait y avoir de gloire et d'honneur. J'avais tout supporté avec une patience qui étonnait mes camarades, Mais, depuis les affaires sanglantes de Krasnoé, je n'étais plus le même : j'étais triste, des pressentiments sinistres vinrent m'assaillir; ma tête devint brûlante; je m'aperçus que j'avais la fièvre; je ne sais si la fatigue y avait contribué, car depuis que les débris des corps d'armée nous avaient rejoints, nous étions obligés de partir de grand matin, et nous marchions fort tard sans faire beaucoup de chemin. Les jours étaient tellement courts qu'il ne faisait clair qu'à huit heures, et nuit avant quatre. C'est pourquoi que tant de malheureux soldats s'égarèrent ou se perdirent, car l'on arrivait toujours la nuit au bivac, où tous les débris des corps se trouvaient confondus. L'on entendait des hommes qui, à chaque instant de la nuit, arrivaient, crier d'une voix faible : « Quatrième corps!... Premier corps!... Troisième corps!... Garde impériale!... » et d'autres couchés et sans force, pensant avoir des secours de ceux qui arrivaient, s'efforçaient de répondre : « Ici, camarades! » car ce n'était plus son régiment que l'on cherchait, mais le corps d'armée auquel on avait appartenu et qui avait encore tout au plus la force de deux régiments où, quinze jours avant, il y en avait trente.

Perdu dans la Neige

PERSONNE ne pouvait plus se reconnaître, ni indiquer le régiment auquel on appartenait. Il y en avait beaucoup qui, après avoir marché une journée entière, étaient obligés d'errer une partie de la nuit pour retrouver le corps auquel ils appartenaient. Rarement ils y parvenaient; alors, ne connaissant plus l'heure du départ, ils se livraient trop tard au sommeil et, en se réveillant, ils se trouvaient au milieu des Russes. Que de milliers d'hommes furent pris et périrent de cette manière!

J'étais toujours près du feu, debout et tremblant, appuyé sur mon fusil. Trois hommes étaient assis autour, ne disant rien, regardant machinalement passer ceux qui étaient sur la route, et ne paraissant pas disposés à partir, parce qu'ils n'en avaient plus la force. Je commençais à m'inquiéter de ne pas voir passer le régiment, lorsque je me sentis tirer par ma peau d'ours. C'était Grangier qui, m'ayant aperçu, venait me dire de ne pas rester davantage, que le régiment passait.

Nous y arrivâmes après avoir dépassé des milliers d'hommes de toute arme qui se traînaient avec beaucoup de peine et qui nous faisaient prévoir que la journée serait mortelle, pour peu que la marche fût longue. Elle le fut en effet. Je marchai longtemps, au milieu de la cohue, sur un verglas qui, à chaque instant, me faisait tomber; la nuit me surprit au milieu de toutes ces misères.

Le vent du nord avait redoublé de furie; j'avais, depuis un moment, perdu de vue mes camarades; plusieurs soldats, isolés comme moi, étrangers au corps dont je faisais partie, se traînaient péniblement en faisant des efforts surnaturels afin de regagner la colonne dont ils étaient, comme moi, séparés depuis quelque temps. Ceux à qui j'adressais la parole ne me répondaient pas; ils n'en avaient pas la force. D'autres tombaient, mourants, pour ne plus se relever. Bientôt, je me trouvai seul, n'ayant plus pour compagnons de route que des cadavres qui me servaient de guides; les grands arbres qui la bordaient avaient disparu. Il pouvait être sept heures; la neige qui, depuis quelque temps, tombait avec force, m'empêchait de voir la direction de mon chemin; le vent, qui la soufflait avec violence, avait déjà remblayé les traces que la colonne laissait après elle.

Jusqu'alors, j'avais toujours porté ma peau d'ours, le poil en dehors. Mais, prévoyant que j'allais passer une mauvaise nuit, je m'arrêtai un instant, et, afin d'avoir plus chaud, je la mis le poil en dedans; c'est elle à qui je dois le bonheur d'avoir pu, dans cette nuit désastreuse, résister à un froid de plus de vingt-deux degrés, car, l'ayant arrangée sur l'épaule droite qui était le côté de la direction du vent du nord, je pus alors marcher ainsi pendant une heure, temps auquel je suis persuadé n'avoir pas fait plus d'un quart de lieue, car souvent enveloppé par des tourbillons de neige, obligé de tourner malgré moi, je me trouvais avoir retourné sur mes pas, et ce n'était que par les corps morts d'hommes, de chevaux, les débris de voitures et autres, que j'avais passés un instant avant, que je m'apercevais que je n'étais plus dans la même direction; alors il fallait m'orienter de nouveau.

La lune, ou une lueur boréale comme on en voit souvent dans le nord, se montrait par moments; lorsqu'elle n'était pas obscurcie par des nuages noirs qui marchaient d'une vitesse effrayante, elle me mettait à même de distinguer les objets : j'aperçus, mais bien loin encore, une masse noire que je supposai être cette immense forêt que nous devions traverser avant d'arriver à la Bérézina, car nous étions alors en Lithuanie; suivant moi, cette forêt pouvait encore se trouver à une lieue du point où j'étais.

Malheureusement le sommeil qui, dans cette circonstance, était presque toujours l'avant-coureur de la mort, commença à me gagner; mes jambes ne pouvaient plus me soutenir; mes forces étaient épuisées; déjà j'étais tombé plusieurs fois en dormant, et, sans le froid de la neige qui me réveillait, je me serais laissé aller; c'en était fait de moi si j'avais eu le malheur de succomber à l'envie de dormir.

L'endroit où je me trouvais était couvert d'hommes et de chevaux morts qui me barraient la route et m'empêchaient de me traîner, car je n'avais plus la force de lever les jambes. Lorsque je tombais, il me semblait que c'était un de ces malheureux étendus sur la neige qui venait de m'arrêter, car il arrivait souvent que des hommes couchés et mourants au milieu du chemin cherchaient à attraper par les jambes ceux qui marchaient près d'eux, afin d'implorer leur secours, et souvent il est arrivé que ceux qui se baissaient pour secourir leurs camarades tombaient sur eux pour ne plus se relever.

Je marchai environ dix minutes sans direction ; j'allais comme un homme ivre ; mes genoux fléchissaient sous le poids de mon faible corps ; enfin je voyais ma dernière heure, quand tout à coup, chopant contre le sabre d'un cavalier qui se trouvait à terre, je tombai de tout mon long, de manière que mon menton alla porter sur la crosse de son fusil, et je restai étourdi à ne pouvoir me relever. Je sentais une grande douleur à l'épaule droite contre laquelle mon fusil avait frappé en tombant ; mais, un peu revenu à moi et m'étant mis sur mes genoux, je ramassai mon fusil pour me mettre debout, mais, m'apercevant que le sang me sortait par la bouche, je jetai un cri de désespoir et je me relevai, tremblant de froid et de terreur.

Le cri que j'avais jeté fut entendu d'un malheureux qui gisait à quelques pas de moi, à droite, de l'autre côté de la route ; une voix faible et plaintive frappa mon oreille et j'entendis très distinctement que l'on implorait mon secours, à moi qui en avais tant besoin ! par ces paroles : « Arrêtez-vous ! Secourez-nous ! » Ensuite l'on cessa de se plaindre. Pendant ce temps, je restais immobile pour écouter et je cherchais des yeux afin de voir si je n'apercevrais pas l'individu qui se plaignait. Mais n'entendant plus rien, je commençais à croire que je m'étais trompé. Pour m'en assurer, je me mis à crier de toutes mes forces : « Où êtes-vous donc? » L'écho répéta deux fois : « Où êtes-vous donc ? » Alors, je me dis à moi-même : « Quel malheur ! Si j'avais un compagnon d'infortune, il me semble que je marcherais toute la nuit, en nous encourageant l'un et l'autre ! » A peine avais-je fait ces réflexions, que la même voix se fit entendre, mais plus triste que la première fois : « Venez à nous ! » disait-on.

Au même instant, la lune vint à paraître et me fit voir, à dix pas de moi, deux hommes, dont un étendu de tout son long et l'autre assis. Aussitôt, je me dirigeai de ce côté, et j'arrivai près d'eux avec peine, à cause d'un fossé comblé de neige qui séparait la route. J'adressai la parole à celui qui était assis ; il se mit à rire comme un insensé, en me disant : « Mon ami, sais-tu, ne l'oublie pas ! » Et de nouveau il se mit à rire. Je vis que c'était le rire de la mort. Le second, que je croyais sans mouvement, vivait encore, et, tournant un peu la tête, me dit ces dernières paroles que je n'oublierai jamais : « Sauvez mon oncle, secourez-le ; moi, je meurs ! »

Je reconnus, dans celui qui venait de me parler, la voix qui s'était fait entendre lorsque l'on implorait mon secours ; je lui adressai encore quelques paroles, et, quoiqu'il ne fût pas mort, il ne me répondit pas. Alors, me tournant du côté du premier, je parlai pour l'encourager à se lever et venir avec moi. Il me regarda sans me répondre; je remarquai qu'il était enveloppé d'une grosse capote doublée en fourrure et dont il cherchait à se débarrasser. Je voulus l'aider à se relever, mais la chose fut impossible En le prenant par le bras, je vis qu'il avait des épaulettes d'officier supérieur. Il me parla encore un peu de revue, de parade, et finit par tomber sur le côté, la figure sur la neige. Enfin, je dus l'abandonner, car il m'était impossible de rester plus longtemps sans m'exposer à partager le sort de ces deux infortunés. Je passai la main sur la figure du premier ; elle était froide comme la glace. Il avait cessé de vivre. A côté se trouvait une espèce de carnassière que je ramassai, espérant y trouver quelque chose. Mais je m'aperçus qu'il n'y avait que des chiffons et des papiers. J'emportai le tout.

Ayant regagné la route, je me remis à marcher, mais lentement, écoutant souvent, car il me semblait toujours entendre quelqu'un se plaindre.

L'espoir de rencontrer quelque bivac me fit, autant que je le pouvais, doubler le pas. J'arrivai dans un endroit de la route que je trouvai presque fermé de chevaux morts et de voitures brisées. Tout à coup, je me laisse aller malgré moi et je tombe assis sur le cou d'un cheval mort qui barrait le chemin. Autour étaient étendus sans mouvement des hommes de différents régiments. J'en remarquai même plusieurs de la Jeune Garde, faciles à reconnaître au shako ; j'ai supposé, depuis, qu'une partie de ces hommes étaient morts en voulant dépecer le cheval pour le manger, mais qu'ils n'en avaient pas eu la force et qu'ils avaient succombé de froid et de faim, comme cela arrivait tous les jours. Dans cette triste situation, me voyant seul au milieu d'un immense cimetière et d'un silence épouvantable, les pensées les plus sinistres vinrent m'assaillir : je pensai à mes camarades dont je me trouvais séparé comme par une fatalité, ensuite à mon pays, à mes parents, de manière que je me mis à pleurer comme un enfant. Les larmes que je versai me soulagèrent et me rendirent le courage que j'avais perdu.

Je trouvai sous ma main, contre la tête du cheval sur lequel j'étais assis, une petite hache, comme nous en portions toujours dans chaque compagnie, lorsque nous étions en campagne. Je voulus m'en servir pour en couper un morceau, mais je n'en pus venir à bout, car il était tellement durci par la gelée, que j'aurais plutôt coupé du bois. Enfin, j'épuisai le reste de mes forces contre l'animal, et je tombai de lassitude, mais je m'étais réchauffé un peu.

En ramassant la hache qui m'était échappée des mains, je m'aperçus que j'avais cassé plusieurs morceaux de glace, qui n'étaient autre chose que du sang du cheval que, probablement, l'on avait saigné pour tuer. J'en ramassai le plus possible, que je mis précieusement dans ma carnassière; ensuite j'en mangeai quelques morceaux qui me rendirent un peu de force, et je me remis à continuer mon chemin, à la garde de Dieu, ayant toujours soin de passer à droite et à gauche afin d'éviter la rencontre des cadavres, dont la route était jonchée, m'arrêtant et tâtonnant dans l'obscurité toutes les fois qu'un gros nuage passait sur la lune, et allant le plus vite possible dans la direction du bois, lorsqu'elle reparaissait.

Mes Forces s'épuisent. Une Rencontre Inquiétante

Après avoir marché quelque temps, j'aperçus à peu de distance, et devant moi, quelque chose que je pris d'abord pour un caisson; mais étant plus près, je reconnus que c'était la voiture d'une cantinière d'un régiment de la Jeune Garde que j'avais rencontrée plusieurs fois depuis Krasnoé, conduisant deux blessés des fusiliers-chasseurs de la Garde.

Les chevaux qui la conduisaient étaient morts et en partie mangés ou coupés par morceaux; autour de la voiture étaient sept cadavres presque nus et à moitié couverts de neige: un seulement avait encore sur lui une capote en peau de mouton. Je m'en approchai pour l'examiner, mais je crois plutôt que c'était pour lui ôter cette capote. A peine m'étais-je baissé pour regarder, que je reconnus une femme. Elle donnait peut-être encore quelque signe de vie lorsqu'on avait été forcé de l'abandonner, et c'était à cela que cette malheureuse devait d'avoir conservé ses vêtements.

Dans la situation où je me trouvais, le sentiment de ma conservation était toujours ma première pensée; c'est pourquoi, par un mouvement irréfléchi, je voulais essayer mes forces en cherchant à couper un morceau de cheval, sans penser qu'un instant avant, j'étais tombé de lassitude en voulant faire la même chose. Je pris donc ma hache à deux mains et j'attaquai le cheval qui était dans les brancards de la voiture, mais ce fut, comme la première fois, peine inutile. Alors l'idée me vint de passer mon bras dans le corps du cheval et de voir si, avec la main, je ne pourrais pas en retirer le cœur, le foie ou quelque autre chose; mais je faillis l'avoir gelée; j'en fus quitte

Je m'approchais, lorsqu'un cri déchirant sortit de la voiture.

pour un doigt de la main droite qui n'était pas encore guéri en arrivant à Paris, au mois de mars 1813.

Enfin, ne pouvant arracher un lambeau de chair que j'aurais mangée crue, je me décidai à passer la nuit dans la voiture qui était couverte, et dans laquelle je n'avais pas encore regardé, étant certain qu'il n'y avait rien à manger : je m'avançai près de la femme morte afin d'essayer de lui ôter la capote de peau de mouton pour m'en couvrir, mais il fut impossible de lui faire faire un mouvement. Cependant je n'avais pas perdu tout espoir. Elle avait le corps sanglé avec une courroie de sac ou une bretelle de fusil, et, pour la lui ôter, il fallait que je lui fasse faire un demi-tour, parce que la boucle qui la serrait était de l'autre côté. Pour cela, je pris mon fusil à deux mains, et m'en servis comme d'un levier, sous le corps. Mais à peine avais-je commencé, qu'un cri déchirant sortit de la voiture. Je me retourne; un second cri se fait entendre : « Marie! criait-on, Marie, à boire, je me meurs! » Je restai interdit. Une minute après, la même voix répéta : « Ah! mon Dieu! » Aussitôt il me vient dans l'idée que ce sont de malheureux blessés que l'on a abandonnés sans qu'ils le sachent. Ce n'était que trop vrai.

Ayant monté sur la carcasse du cheval qui était dans les brancards, je m'appuyai sur le bord de la voiture, et, ayant demandé ce que l'on voulait, l'on me répondit avec bien de la peine : « A boire! »

Tout à coup, pensant à la glace de sang que j'avais dans ma carnassière, je voulus descendre pour en prendre, mais la lune, qui m'éclairait depuis assez de temps, disparaît tout à coup sous un gros nuage noir, et, pensant poser le pied sur quelque chose de solide, je le mets à côté et je tombe sur trois cadavres qui se trouvaient l'un contre l'autre. J'avais les jambes plus hautes que la tête, les cuisses placées sur le ventre d'un mort et la figure sur une de ses mains. J'étais habitué à coucher, depuis un mois, au milieu de compagnie semblable, mais je ne sais si c'est parce que j'étais seul, quelque chose de plus terrible que la peur s'empara de moi. Il me semblait que j'avais le cauchemar; je restai quelque temps sans parole; j'étais comme un insensé, et je me mis à crier comme si l'on me tenait sans vouloir me lâcher. Malgré les efforts que je faisais pour me relever, je ne pouvais en venir à bout. Enfin je veux m'aider de mes bras, mais je pose, sans le vouloir, ma main droite sur une figure, et mon pouce entre dans la bouche.

Dans ce moment, la lune reparaît et je vois tout ce qui m'entoure. Un frisson me parcourt, je quitte mon point d'appui et je retombe encore. Mais alors tout change. Je suis honteux de ma faiblesse et, au lieu de la peur, une espèce de frénésie s'empare de moi. Je me relève en jurant et en mettant mes mains, mes pieds sur les figures, les bras, les jambes, n'importe où. Je regarde le ciel en jurant, et semble le défier. Je prends mon fusil, je frappe contre la voiture, je ne sais même pas si je n'ai pas frappé sur les pauvres diables qui étaient à mes pieds.

Devenu plus calme et décidé à passer la nuit dans la voiture, près des blessés, pour me mettre à l'abri du mauvais temps, je pris un morceau de sang à la glace dans ma carnassière et je montai dedans, cherchant, en tâtonnant, celui qui m'avait demandé à boire et qui ne cessait de crier, mais faiblement. En m'approchant, je m'aperçus qu'il était amputé de la cuisse gauche.

Je lui demandai de quel régiment il était, il ne me répondit pas. Alors, cherchant sa tête, je lui introduisis avec peine mon morceau de sang glacé dans la bouche. Celui qui était à côté était froid et dur comme un marbre. J'essayai de le mettre en bas de la voiture pour prendre sa place, attendre le jour et partir ensuite avec ceux que je supposais être encore en arrière, mais je n'en pus venir à bout. Je n'avais pas la force de le bouger et, le bord de la voiture étant trop haut, je ne pouvais le pousser à terre. Voyant que le premier n'avait plus qu'un instant à vivre, je le couvris avec deux capotes que le mort avait sur lui, et, restant encore un instant assis sur les jambes de ce dernier, je cherchai dans la voiture s'il n'y avait rien qui pût m'être utile. N'ayant rien trouvé, j'adressai encore la parole au premier, mais inutilement. Je lui passai la main sur la figure : elle était froide, et, à la bouche, il avait encore le morceau de glace que je lui avais introduit. Il avait cessé de vivre et de souffrir.

Ne pouvant, sans m'exposer à périr, rester plus longtemps, je me disposai à partir, mais, avant, je voulus encore regarder la femme qui était à terre, pensant que c'était Marie, la cantinière, que je connaissais particulièrement comme étant du même pays que moi, et, profitant de la clarté que la lune donnait dans ce moment, je l'examinai et, à la taille et à la figure, je fus certain que c'était une autre personne.

Voulant trouver un endroit convenable afin de passer le reste de la nuit, je m'arrêtai pour écouter et voir ; au bout d'un instant, je sentis de la chaleur aux pieds. Ayant baissé la tête, je m'aperçus que j'étais arrêté sur l'emplacement d'un feu qui n'était pas tout à fait éteint.

Aussitôt, je me couche à terre et, mettant les mains dans les cendres pour les réchauffer, je parvins à retrouver quelques charbons que je réunis avec beaucoup de peine et de précaution. Ensuite je me mis à souffler et j'en fis jaillir quelques étincelles que je reçus précieusement sur la figure et dans les mains. Mais du bois pour ravitailler mon feu, où en trouver? Je n'osais l'abandonner, car ce feu devait me sauver la vie, et, pendant que je me serais éloigné pour en chercher, il pouvait s'éteindre.

Crainte d'accident, je déchire un morceau de ma chemise qui tombait en lambeaux, j'en fais une mèche et je l'allume. Ensuite, tout en tâtonnant avec les mains autour de moi, je ramasse des petits morceaux de bois qui, fort heureusement, se trouvent à ma portée, et, avec de la patience, je parviens, non sans beaucoup de difficulté, à le rallumer. Bientôt la flamme pétille, et ramassant tout le bois que je trouve, au bout d'un instant j'ai un grand feu de manière à me faire distinguer tous les objets qui se trouvent à cinq ou six pas de moi.

Je vis d'abord, sur le dessus du caisson, écrit en grandes lettres :

GARDE IMPÉRIALE, ÉTAT-MAJOR.

L'inscription était surmontée de l'aigle. Ensuite, autour et aussi loin que je pouvais voir, le terrain était couvert de casques, de shakos, de sabres, de cuirasses, de coffres enfoncés, de portemanteaux vides, d'habillements épars et déchirés, de selles, de schabraques de luxe et d'une infinité d'autres choses. Mais, à peine avais-je jeté un coup d'œil sur tout ce qui m'environnait, l'idée me vint que l'endroit où je me trouvais pourrait bien être à portée du bivac d'un parti de Cosaques et, aussitôt, voilà que la peur me prend et que je n'ose plus entretenir mon feu. Il n'y a pas de doute, dis-je en moi-même, que cet endroit est occupé par des Russes, car si c'étaient des Français, l'on y verrait des grands feux ; nos soldats, à défaut de nourriture, se chauffaient très bien lorsqu'ils le pouvaient, et là, justement, le bois ne manque pas ! Je ne concevais pas qu'un endroit comme celui où je me trouvais, à l'abri du vent, n'eût pas été choisi pour y passer la nuit. Enfin je ne savais si je devais rester ou partir.

Pendant que je faisais ces réflexions, mon feu avait considérablement diminué, et je n'osais y remettre du bois. Mais l'envie de me réchauffer et de me reposer quelques heures l'emporta sur la crainte. J'en ramassai autant qu'il me fut possible, j'en fis un bon tas que je mis près de moi, de manière à le pouvoir prendre sans me bouger, et me chauffer ainsi jusqu'au jour. Je ramassai aussi plusieurs schabraques pour mettre sous moi, et, enveloppé dans ma peau d'ours, le dos tourné au caisson, je me disposai à passer ainsi le reste de la nuit.

En mettant du bois sur mon feu, je m'aperçus qu'il se trouvait, parmi les morceaux, une côte de cheval, et, quoiqu'on l'eût déjà rongée, il y restait encore assez de viande pour apaiser la faim qui commençait à me dévorer, et, quoique couverte de neige et de cendres, c'était, pour le moment, beaucoup plus que je n'aurais osé espérer. Depuis la veille, je n'avais mangé que la moitié d'un corbeau que j'avais trouvé mort, et, le matin avant mon départ, quelques cuillerées de soupe de gruau mélangée de morceaux de paille d'avoine et de grains de seigle, et salée avec de la poudre.

A peine ma côtelette était-elle chaude, que je commençai à mordre, malgré les cendres qui servaient d'assaisonnement. Je fis, de cette manière, mon triste repas, en regardant de temps à autre, à droite et à gauche, si je ne voyais rien autour de moi qui pût m'inquiéter.

Depuis que j'étais dans ce fond, ma position s'était un peu améliorée. Je ne marchais plus, j'étais à l'abri du vent et du froid, j'avais du feu et à manger. Mais j'étais tellement fatigué que je m'endormis en mangeant, mais d'un sommeil agité par la crainte, et interrompu par les douleurs que j'avais dans les cuisses : il semblait que l'on m'avait roué de coups. Je ne sais combien de temps je me reposai, mais lorsque je m'éveillai, il n'y avait pas encore d'apparence que le jour dût venir de sitôt, car, en Russie, les nuits sont longues. C'est le contraire en été; il n'y en a presque pas.

Lorsque je m'étais endormi, je m'étais mis les pieds dans les cendres. Aussi, en me réveillant, je les avais chauds. Je savais par expérience que le bon feu délasse et apaise les douleurs; c'est pourquoi je me disposai à en faire un en mettant le feu au caisson, en y ajoutant tout ce qui pourrait être susceptible de brûler. Aussitôt, ramassant et réunissant tout le bois que je pus trouver, ainsi que les coffres brisés, et en ayant mis une partie contre, je n'avais qu'à pousser mon feu et à l'incendier.

Cependant, je voulus encore attendre quelque temps, car je pensais que si mon feu, jusqu'à présent, ne m'avait attiré aucun désagrément, c'est-à-dire quelques patrouilles de Cosaques, c'est parce qu'il était petit et dans un fond, mais que le contraire pourrait fort bien arriver lorsque le caisson serait tout en feu.

La flamme commençait à éclairer et à me mettre à même de voir tout ce qui était autour de moi. Je vis venir, sur ma gauche, quelque chose que je pris d'abord pour un animal, et comme il y a beaucoup d'ours en Russie, et surtout dans cette contrée, je pensais et j'étais presque certain, à la tournure de l'individu, que c'en était un, car il marchait à quatre pattes. Il pouvait être à dix ou douze pas, et je ne pouvais encore bien le distinguer. Lorsqu'il ne fut plus qu'à cinq ou six pas, je reconnus que c'était un homme, et de suite je pensai que ce pouvait être un blessé qui, attiré par le feu, venait en prendre sa part. Crainte de surprise, je me mis sur mes gardes, et, prenant mon sabre qui était près de moi et hors du fourreau, j'avançai deux pas à la rencontre et sur la droite de l'individu, en lui criant : « Qui es-tu? » En même temps, je lui mettais la pointe de mon sabre sur le dos, car j'avais reconnu que c'était un Russe, un vrai Cosaque à longue barbe.

Aussitôt, il leva la tête et se mit en position d'esclave, en voulant me baiser les pieds et en me disant : « *Dobray Frantsouz*[1] ! » et d'autres mots que je comprenais un peu et que l'on dit lorsqu'on a peur. S'il avait pu deviner, il aurait vu que j'avais, pour le moins, aussi peur que lui. Il se mit sur ses genoux pour me montrer qu'il avait un coup de sabre sur la figure. Je remarquai que, dans cette position, sa tête allait jusqu'à mon épaule, de sorte qu'il devait avoir plus de six pieds. Je lui fis signe de s'approcher du feu. Alors il me fit comprendre qu'il avait une autre blessure. C'était une balle qui lui était entrée dans le bas-ventre ; tant qu'à son coup de sabre, il était effrayant. Il lui prenait sur le haut de la tête, descendant le long de la figure jusqu'au menton, et allait se perdre dans la barbe, preuve certaine que celui qui le lui avait appliqué n'allait pas de main morte. Il se coucha sur le dos pour me montrer son coup de feu ; la balle avait traversé. Dans cette position, je m'assurai qu'il n'avait pas d'armes. Ensuite il se mit sur le côté sans plus rien dire. Je me mis en face pour l'observer. Je ne voulais plus m'endormir, car je voulais, avant le jour, exécuter mon projet de mettre le feu au caisson et de partir ensuite. Mais voilà que, tout à coup, une autre terreur me prend en pensant qu'il pouvait bien contenir de la poudre !

A peine ai-je fait cette réflexion, que, tout fatigué que je suis, je me lève et, ne faisant qu'un saut au-dessus du feu et du pauvre diable qui était devant moi, je me mis à courir à plus de vingt pas sur la gauche, mais, *chopant* à une cuirasse qui se trouvait sur mon passage, j'allai mesurer la terre de tout mon long. J'eus encore le bonheur, dans cette chute, de ne pas me blesser, car j'aurais pu rencontrer, en tombant, quelques débris d'armes, et il y en avait beaucoup d'éparses dans cet endroit; j'ai pu m'en assurer lorsqu'il commença à faire jour. M'étant relevé, je me mis à marcher en reculant, et toujours les yeux fixés sur l'endroit que je venais d'abandonner, comme si vraiment j'avais été certain qu'il existât de la poudre dans le caisson et qu'il allât faire explosion. Peu à peu revenu de ma peur, je regagnai l'endroit que j'avais quitté sottement, car je n'étais pas plus en sûreté à vingt pas que contre le feu.

Je pris les morceaux de bois enflammés, je les portai avec précaution à l'endroit où j'étais tombé; ensuite je pris la cuirasse à laquelle j'avais *chopé*, afin de m'en servir à ramasser de la neige et à éteindre le feu. Mais à peine avais-je commencé cette besogne, qu'un bruit de fanfare se fit entendre, et, ayant attentivement écouté, je reconnus facilement les clairons de la cavalerie russe, qui m'annonçaient que je n'étais pas loin d'eux. A ce son national, j'avais vu le Cosaque lever la tête. Je cherchai, en l'examinant attentivement, à lire sur sa physionomie quelle était sa pensée, car le feu éclairait encore

1. Bon Français! (*Note de l'auteur.*)

assez pour distinguer ses traits. Il semblait vouloir aussi lire sur ma figure l'impression que ce bruit inattendu avait produite sur moi. C'est ainsi que j'ai pu voir comme cet homme était hideux : une carrure d'Hercule, des yeux louches se renfonçaient sous un front bas et saillant; sa chevelure et sa barbe, rousses et drues comme un crin, donnaient à ses traits un caractère sauvage. Dans ce moment, je crus voir qu'il souffrait horriblement de sa blessure, car il faisait des mouvements comme quelqu'un qui a une forte colique et, par moments, il grinçait des dents, qui ressemblaient à des crocs.

Apparition Inattendue. — Je Retrouve Picart

J'AVAIS interrompu mon ouvrage, et, ne sachant plus que faire, j'écoutais stupidement cette musique sauvage, quand, tout à coup, un autre bruit se fait entendre derrière moi. Je me retourne; jugez de ma frayeur : c'est le caisson qui s'ouvre comme un tombeau, et je vois se lever, du fond, un corps d'une grandeur extraordinaire, blanc comme neige, depuis les pieds jusqu'à la tête, ressemblant au fantôme du Commandeur dans le *Festin de Pierre*, tenant le dessus du caisson d'une main et un sabre nu de l'autre. A l'apparition d'un pareil individu, je fais quelques pas en arrière et je tire mon sabre. Je le regarde sans rien dire, en attendant qu'il parle le premier; mais je vois que mon fantôme est embarrassé, en cherchant à se défaire d'un grand collet rabattu par-dessus sa tête. Ce collet tenait à un manteau blanc qui l'empêchait de distinguer ce qui l'environnait, et, comme il faisait cette manœuvre de la main dont il tenait son sabre, il ne pouvait parvenir à se débarrasser la tête sans s'exposer à faire retomber sur lui le dessus du caisson qu'il tenait de la main gauche.

Enfin, rompant le silence, je lui demandai d'une voix mal assurée :

« Êtes-vous Français ?

— Eh, oui, certainement, je suis Français, la belle sacrée demande ! Vous êtes là, me dit-il, comme une chandelle bénite ! Vous me voyez embarrassé et vous ne m'aidez pas à sortir de mon cercueil ! Je vois, mon camarade, que vous avez eu peur !

— Oui, c'est vrai, mais parce que vous auriez pu être un vivant semblable à celui qui se trouve dans ce moment couché près du feu ! »

Pendant ce colloque, je l'avais aidé à sortir. A peine fut-il à terre, qu'il se débarrassa de son grand manteau. Jugez de ma surprise et de ma joie en reconnaissant, dans ce fantôme, un des plus vieux grognards des grenadiers de la Vieille Garde, un de mes anciens camarades qui se nommait Picart, Picart de nom et Picard de nation, que je n'avais pas vu depuis notre dernière revue de l'Empereur au Kremlin, mon vieux camarade avec qui j'avais fait mes premières armes, car, en entrant aux Vélites, j'étais de la compagnie dont il faisait partie et de la même escouade. J'avais été, avec lui, aux batailles d'Iéna, de Pultusk, d'Eylau, d'Eilsberg et Friedland. Je le quittai ensuite après la paix de Tilsitt, pour le retrouver plus tard, en 1808, sur les frontières d'Espagne, au camp de Mora, où il fut, pendant cinq mois, sous mes ordres, car j'étais caporal, et le hasard l'avait fait tomber dans mon escouade[1], et, depuis, nous avions fait les autres campagnes ensemble, quoique n'étant plus du même régiment.

Picart eut de la peine à me reconnaître, tant j'étais changé et misérable, et à cause de ma peau d'ours, du reste de mon accoutrement et de la nuit. Nous nous regardions avec étonnement, moi de le voir assez propre et bien portant, et lui de me trouver si maigre, et, comme il me le disait, ressemblant à Robinson Crusoé. Enfin, rompant le silence : « Dites-moi donc, me dit-il, mon pays, mon sergent, comme vous voudrez, par quel hasard ou par quel malheur j'ai le bonheur de vous trouver ici pendant la nuit et seul en compagnie de ce vilain Kalmouck, car c'en est un ; regardez-le bien : voyez ses yeux ! Il est ici depuis hier cinq heures, mais quelque temps après, il a disparu. C'est pourquoi je suis surpris de le revoir. »

Je contai à Picart comment je l'avais vu et la peur qu'il m'avait faite : « Et vous, me dit-il, mon pays, comment diable êtes-vous tombé ici pendant la nuit? — Avant de vous conter cela, je vous demanderai d'abord si vous n'avez pas un petit morceau de quelque chose à me donner à manger. — Si, mon sergent, un petit morceau de biscuit! » Aussitôt, il ouvrit son sac et en tira un morceau de biscuit grand comme la main, qu'il me donna et que je dévorai de suite, car, depuis le 27 octobre, je n'avais pas mangé de pain[2]. En dévorant le biscuit, je lui dis : « Picart, vous avez de l'eau-de-vie? — Non, mon pays. — Cependant il me semble que j'en sens l'odeur. — Vous avez

1. Au camp de Mora, où nous étions avec l'Empereur, et une fraction de chaque corps de la Garde, l'on mit des vieux grenadiers en subsistance dans nos escouades ; ce fut de la sorte que je fus le caporal de Picart. (*Note de l'auteur.*)

2. Seulement un petit morceau que Grangier me donna à Smolensk, le 10 novembre. (*Note de l'auteur.*)

raison, me répondit-il, car hier, lorsque l'on a pillé le caisson que vous voyez, il s'en trouvait une bouteille. Ils n'ont pu s'entendre pour la boire. Elle a été cassée et perdue. » Je lui témoignai le désir de savoir la place. Il me la montra ; alors je ramassai de la neige à l'eau-de-vie, comme j'avais fait du sang de cheval à la glace : « Pas si bête! dit Picart. Je n'y pensais pas. Dans ce cas, nous en trouverons de quoi nous mettre en ribote, car il paraît qu'il y en avait plusieurs bouteilles dans le caisson ! »

Le morceau de biscuit que j'avais mangé, ainsi que quelques pincées de neige à l'eau-de-vie, me firent beaucoup de bien. Alors, je lui contai tout ce qui m'était arrivé, depuis la veille au soir. Picart m'écoutait et avait de la peine à me croire; mais ce fut bien pire lorsque je lui fis un détail de la misère et de la situation de l'armée, de son régiment et de toute la Garde impériale en général. Ceux qui liront ce journal seront surpris de ce que Picart ne savait rien de tout cela : en voici la raison.

NOUS FÎMES TROIS FOIS LE TOUR DE LA MASURE AVANT DE POUVOIR EN DÉCOUVRIR L'ENTRÉE.

IV

Coups de Feu contre les Cosaques

Après la bataille de Malo-Jaroslawetz, Picart n'avait plus vu le régiment dont il faisait partie, ayant été commandé de service pour escorter un convoi composé d'une portion des équipages du quartier impérial. Depuis ce jour, le détachement qu'il escortait avait toujours marché en avant de l'armée de deux ou trois journées, de sorte qu'il n'avait pas eu, à beaucoup près, autant de misère que l'armée. N'étant que 400 hommes, ils trouvaient quelquefois des vivres. Ils avaient aussi les moyens de transport. A Smolensk, ils avaient pu se procurer du biscuit et de la farine pour plusieurs jours. A Krasnoé, ils avaient eu le hasard d'arriver et de repartir vingt-quatre heures avant que les Russes, qui nous coupèrent la retraite, fussent arrivés, et à Orcha, ils purent encore se procurer de la farine. Dans un village, il se trouvait toujours assez d'habitations pour se mettre à l'abri, ne fût-ce que les maisons de poste établies de trois lieues en trois lieues, tandis que nous qui avions commencé par marcher plus de 150000 hommes ensemble, dont il ne nous restait plus la moitié, nous n'avions, pour toute habitation, que les forêts et les marais, pour nourriture qu'un morceau de cheval, encore pas autant que l'on aurait voulu, et, pour boisson, de l'eau, et pas toujours. Enfin, la misère de mon vieux camarade ne commençait à compter que du moment où j'étais avec lui.

Picart me dit que l'individu qui se trouvait couché à notre feu avait été blessé hier par des lanciers polonais, dans une attaque qui eut lieu à trois heures après midi.

A peine avait-il prononcé le dernier mot, qu'il me saisit par le bras en me disant : « Silence! Couchez-vous! » Aussitôt, je me jette à terre. Il en fait autant, et, prenant la cuirasse que j'avais apportée, il en couvre le feu; je regarde et j'aperçois la cavalerie russe défiler au-dessus de nous, dans le plus grand silence. Cela dura un bon quart d'heure. Aussitôt qu'ils furent partis : « Suivez-moi! » me dit-il, et, nous tenant par le bras, nous nous mîmes à marcher dans la direction d'où venait la cavalerie.

Après quelque temps, Picart s'arrêta en me disant tout bas : « Respirons, nous sommes sauvés, au moins pour le moment. Nous avons eu du bonheur, car si l'ours, en parlant du Cosaque blessé, s'était aperçu que les siens passaient si près de lui, il n'y a pas à douter qu'il n'eût beuglé comme un taureau, pour se faire entendre, et Dieu sait ce qu'il serait arrivé! A propos, j'ai oublié quelque chose, et c'est le principal; il faut retourner d'où nous venons. Il se trouve, sur le derrière du caisson, une marmite que j'ai oublié de prendre, et qui vaut mieux, pour nous, que tout ce qu'il y avait dedans! » Comme il voyait que je n'étais pas trop de son avis : « Allons! marchons! me dit-il, ou nous sommes exposés à mourir de faim.

Nous arrivâmes à notre bivac; nous trouvâmes notre feu presque éteint, et le pauvre diable de Cosaque, que nous y avions laissé dans des souffrances terribles, se roulant dans la neige, ayant la tête presque dans le feu. Nous ne pouvions rien faire pour le soulager, cependant nous le mîmes sur des schabraques de peaux de moutons, afin qu'il pût mourir plus commodément : « Il n'est pas encore près de mourir, me dit Picart! car voyez comme il nous regarde! Ses yeux brillent comme deux chandelles! » Nous l'avions presque assis, et nous le tenions chacun par un bras, mais, au moment où nous le quittâmes, il retomba la face dans le feu. Nous n'eûmes que le temps de le retirer, afin qu'il ne fût pas brûlé. Ne pouvant mieux faire, nous le laissâmes pour nous dépêcher de chercher la marmite, que nous retrouvâmes écrasée à ne pouvoir s'en servir; cela n'empêcha pas Picart de me l'attacher sur le dos.

Ensuite, nous essayâmes de monter la côte, afin de gagner, avant qu'il fît jour, le bois, où nous pourrions être à l'abri du froid et de l'ennemi. Après avoir roulé deux fois du haut en bas, nous pûmes parvenir à nous frayer un chemin dans la neige. Nous arrivâmes en haut, précisément en face de l'endroit où j'avais été précipité la veille, et où nous avions vu la cavalerie russe filer un instant avant. Nous nous arrêtâmes pour respirer et voir la direction que nous devions prendre : « Tout droit! me dit Picart. Suivez-moi! » En disant la parole, il allonge le pas, je le suis, mais à peine a-t-il fait trente pas, que je le vois disparaître dans un trou qui avait plus de six pieds de profondeur. Il se releva sans rien dire, et, m'avançant son fusil, je l'aidai à sortir. Mais lorsqu'il fut retiré, il se mit à jurer contre le bon Dieu de la Russie et contre l'Empereur Napoléon qu'il traita de *conscrit*, car il faut, disait-il, qu'il soit tout à fait conscrit pour être resté si longtemps à Moscou : « Quinze jours, c'était assez pour boire et manger tout ce qu'il y avait, mais y rester trente-quatre jours pour attendre l'hiver, je ne le reconnais plus là! Oui, répéta-t-il, c'est un conscrit, et s'il était là, je lui dirais que ce n'est pas comme cela que l'on conduit des hommes! Coquin de Dieu! m'en a-t-il déjà fait voir des grises, depuis seize ans que je suis avec lui! En Égypte, dans les sables de la Syrie, nous avons souffert, mais ce n'est rien, mon pays, en comparaison des déserts de neige que nous parcourons, et ce n'est pas tout encore! Il faut vraiment avoir l'âme chevillée dans le ventre pour résister! » Alors il se mit à souffler dans ses mains et à me regarder : « Allons, lui dis-je, mon pauvre Picart, ce n'est pas le moment de discuter! Il faut prendre un parti. Voyons plus à gauche, si nous ne trouverons pas un meilleur passage! » Picart avait tiré la baguette de son fusil. Il allait toujours en sondant, mais partout, à droite et à gauche, c'était la même chose. Nous finîmes, cependant, par opérer notre passage à l'endroit même où il était tombé. Lorsque nous fûmes sur l'autre bord, nous marchâmes toujours en sondant devant nous. Lorsque nous eûmes fait la moitié du chemin pour arriver au bois, nous fûmes arrêtés par un fond assez semblable à celui où nous avions passé la nuit. Sans trop calculer le danger, nous le traversâmes, et ce fut avec beaucoup de peine que nous arrivâmes de l'autre côté. Là, il fallut, tant nous étions fatigués, s'arrêter encore pour respirer.

Un peu sur notre droite, l'on voyait arriver, d'une vitesse à nous épouvanter, des nuages noirs. Ces nuages, arrivant avec le vent du nord, nous annonçaient un ouragan terrible qui nous faisait présager que nous allions passer une cruelle journée! Le vent déjà se faisait entendre dans la forêt, à travers les sapins et les bouleaux, avec un bruit effrayant, et nous poussait du côté opposé à celui où nous voulions aller. Quelquefois, nous tombions dans des trous cachés par la neige. Enfin, après une petite heure, nous arrivâmes au point tant désiré, et au moment où la neige commençait à tomber par gros flocons.

L'ouragan était tellement violent, qu'à chaque instant des arbres tombaient, cassés ou déracinés, menaçant de nous écraser, de sorte que nous fûmes forcés de sortir de la forêt et de suivre la lisière du bois, ayant le vent à notre gauche. Nous fûmes arrêtés dans notre marche par un grand lac que nous aurions pu facilement traverser, puisqu'il était gelé. Mais ce n'était pas notre direction. Enfin, ne pouvant plus marcher à cause de la quantité de neige qui nous empêchait d'y voir, nous prîmes le parti de nous abriter contre deux bouleaux assez gros pour nous garantir et attendre mieux.

Il y avait déjà longtemps que nous battions la semelle pour ne pas avoir les pieds gelés, quand je m'aperçus que le vent était tombé un peu. J'en fis l'observation à Picart afin de nous disposer à changer de place : « A la bonne heure! mon bon ami, me dit-il, car il faudrait avoir le corps plus dur que du fer pour ne pas passer l'arme à gauche, au bout d'une heure que l'on resterait ici! »

Nous avions déjà côtoyé une grande partie du lac, lorsque je vis Picart s'arrêter tout à coup et regarder fixement. Je l'interroge des yeux. Il me répond en me saisissant le bras et en me disant bas à l'oreille : « Bouche cousue! » Alors, me traînant sur la droite, derrière un buisson de petits sapins, et me regardant, il me dit encore à voix basse : « Vous ne voyez donc pas? — Je ne vois rien; et vous, que voyez-vous? — De la fumée, un bivac! » Effectivement, je vis ce qu'il me disait.

Une idée me vint. Je dis à Picart : « Si, par hasard, le feu que nous voyons était l'emplacement du bivac de la cavalerie russe que nous avons vue ce matin? — Je pense comme vous, me dit-il, il nous faut agir comme s'ils étaient là. Ce matin, avant notre départ, nous avons commis une grande faute en ne chargeant pas nos armes, lorsque nous étions près du feu. A présent que nous avons les mains engourdies et que les canons de nos fusils sont remplis de neige, nous ne saurions le faire, mais avançons toujours avec prudence! »

La neige ne tombait plus que faiblement, et le ciel était devenu plus clair. Tout à coup, j'aperçus, sur le bord du lac et derrière un buisson, un cheval qui rongeait l'écorce d'un bouleau. L'ayant fait remarquer à Picart, il pensa encore que ce pouvait être là que la cavalerie russe avait passé la nuit, et, comme le cheval n'avait pas de harnachement, c'était, disait-il, probablement, un cheval blessé que l'on avait abandonné.

A peine avions-nous fait cette réflexion, que nous vîmes le cheval lever la tête, se mettre à hennir, ensuite venir tranquillement droit sur nous, s'arrêter contre Picart et le sentir comme s'il le reconnaissait. Nous n'osions, dans cette situation, ni bouger, ni parler. Le diable de cheval restait toujours contre nous, la tête haute contre le bonnet à poil de Picart qui n'osait respirer, dans la crainte que ceux à qui il appartenait ne viennent le chercher. Mais, ayant remarqué qu'il avait un coup de fusil dans le poitrail, nous n'eûmes plus de doute que le cheval était abandonné, ainsi que le bivac. En un instant, nous arrivons dans un espace assez grand formant un demi-cercle, couvert d'abris et de plusieurs feux, de sept chevaux tués et en partie mangés. Cela nous fit supposer que plus de deux cents hommes y avaient passé la nuit : « Ce sont eux! dit Picart, en mettant les mains dans les cendres pour les réchauffer. Il n'y a plus de doute, car voilà un cheval jaune que je reconnais. Il était de la fête, et m'a servi de point de mire. Je crois ne pas me tromper en vous disant que j'ai envoyé à son maître une commission pour l'autre monde. » Après avoir regardé si rien ne pouvait nous inquiéter, nous nous occupâmes de ravitailler un bon feu placé devant un abri fort épais, qui paraissait avoir été celui du chef de la troupe, car il avait été soigné, en comparaison des autres.

La neige avait tout à fait cessé de tomber, et, au grand vent, avait succédé un grand calme. Nous nous préparâmes à faire la soupe. Nous avions notre provision de viande de cheval, que nous avions emportée le matin, mais nous jugeâmes convenable de la garder, puisque nous en avions autour de nous. Picart se mit de suite en besogne, et, avec ma petite hache, il en coupa de la fraîche pour faire la soupe, et une autre provision pour emporter. Nous essayâmes d'enfoncer la glace pour avoir de l'eau, mais nous n'en eûmes ni la force, ni la patience.

Nous étions bien réchauffés, et l'espoir de manger une bonne soupe me donnait de la joie, tant il est vrai que, lorsque l'on est dans la peine, il faut peu de chose pour nous rendre heureux!

Assis devant le feu, à l'entrée de l'abri que nous avions choisi, le dos tourné au nord, Picart ouvrit son sac. Il en tira un mouchoir où, dans l'un des coins, il y avait du sel, et, dans l'autre, du gruau. Il y avait longtemps que je n'en avais vu autant; aussi je faisais des grands yeux, en pensant que j'allais manger une soupe salée au sel, moi qui, depuis un mois, en mangeais, ayant pour tout assaisonnement de la poudre. Il présida avec ordre à la cuisine, en mettant à part une partie du gruau pour la soupe, lorsque la viande serait cuite.

Comme je me trouvais extraordinairement fatigué, et l'envie de dormir étant cette fois provoquée par la chaleur d'un bon feu, je témoignai le désir de me reposer : « Eh bien, me dit Picart, reposez-vous, enfoncez-vous sous l'abri, et moi, pendant ce temps, je soignerai la soupe. Cela ne m'empêchera pas de veiller au grain pour notre sûreté, en commençant par nettoyer nos armes, et ensuite les charger. Combien avez-vous de cartouches? — Trois paquets de quinze. — C'est bien, et moi quatre, cela fait cent cinq. En voilà plus qu'il n'en faut pour descendre vingt-cinq Cosaques, si toutefois il s'en présente. Allons! dormez! » Je ne me le fis plus dire une seconde fois. Je m'enveloppai dans ma peau d'ours et, les pieds au feu, je m'endormis.

Je m'endormis d'un profond sommeil, lorsque Picart me réveilla en me disant : « Mon pays, voilà, je pense, près de deux heures que vous reposez comme un bienheureux. J'ai mangé. A présent, c'est à votre tour, et à moi de me reposer, car je sens que j'en ai aussi bon besoin. Voilà nos fusils en bon état et chargés. Veillez bien, à votre tour, et lorsque je me serai un peu reposé, nous partirons. » Alors il s'enveloppa dans son manteau blanc et se coucha ; à mon tour, je pris la marmite entre les jambes ; je me mis à manger la soupe avec un appétit dévorant. Je crois que, de ma vie, je n'avais mangé et ne mangerai avec autant de plaisir.

Mon vieux grognard m'avait donné un morceau de biscuit gros comme mon pouce, pour, disait-il, me dégraisser les dents après avoir mangé ma viande.

Après mon repas, je me levai pour veiller à mon tour. Il n'y avait pas cinq minutes que j'étais en observation, lorsque j'entendis le cheval blessé, que nous avions trouvé en arrivant, se mettre à hennir plusieurs fois, prendre le galop jusqu'au milieu du lac. Là, s'arrêtant, il en fit encore autant. Aussitôt, j'entendis d'autres chevaux lui répondre. Alors il prit sa course du côté où on lui avait répondu. A peine est-il parti, que je me place derrière un massif de petits sapins, et, de là, suivant sa course de l'œil, je le vois qui joint un détachement de cavalerie qui traversait le lac. Ils étaient au nombre de vingt-trois. J'appelle Picart qui, déjà, dormait tellement fort qu'il ne m'entendit pas, de manière que je fus obligé de le tirer par les jambes. Enfin il ouvrit les yeux : « Eh bien, quoi? Qu'y a-t-il? — Aux armes! Picart. Vite! Debout! La cavalerie russe sur le lac! En retraite dans le bois! — Il fallait me laisser dormir, car, nom d'un chien, je faisais déjà bonne chère! — J'en suis fâché, mon vieux, mais vous m'avez dit de vous prévenir, et il pourrait se faire que d'autres viennent de ce côté! — C'est vrai, dit-il. Oh! scélérat de métier! Où sont-ils? — Un peu sur la droite et hors de portée! » Un instant après, cinq autres parurent qui passèrent devant nous, à demi-portée de fusil. En même temps, nous vîmes les premiers qui s'arrêtèrent et qui, mettant pied à terre en tenant leurs chevaux par la bride, firent un cercle autour d'un endroit où, probablement, ils avaient, la veille ou pendant la nuit, cassé la glace, afin de faire abreuver leurs chevaux, car on les voyait frapper avec le bois de leurs lances pour casser la glace nouvellement formée.

Nous décidâmes de lever le camp et de plier bagage le plus promptement possible et tâcher ensuite, par des manœuvres pour ne pas être vus, de rejoindre la route et l'armée, si nous pouvions.

Il pouvait être onze heures; ainsi, jusqu'à quatre, où la nuit commençait à venir, s'il ne nous arrivait pas d'accident, nous pouvions faire encore du chemin. Je ne pensais pas que l'armée fût bien loin, puisque les Russes nous attendaient au passage de la Bérézina, où tous ses débris étaient forcés de se réunir.

Nous nous dépêchâmes. Picart mit dans son sac force provisions de viande. De mon côté, je fis comme je pus, en remplissant ma carnassière de toile. Picart voulut rejoindre la route par le chemin où nous étions venus, en suivant toutefois la lisière de la forêt, car, disait-il, si nous sommes surpris par les Russes, nous avons toujours, pour nous garantir, les deux côtés de a forêt, et, dans le cas où nous ne rencontrerions rien, nous avons un chemin qui nous empêchera de nous perdre.

L'ouragan, qui avait cessé le matin, pendant que nous étions à nous reposer, menaçait de recommencer avec plus de force. Des nuages comme ceux que nous avions vus le matin couvraient cette immense forêt et la rendaient encore plus sombre, de manière que nous n'osions risquer de nous y engager pour nous mettre à l'abri.

Comme nous étions à délibérer sur le parti qu'il convenait de prendre, nous entendîmes plusieurs coups de fusil, paraissant venir de l'autre côté du lac. Nous vîmes deux pelotons de Cosaques cherchant à envelopper sept fantassins de notre armée, qui descendaient la côte et paraissaient venir d'un petit hameau que nous aperçûmes de l'autre côté du lac, adossé à un petit bois qui dominait l'endroit où nous étions et où, probablement, ils avaient passé une nuit meilleure que la nôtre. Nous pouvions les voir facilement se porter en avant et faire le coup de feu avec l'ennemi, se réunir ensuite, puis battre en retraite du côté du lac, afin de gagner la forêt où nous étions et où ils auraient pu tenir tête à tous les Cosaques qui les poursuivaient. Ils avaient affaire à plus de trente cavaliers qui, tout à coup, se partagèrent en deux pelotons, dont un fit demi-tour et vint descendre sur le lac en face de nous, afin de leur couper la retraite.

Nos armes étaient chargées, et trente cartouches préparées dans ma carnassière, afin de les bien recevoir, s'ils venaient de notre côté, et, par là, de délivrer ces pauvres diables qui commençaient à se trouver dans une position difficile. Picart, qui ne perdait pas de vue les combattants, me dit : « Mon pays, vous chargerez les armes, et moi je me charge de les descendre, comme des canards. Cependant, continua-t-il, pour faire diversion, nous allons faire ensemble la première décharge ! »

Cependant nos soldats battaient toujours en retraite. Picart les reconnut pour ceux qui, la veille, avaient pillé le caisson qu'il gardait, mais, au lieu d'être neuf, ils n'étaient plus que sept. Dans ce moment, le peloton de cavaliers qui avait fait demi-tour ne se trouvait pas éloigné de nous de plus de quarante pas. Nous en profitâmes ; Picart, me frappant sur l'épaule, me dit : « Attention à mon commandement : feu ! » Ils s'arrêtèrent, étonnés, et un tomba de cheval.

Les Cosaques, car c'en était, en voyant tomber un des leurs, s'étaient éparpillés. Deux seulement étaient restés pour secourir celui qui était tombé assis sur la glace, appuyé sur la main gauche. Picart, ne voulant pas perdre de temps, leur envoya une seconde balle, qui blessa un cheval. Aussitôt ils se mirent à fuir en abandonnant leur blessé et en se faisant un bouclier de leurs chevaux qu'ils tenaient par la bride. Au même moment, nous entendons sur notre gauche, des cris sauvages, et nous voyons nos malheureux soldats entourés par tout ce qu'il y avait de Cosaques. A notre droite, d'autres cris attirèrent notre attention : nous voyons que les deux hommes qui avaient abandonné leur blessé étaient revenus pour le prendre et, n'ayant pu le faire marcher, l'entraînaient par les jambes, sur la glace.

Nous observions un Cosaque qui avait été placé en observation, probablement pour nous, mais il regardait continuellement du côté où nous n'étions plus, par suite d'un mouvement que nous avions fait après notre première décharge. Nous pouvions facilement le voir sans être vus. Aussi Picart ne pouvait plus se contenir ; son coup de fusil part, et l'observateur est atteint à la tête, car, au même instant, nous voyons qu'il chancelle, penche la tête en avant, ouvre les bras comme pour se retenir, et tombe de son cheval. Il était mort[1].

Au coup de fusil, ceux qui entouraient nos malheureux soldats se retournent, étonnés. Ils font un mouvement en arrière et s'arrêtent : nos fantassins font une décharge sur eux, pour ainsi dire à bout portant, et quatre Cosaques tombent du même coup. Alors des cris de rage s'élèvent de part et d'autre, la mêlée devient générale, et un combat opiniâtre s'engage entre les deux partis. Au même moment, nous nous portons à dix ou douze pas en avant,

1. Picart était un des meilleurs tireurs de la Garde ; au camp, lorsque l'on tirait à la cible il avait toujours les prix. (*Note de l'auteur.*)

sur la place; là, nous apercevons quatre des fantassins entourés par quinze Cosaques. Nous les entendons crier et se débattre sous les pieds des chevaux; les trois autres étaient poursuivis dans la direction du bois qu'ils voulaient atteindre.

Mort Tragique de Trois Cosaques

Nous nous disposions à les soutenir d'une manière vigoureuse, quand, tout à coup, la tourmente qui nous menaçait depuis longtemps, s'annonça avec un bruit épouvantable. La neige qui, depuis le commencement du combat, n'avait cessé de tomber, nous enveloppe et nous aveugle. Nous nous trouvons, pendant plus de six minutes, dans un nuage épais, et obligés de nous tenir fortement l'un à l'autre, afin de ne pas être enlevés par le vent. Tout à coup et comme par enchantement, tout disparaît, et, à quatre pas, nous voyons l'ennemi qui, en nous apercevant, pousse des hurlements. Nos mains, engourdies par le froid, nous empêchent de faire usage de nos armes. Néanmoins, ils n'osent venir sur nous, et, tout en leur faisant face, la baïonnette au bout du canon et croisée contre eux, nous regagnons le bois et eux s'éloignent au galop.

A peine à l'entrée du bois, nous apercevons les trois autres fantassins que cinq Cosaques poursuivaient du côté opposé. Nous tirâmes deux coups de fusil sur les poursuivants, sans résultat, et nous allions recommencer, quand, tout à coup, vers le milieu du lac, nous les voyons s'enfoncer et disparaître, ainsi que deux Cosaques. Les malheureux avaient passé à la place où, le matin, les Russes avaient cassé la glace pour faire abreuver leurs chevaux et qui, recouverte d'une autre glace non encore assez forte pour supporter le poids de plusieurs hommes, avait été recouverte, à son tour, par la neige. Un troisième Cosaque, voyant disparaître les premiers, voulut retenir son cheval et le fit cabrer de manière qu'il était presque droit. Il glissa des pieds de derrière et se renversa de côté avec son cavalier; il voulut se relever, glissa encore, mais, cette fois, pour disparaître avec celui qu'il avait renversé.

Nous fûmes saisis d'horreur, et ceux qui nous poursuivaient, épouvantés, et sans chercher à secourir leurs camarades, restaient immobiles sur le lac.

Les deux autres, qui suivaient de près, s'étaient arrêtés sur le bord du gouffre et ensuite sauvés sur différents points. De l'endroit où nous étions, nous entendîmes quelques cris déchirants sortir du gouffre. Nous aperçûmes plusieurs fois la tête des chevaux, ensuite l'eau qui bouillonnait et jaillissait sur la glace.

Un instant après, nous vîmes paraître dix autres cavaliers, ayant à leur tête un chef. Plusieurs s'approchent de l'endroit sinistre, y enfoncent le bois de leurs lances et semblent ne pas y trouver le fond. Tout à coup, nous les voyons se retirer précipitamment, s'arrêter en regardant de notre côté, ensuite partir au galop. Nous les perdons de vue, et tout rentre dans le calme.

Nous nous retrouvions au milieu de ce désert, appuyés sur nos armes et regardant sur le lac les corps de nos malheureux soldats. A vingt pas à gauche, se trouvaient trois Cosaques qui paraissaient aussi ne plus donner aucun signe de vie, et celui que Picart avait atteint à la tête.

Nous étions près du feu de notre bivac où nous venions de nous retirer. Il se fit entre nous un silence de quelques minutes, que Picart finit par rompre en me disant : « J'ai une envie du diable de fumer. Une idée m'est venue de passer une revue sur ceux qui sont morts ; j'aurai bien du malheur si je ne trouve pas de tabac ! » Je lui observai que sa démarche était imprudente, que nous ne savions pas où étaient passés ceux qui se battaient contre les quatre premiers fantassins. Au même instant, nous aperçûmes une masse de cavaliers et de paysans portant de longues perches, venant dans la direction où ces malheureux s'étaient enfoncés sous la glace. Une voiture attelée de deux chevaux les suivait.

« Adieu le tabac ! » me dit Picart. Nous jugeâmes convenable de nous porter tout à fait à l'extrémité du bois, pour gagner la route, dans la crainte qu'ils ne vinssent visiter le bivac où ils auraient pu penser que nous étions encore. Nous fîmes halte à l'extrémité de la forêt qui longeait le lac. Là aussi se trouvait un abri, probablement le bivac d'un poste de la veille : il servit à nous cacher et à observer les Cosaques qui venaient de s'arrêter à la place où étaient les corps de nos soldats, qui furent dépouillés en partie par les premiers et ensuite mis absolument nus par les paysans. Pendant cette opération, j'eus toutes les peines du monde à empêcher Picart d'en descendre quelques-uns.

Ils avancèrent ensuite où étaient leurs Cosaques tués. Deux étaient ensemble ; un troisième un peu plus loin, sans compter celui que Picart avait tué, un peu plus en avant, sur notre droite. Nous pûmes remarquer que les deux premiers qu'ils levèrent pour mettre sur la voiture, n'étaient pas morts : les gestes que nous leur vîmes faire et les précautions qu'ils prirent nous le firent assez connaître. Ils s'arrêtèrent au troisième qui était bien mort et, lorsqu'ils furent au quatrième, celui que Picart avait tué : « Ah! pour celui-là, dit-il, je réponds de son affaire! » Effectivement, on le releva sans cérémonie, et on le mit sur la voiture qui, de suite, reprit la route par où elle était venue, accompagnée de deux Cosaques et de trois paysans. La plus forte partie de la troupe continua son chemin vers le gouffre, avec les paysans portant des perches et des cordes, et, lorsqu'ils furent arrivés, nous leur vîmes faire des dispositions pour en retirer ceux qui y étaient tombés.

Lorsque nous les vîmes à l'ouvrage, nous n'eûmes rien de mieux à faire que de nous mettre en marche. Il faisait moins froid; il pouvait être midi.

Nous aperçûmes deux Cosaques faire patrouille en côtoyant le bois, et suivant les pas que nous tracions sur la neige, comme on suit un loup à la trace. En les voyant, Picart se mit en colère en disant : « S'ils nous ont vus, nous avons beau faire, ils nous suivront toujours par les traces que nous laissons après nous. Doublons le pas et, tout à l'heure, lorsque nous verrons le bois plus éclairci, nous y entrerons et s'ils ne sont que deux, nous en aurons bon marché! » Un instant après, il s'arrêta encore, et, comme il ne les voyait plus, il se mit à jurer : « Mille tonnerres! je comptais sur eux pour avoir du tabac. Les poltrons! Ils n'osent plus nous suivre! Ils ont peur! »

Nous continuions à marcher le plus près qu'il nous était possible de la forêt, afin de nous cacher derrière les buissons, mais nous fûmes forcés d'en sortir par la chute de plusieurs arbres que la tempête du matin avait fait tomber, et qui barraient notre chemin. Nous fûmes obligés d'appuyer à droite, pour tourner. En faisant cette contremarche, nous regardâmes encore en arrière : nous aperçûmes nos deux individus en arrière l'un de l'autre de plus de trente pas. Il est probable que le premier nous avait aperçus, car il doubla le pas de son cheval, comme pour s'assurer de quelque chose. Ensuite il s'arrêta de manière à attendre celui qui le suivait. Nous pouvions les voir sans être vus, car nous étions rentrés précipitamment dans le bois. Notre but était de les attirer le plus loin possible, afin que ceux qui étaient à la pêche de leurs camarades ne pussent venir à leur secours, si un combat s'engageait. Pour cela, nous marchions le plus vite possible, mais difficilement, quelquefois dans le bois, ensuite dehors, suivant le terrain.

Il y avait déjà une demi-heure que nous étions à faire cette manœuvre, lorsque nous fûmes arrêtés par un banc de neige qui allait se perdre dans un ravin sur notre droite. Nous fûmes forcés de faire quelques pas en arrière, afin de chercher une issue pour entrer dans la forêt et nous y cacher. Un instant après, les Cosaques étaient près de nous, et nous aurions pu les descendre facilement, mais Picart, qui savait faire la guerre, me dit : « C'est de l'autre côté du banc de neige que je veux les avoir ; il ne sera pas facile aux autres de leur porter secours! »

Lorsqu'ils virent qu'il n'y avait pas possibilité de franchir cet obstacle, ils prirent le galop et nous les vîmes descendre dans le ravin et chercher à tourner le banc de neige. De notre côté, nous avions trouvé un passage qui nous fit arriver, presque en même temps, de l'autre côté. De l'endroit où nous étions, nous pouvions les apercevoir sans être vus. Nous profitâmes du moment qu'ils étaient dans le fond pour sortir de la forêt et marcher plus à notre aise, mais, au moment où nous pensions en être débarrassés pour un temps et où je m'arrêtais pour respirer, car les jambes commençaient à me manquer, Picart, se retournant pour voir si je le suivais, aperçoit à une petite distance derrière moi, nos deux drôles qui cherchaient à nous surprendre, pendant que nous les pensions en avant. Aussitôt nous rentrons dans la forêt. Nous faisons plusieurs détours, nous revenons à l'entrée, et nous les voyons qui marchent encore à distance l'un de l'autre, mais doucement. Nous rentrons encore, nous nous mettons à courir en faisant toujours des détours, afin de leur faire croire que nous fuyons, ensuite nous revenons nous cacher derrière un massif de petits sapins dont les branches, couvertes de neige et de petits glaçons, nous empêchent d'être aperçus.

Celui qui marchait le premier pouvait être éloigné de quarante pas. Picart me dit tout bas : « A vous, mon sergent, l'honneur du premier coup, mais il faut attendre qu'il avance! » Pendant qu'il me parlait, le Cosaque faisait signe avec sa lance, à son camarade d'avancer. Il avance encore, et s'arrête pour la seconde fois, en regardant les traces de nos pas. Il pousse son cheval un peu sur la droite et en face du buisson derrière lequel nous étions cachés. Là, il regarde encore, mais d'un air inquiet. Il semble avoir un pressentiment de ce qui doit lui arriver, car il n'est pas à plus de quatre pas du bout de mon fusil, lorsque mon coup part et mon Cosaque est atteint à la poitrine. Il jette un cri et veut fuir, mais Picart s'était élancé sur lui avec rapidité, avait saisi le cheval par la bride, d'une main, et, de l'autre, lui faisait sentir la pointe de sa baïonnette, en criant : « A moi, mon pays! Voilà l'autre! Garde à vous! » Effectivement il n'avait pas lâché la parole, que l'autre arrive, le pistolet à la main, et le décharge à un pied de distance sur la tête de Picart, qui tombe du même coup sous les pieds du cheval dont il tenait toujours la bride. A mon tour, je cours sur celui qui venait de faire feu, mais, me voyant, il jette l'arme qu'il vient de décharger, fait demi-tour, part au grand galop et va se placer à plus de cent pas de nous, dans la plaine. Je n'avais pu tirer une seconde fois sur lui, parce que mon arme n'était pas rechargée; avec les mains engourdies comme nous les avions, ce n'était pas chose facile. Picart, que je croyais mort ou dangereusement

Le Cosaque arrive, le pistolet à la main, et le décharge sur la tête de Picart.

blessé, s'était relevé. Le Cosaque que j'avais atteint et qui s'était toujours tenu à cheval, venait de tomber et faisait le mort.

Picart ne perd pas de temps : il me donne la bride du cheval à tenir, et, sortant de la forêt, se porte de suite à vingt pas en avant, ajuste celui qui avait fui et lui envoie aux oreilles une balle que l'autre évite en se couchant sur son cheval. Ensuite il part au galop; Picart le voit qui descend le ravin. Il recharge son arme; ensuite il revient près de moi en me disant : « La victoire est à nous, mais dépêchons-nous; commençons par user du droit du vainqueur! Voyons si notre homme n'a rien qui nous va, et partons avec le cheval! »

Je m'empressai de demander à Picart s'il n'était pas blessé. Il me répondit que ce n'était rien, que nous parlerions de cela plus tard. Il commença la visite par la ceinture, en enlevant deux pistolets, dont un était chargé. Alors il me dit : « Ce drôle a l'air de faire le mort; je vous assure qu'il n'en est rien, car, par moments, il ouvre les yeux. » Pendant que Picart parlait, j'avais attaché le cheval à un arbre. J'ôtai à son cavalier son sabre et une jolie petite giberne garnie en argent, que je reconnus pour être celle d'un chirurgien de notre armée. Je la passai à mon cou. Le sabre, nous le jetâmes dans le buisson. Sous sa capote, il avait deux uniformes français, un de cuirassier et l'autre de lancier rouge de la Garde, avec une décoration d'officier de la Légion d'honneur, que Picart s'empressa de lui arracher. Ensuite, il avait, sur sa poitrine, plusieurs beaux gilets ployés en quatre qui lui servaient de plastron, de manière que, s'il eût été atteint à cette place, je ne pense pas que la balle eût traversé; il avait été pris un peu sur le côté. Nous trouvâmes, dans ses poches, pour plus de trois cents francs en pièces de cinq francs, deux montres en argent, cinq croix d'honneur, tout cela ramassé sur les morts ou mourants, ou pris dans les fourgons d'équipages que l'on était obligé d'abandonner. Je suis persuadé que, si nous eussions eu le temps, nous aurions trouvé bien autre chose, mais nous ne restâmes pas cinq minutes pour le détrousser.

Picart ramassa la lance du vaincu, ainsi qu'un pistolet qui n'était pas chargé. Il les cacha dans un buisson, et nous nous disposâmes à partir.

Comme Picart marchait devant, en conduisant le cheval par la bride, sans savoir où nous allions, il me prit envie de tâter les flancs du portemanteau qui était sur le derrière du cheval, et dont nous avions remis la visite. Je remarquai que ce portemanteau était celui d'un officier de cuirassiers de notre armée.

Je passai la main à l'entrée : il me sembla que je palpais quelque chose qui ressemblait beaucoup à une bouteille. J'en fis de suite l'observation à Picart qui, aussitôt, cria : « Halte! »

En moins de deux minutes, le portemanteau fut ouvert et, sous la première enveloppe, je tirai une bouteille qui contenait quelque chose qui ressemblait à du genièvre, tant qu'à la couleur. Nous ne nous étions pas trompés, car Picart, sans se donner la peine d'y mettre le nez, en avala de suite une gorgée, en me disant : « A vous, mon sergent ! » Lorsque j'en eus goûté, je sentis, à mon estomac, un bien qu'il est plus facile de sentir que d'exprimer ; nous fûmes d'accord que cette trouvaille valait mieux que le reste et, comme il fallait la ménager, et que j'avais, dans ma carnassière, un petit vase en porcelaine de Chine que j'avais apporté de Moscou, nous décidâmes que ce serait la ration, toutes les fois que l'on voudrait boire[1].

Nous nous enfonçâmes dans le bois avec beaucoup de peine, et, au bout d'un quart d'heure de marche pénible, par suite de la quantité d'arbres tombés sur notre passage, nous arrivâmes sur un chemin large de cinq à six pieds, qui venait de gauche et qui, à notre grande satisfaction, se continuait sur notre droite, précisément dans la direction que nous devions prendre pour rejoindre la grand'route où l'armée devait avoir passé et qui, suivant nous, ne devait pas être éloignée de plus de deux à trois lieues.

Me trouvant plus à l'aise, je levai la tête, et, regardant Picart, je vis qu'il avait la figure ensanglantée. Le sang s'était formé en glaçons sur ses moustaches et sur sa barbe. Je lui dis qu'il était blessé à la tête. Il me répondit qu'il venait de s'en apercevoir au moment où son bonnet à poil s'était accroché à une branche, et qu'en le remettant, le sang avait coulé sur sa figure ; que, du reste, il n'avait rien de grave. Il me dit que ce n'était pas le coup de pistolet qui l'avait fait tomber, mais que, tenant la bride du cheval, au moment où il voyait venir l'autre Cosaque, il avait voulu se saisir de son arme pour en faire usage, mais qu'il avait glissé sur les talons et que, sans lâcher ni son fusil, ni la bride du cheval, il s'était trouvé sur le dos et sous le ventre. « Et puis, continua-t-il, ce n'est pas le moment de s'en occuper. Nous verrons cela ce soir ! » Il paraît que la balle avait traversé la plaque de son bonnet à poil et avait cassé une aile de l'aigle impériale, glissé sur le côté de la tête et s'était ensuite nichée dans des chiffons, dont le fond de son bonnet était plein ; nous nous en assurâmes le soir, lorsque je lui pansai sa blessure, car nous la retrouvâmes.

Pour gagner du temps, je proposai à Picart de monter à deux sur le cheval : « Essayons ! » dit-il. Aussitôt, nous lui ôtâmes la selle de bois qu'il avait sur le dos et, ne lui ayant laissé qu'une *couverte* qu'il avait dessous, nous enfourchâmes le cheval, Picart sur le devant et moi sur le derrière.

1. Ce petit vase, je le conserve toujours. Il est chez moi, sous le globe d'une pendule, avec une petite croix en argent qui a été trouvée dans les caveaux de l'église Saint-Michel, ou sous les tombeaux des Empereurs. (*Note de l'auteur.*)

Nous bûmes un coup et nous partîmes en tenant nos fusils en travers, comme un balancier.

Nous voilà en route, toujours au trot, quelquefois au galop. Souvent notre marche était interceptée par des arbres tombés. Cela fit naître à Picart l'idée de faire tomber ceux qui ne l'étaient pas tout à fait, afin de former une barricade contre la cavalerie, si elle venait à nous poursuivre. Il descendit donc de cheval, et, prenant ma petite hache, au bout de quelques minutes, il acheva de faire tomber en travers du chemin plusieurs sapins sur ceux qui l'étaient déjà, de manière à donner de l'ouvrage, pendant plus d'une heure, à vingt-cinq hommes. Ensuite il remonta gaiement à cheval, et nous continuâmes à trotter pendant un bon quart d'heure, sans nous arrêter. Tout à coup, Picart s'arrêta en disant : « Coquin de Dieu! sentez-vous comme moi, mon pays, comme ce tartare a le trot dur? » Je lui répondis qu'il nous faisait souffrir par vengeance de ce que nous avions tué son maître : « Diable! me dit-il, paraît, mon sergent, que la petite goutte a fait son effet et que vous avez le petit mot pour rire! Allons, tant mieux, j'aime à vous voir comme cela! »

Pour ne plus souffrir autant de son derrière, Picart arrangea les pans de son manteau blanc sur le dos du cheval, et nous pûmes, non plus en trottant, mais en marchant le pas ordinaire, aller encore pendant un quart d'heure. Il y avait des moments où le cheval avait de la neige jusqu'au ventre. Enfin, nous aperçûmes un chemin qui traversait celui sur lequel nous marchions et que nous prîmes pour la grand'route. Mais, avant d'y entrer, il fallait agir avec prudence.

Nous mîmes pied à terre, et, prenant le cheval par la bride, nous nous retirâmes dans la forêt, à gauche du chemin que nous venions de parcourir, afin de pouvoir, sans être vus, regarder sur la nouvelle route que nous reconnûmes, au bout d'un instant, pour être celle que l'armée avait parcourue et qui conduisait à la Bérézina, car la quantité de cadavres dont elle était jonchée et que la neige recouvrait à demi, nous fit voir que nous ne nous étions pas trompés. Des traces nouvelles nous firent aussi penser qu'il n'y avait pas longtemps que de la cavalerie et de l'infanterie y avaient passé : la trace des pas venant du côté où nous devions aller, ainsi que le sang que l'on voyait sur la neige, nous firent croire qu'un convoi de prisonniers français, que des Russes escortaient, avait passé il n'y avait pas longtemps.

L'Aigle à Deux Têtes

Il n'y avait pas de doute que nous étions derrière l'avant-garde russe, et que bientôt nous en verrions d'autres nous suivre. Comment faire? Il fallait suivre la route. C'était le seul parti à prendre. C'était aussi l'opinion de Picart : « Il me vient, dit-il, une excellente idée. Vous allez faire l'arrière-garde et moi l'avant-garde: moi devant, conduisant le cheval en avant si je ne vois rien venir, et vous, mon pays, derrière, ayant la tête tournée du côté de la queue, pour faire de même. »

Nous eûmes un peu de peine, moi surtout, à mettre à exécution l'idée de Picart, en nous mettant dos à dos et faisant, comme il le disait, le double aigle, ayant deux yeux derrière et deux devant. Nous prîmes encore chacun un petit verre de genièvre, en nous promettant encore de garder le reste pour des moments plus urgents, et nous mîmes notre cheval au pas, au milieu de cette triste et silencieuse forêt.

Le vent du nord commençait à devenir piquant, et l'arrière-garde en souffrait à ne pouvoir tenir longtemps la position ; mais, fort heureusement, le temps était assez clair pour distinguer les objets d'assez loin, et le chemin qui traverse cette immense forêt était presque droit, de manière que nous n'avions pas à craindre d'être surpris dans les sinuosités.

Nous marchions environ depuis une demi-heure, quand, tout à coup, Picart ralentit le pas du cheval en me disant : « Voyez, si l'on ne dirait pas là, devant nous, une colonne de troupes? » J'aperçus quelque chose de noir, mais qui disparut tout à coup. Un instant après, la tête de cette colonne reparut comme sortant d'un fond.

Nous pûmes bien voir que c'étaient des Russes. Plusieurs cavaliers se détachèrent et se portèrent en avant; nous n'eûmes que le temps de tourner à droite, et nous entrâmes dans la forêt, mais nous n'avions pas fait quatre pas, que notre cheval s'enfonça dans la neige jusqu'au poitrail et me renversa. J'entraînai Picart dans ma chute et à plus de six pieds de profondeur, d'où nous eûmes beaucoup de peine à nous retirer. Pendant ce temps, le coquin de cheval s'était sauvé, mais il nous avait frayé un passage dont nous profitâmes pour nous enfoncer dans la forêt. Lorsque nous eûmes fait vingt pas, les arbres étant trop serrés, nous ne pûmes aller plus en avant. Il nous fallut, malgré nous, retourner en arrière. Il n'y avait pas à choisir ; le cheval aussi avait été de ce côté, car nous le retrouvâmes rongeant un arbre auquel nous l'attachâmes. Dans la crainte qu'il nous trahît, nous nous en éloignâmes le plus possible, et trouvant un buisson assez épais pour nous cacher de manière à tout voir sans être vus, nous nous mîmes en position de nous défendre, si les circonstances nous y obligeaient. En attendant, Picart me demanda si notre bouteille n'était pas perdue ou cassée. Fort heureusement, il n'en était rien : « Alors, dit-il, chacun un petit verre ! » Pendant que je débouchais la bouteille, il s'occupait à vérifier les amorces de nos fusils, à faire tomber la neige autour des batteries. Nous bûmes chacun un petit verre ; nous en avions besoin.

Après une attente de cinq à six minutes, nous voyons paraître la tête de la troupe, précédée de dix à douze Tartares et Kalmoucks armés, les uns de lances, les autres d'arcs et de flèches, et, à droite et à gauche de la route, des paysans armés de toute espèce d'armes : au milieu, plus de deux cents prisonniers de notre armée, malheureux et se traînant avec peine. Beaucoup étaient blessés : nous en vîmes avec un bras en écharpe, d'autres avec les pieds gelés, appuyés sur des gros bâtons. Plusieurs venaient de tomber et, malgré les coups que les paysans étaient obligés de leur donner et les coups de lances qu'ils recevaient des Tartares, ils ne bougeaient pas. Je laisse à penser dans quelle douleur nous devions nous trouver, en voyant nos frères d'armes aussi malheureux ! Picart ne disait rien, mais à ses mouvements, on aurait pensé qu'il allait sortir du bois pour renverser ceux qui les escortaient. Dans ce moment, arriva au galop un officier qui fit faire halte ; ensuite, s'adressant aux prisonniers, il leur dit en bon français : « Pourquoi ne marchez-vous pas plus vite? — Nous ne pouvons pas, dit un soldat étendu sur la neige, et tant qu'à moi, j'aime autant mourir ici que plus loin ! »

L'officier répondit qu'il fallait prendre patience, que les voitures allaient arriver et que, s'il y avait place pour y mettre les plus malades, on les placerait dessus : « Ce soir, dit-il, vous serez mieux que si vous étiez avec Napoléon, car à présent, il est prisonnier avec toute sa Garde et le reste de son armée, les ponts de la Bérézina étant coupés. — Napoléon prisonnier avec toute sa Garde ! répond un vieux soldat. Que Dieu vous le pardonne ! L'on voit bien, monsieur, que vous ne connaissez ni l'un ni l'autre. Ils ne se rendront que morts ; ils en ont fait le serment, ainsi ils ne sont pas prisonniers ! — Allons, dit l'officier, voilà les voitures ! »

Aussitôt nous aperçûmes deux fourgons de chez nous et une forge chargée de blessés et de malades. On jeta à terre cinq hommes que les paysans s'empressèrent de dépouiller et mettre nus ; on les remplaça par cinq autres, dont trois ne pouvaient plus bouger. Nous entendîmes l'officier ordonner aux paysans qui avaient dépouillé les morts, de remettre les habillements aux prisonniers qui en avaient le plus besoin, et, comme ils n'exécutaient pas assez rapidement ce qu'il venait de leur dire, il leur appliqua à chacun plusieurs coups de fouet, et il fut obéi. Ensuite nous entendîmes qu'il disait à quelques soldats qui le remerciaient : « Moi aussi, je suis Français ; il y a vingt ans que je suis en Russie; mon père y est mort, mais j'ai encore ma mère. Aussi j'espère que ces circonstances nous feront bientôt revoir la France et rentrer dans nos biens. Je sais que ce n'est pas la force des armes qui vous a vaincus, mais la température insupportable de la Russie. — Et le manque de vivres, répond un blessé; sans cela, nous serions à Saint-Pétersbourg! — C'est peut-être vrai », dit l'officier. Le convoi se remit à marcher lentement.

Lorsque nous les eûmes perdus de vue, nous allâmes à notre cheval, que nous trouvâmes la tête dans la neige, cherchant des herbes pour se nourrir. Le hasard nous fit rencontrer l'emplacement d'un feu que nous pûmes rallumer, et où nous pûmes réchauffer nos membres engourdis. A chaque instant nous allions, chacun à notre tour, voir si l'on ne voyait rien venir soit à droite, soit à gauche, lorsque tout à coup nous entendîmes quelqu'un se plaindre et vîmes venir à nous un malheureux presque nu. Il n'avait, sur son corps, qu'une capote dont la moitié était brûlée ; sur sa tête, un mauvais bonnet de police ; ses pieds étaient enveloppés de morceaux de chiffons et attachés avec des cordons au-dessus d'un mauvais pantalon de gros drap troué. Il avait le nez gelé et presque tombé; ses oreilles étaient tout en plaies. A la main droite, il ne lui restait que le pouce, tous les autres doigts étaient tombés jusqu'à la dernière phalange. C'était un des malheureux que les Russes avaient abandonnés; il nous fut impossible de comprendre un mot de ce qu'il disait. En voyant notre feu, il se précipita dessus avec avidité; on eût dit qu'il allait le dévorer; il s'agenouilla devant la flamme sans dire un mot; nous lui fîmes avec peine avaler un peu de genièvre: plus de moitié fut perdue, car il ne pouvait ouvrir les dents qui claquaient horriblement.

Les cris qu'il laissait échapper s'étaient apaisés, ses dents ne claquaient presque plus, lorsque nous le vîmes de nouveau trembler, pâlir et s'affaisser sur lui-même, sans qu'un mot, sans qu'une plainte se fussent échappés de ses lèvres. Picart voulut le relever; ce n'était plus qu'un cadavre. Cette scène s'était passée en moins de dix minutes.

Tout ce que venait de voir et d'entendre mon vieux camarade avait un peu d'influence sur son moral. Il prit son fusil et, sans me dire de le suivre, se dirigea sur la route, comme si rien ne devait plus l'inquiéter. Je m'empressai de le suivre avec le cheval que je conduisais par la bride, et, l'ayant rejoint, je lui dis de monter dessus. C'est ce qu'il fit sans me parler, j'en fis autant, et nous nous remîmes en marche, espérant sortir de la forêt avant la nuit.

Après avoir trotté près d'une heure, sans rencontrer autre chose que quelques cadavres, comme sur toute la route, nous arrivâmes dans un endroit que nous prîmes pour la fin de la forêt; mais ce n'était qu'un grand vide d'un quart de lieue, qui s'étendait en demi-cercle. Au milieu se trouvait une habitation assez grande et, autour, quelques petites masures; c'était une station ou lieu de poste. Mais, par malheur, nous apercevons des chevaux attachés aux arbres. Des cavaliers sortent de l'habitation et se forment en ordre sur le chemin; ensuite ils se mettent en marche. Ils étaient huit, couverts de manteaux blancs, la tête coiffée d'un casque très haut et garni d'une crinière ; ils ressemblaient aux cuirassiers contre lesquels nous nous étions battus à Krasnoé, dans la nuit du 15 au 16 novembre. Ils se dirigèrent, heureusement pour nous, du côté opposé à celui que nous voulions prendre. Nous supposions, avec raison, que c'était un poste qui venait d'être relevé par un autre.

Lorsque nous entrâmes dans la forêt, il nous fut impossible d'y faire vingt pas. Il semblait qu'aucune créature humaine n'y avait jamais mis les pieds, tant les arbres étaient serrés les uns contre les autres, et tant il y avait de broussailles et d'arbres tombés de vieillesse et cachés sous la neige ; nous fûmes forcés d'en sortir et de la suivre en dehors, au risque d'être vus. Notre pauvre cheval s'enfonçait, à chaque instant, dans la neige jusqu'au ventre. Mais comme il n'en était pas à son coup d'essai, quoique ayant deux cavaliers sur le dos, il s'en tirait assez bien.

Il était presque nuit et nous n'avions pas encore fait la moitié de la route. Nous prîmes, sur notre droite, un chemin qui entrait dans la forêt, afin de nous y reposer un instant. Étant descendus de cheval, la première chose que nous fîmes fut de boire la goutte. C'était pour la cinquième fois que nous caressions notre bouteille, et l'on commençait à y voir la place. Ensuite, nous nous concertâmes.

Comme, dans l'endroit où nous étions, se trouvait beaucoup de bois coupé, nous décidâmes de nous établir un peu plus en avant, pour nous tenir à une certaine distance des maisons qui étaient sur la route. Nous nous arrêtâmes contre un tas de bois qui pouvait, en même temps, nous abriter à demi. Après que Picart se fut débarrassé de son sac, et moi de la marmite, il me dit : « Allons, pensons au principal! Du feu, vite un vieux morceau de linge! » Il n'y en avait pas qui prenait mieux le feu que les débris de ma chemise. J'en déchirai un morceau que je remis à Picart ; il en fit une mèche qu'il me dit de tenir, ouvrit le bassinet de la batterie de son fusil, y mit un peu de poudre et, ayant mis le morceau de linge, lâcha la détente : l'amorce brûla et le linge s'enflamma, mais une détonation terrible se fit entendre et, répétée par les échos, nous fit craindre d'être découverts.

Nous Reprenons Courage

Le pauvre Picart, depuis la scène des prisonniers, et ce qu'il avait entendu dire par l'officier touchant la position de l'Empereur et de l'armée, n'était plus le même. Cela avait influencé sur son caractère et même, par moments, il me disait qu'il avait fort mal à la tête; que ce n'était pas la suite du coup de pistolet reçu du Cosaque, mais une chose qu'il ne pouvait pas m'expliquer. Tout cela lui avait fait oublier que son arme était chargée. Après le coup, il resta quelque temps sans rien dire et n'ouvrit la bouche que pour se traiter de conscrit et de vieille ganache. Nous entendîmes plusieurs chiens répondre au bruit de l'arme. Alors il me dit qu'il ne serait pas surpris que l'on vienne, dans un instant, nous traquer comme des loups; quoique, de mon côté, j'étais encore moins tranquille que lui, je lui dis, pour le rassurer, que je ne craignais rien à l'heure qu'il était et par le temps qu'il faisait.

Au bout d'un instant, nous eûmes un bon feu, car le bois qui était pres de nous et en grande quantité, était très sec. Une découverte qui nous fit plaisir, c'est de la paille que nous trouvâmes derrière un tas de bois où, probablement, des paysans l'avaient cachée. Il semblait, par cette trouvaille, que la Providence pensait encore à nous, car Picart, qui l'avait découverte, vint me dire : « Courage! mon pays, voilà ce qui nous sauve, du moins pour cette nuit. Demain Dieu fera le reste, et si, comme je n'en doute pas, nous avons le bonheur de rejoindre l'Empereur, tout sera fini! » Picart pensait, comme tous les vieux soldats idolâtres de l'Empereur, qu'une fois qu'ils étaient avec lui, rien ne devait plus manquer, que tout devait réussir, enfin, qu'avec lui il n'y avait rien d'impossible.

Nous approchâmes notre cheval; nous lui fîmes une bonne litière avec quelques bottes de paille. Nous lui en mîmes aussi pour manger, en le tenant toujours bridé et le portemanteau, que nous n'avions pas encore visité, sur le dos, afin d'être prêts à partir à la première alerte. Le reste de la paille, nous le mîmes autour de nous, en attendant de faire notre abri.

Picart, en prenant un morceau de viande qui était dans la marmite, pour le faire dégeler, me dit : « Savez-vous que je pense souvent à ce que disait cet officier russe? — Quoi? lui dis-je. — Eh! me répondit-il, que l'Empereur était prisonnier avec la Garde! Je sais bien, nom d'une pipe! que cela n'est pas, que cela ne se peut pas. Mais ça ne peut pas me sortir de ma diable de caboche! C'est plus fort que moi, et je ne serai content que lorsque je serai au régiment! En attendant, pensons à manger un morceau et à nous reposer un peu. Et puis, dit-il, en patois picard, nous boirons une *tiote* goutte! »

Je pris la bouteille et, la regardant à la lueur des flammes, je remarquai qu'elle tirait à sa fin. Picart n'aurait jamais dit : « Halte! conservons une poire pour la soif! » Il me dit seulement qu'il serait à désirer que quelque Tartare ou autre passât de notre côté afin de leur expédier une commission pour l'autre monde, comme à celui du matin, afin de renouveler notre bouteille, car « il paraît, dit-il, que tous ces sauvages-là en ont »! Effectivement nous sûmes, par la suite, qu'on leur faisait des fortes distributions d'eau-de-vie, qu'on leur amenait, sur des traîneaux, des bords de la mer Baltique.

Le temps était assez doux pour le moment. Nous mangions, sans beaucoup d'appétit, le morceau de cheval cuit du matin, que nous étions obligés de présenter au feu, tant il était dur. Picart, en mangeant, parlait seul et jurait de même : « J'ai quarante napoléons en or dans ma ceinture, me dit-il, et sept pièces russes aussi en or, sans les pièces de cinq francs. Je les donnerais toutes de bon cœur pour être au régiment. A propos, continua-t-il en me frappant sur les genoux, ils ne sont pas dans ma ceinture, car je n'en ai pas, mais ils sont cousus dans mon gilet blanc d'ordonnance que j'ai sur moi, et, comme l'on ne sait pas ce qui peut arriver, ils sont à vous! — Allons, dis-je encore un testament de fait! Par la même raison, mon vieux, je fais le mien. J'ai huit cents francs, tant en pièces d'or, qu'en billets de banque et en pièces de cent francs. Vous pouvez en disposer, s'il plaît à Dieu que je meure avant de rejoindre le régiment! »

En me chauffant, j'avais mis machinalement la main dans le petit sac de toile que j'avais ramassé, la veille, auprès des deux officiers badois rencontrés mourants sur le bord du chemin. J'en retirai quelque chose de dur comme un morceau de corde et long comme deux doigts. L'ayant examiné, je reconnus que c'était du tabac à fumer. Quelle découverte pour mon pauvre Picart! Lorsque je le lui donnai, il laissa tomber dans la neige une côte de cheval qu'il était en train de ronger, et qu'il remplaça de suite par une chique de tabac, en attendant, dit-il, de fumer, car il ne savait pas si sa pipe était dans son sac, dans son bonnet à poil ou dans une de ses poches. Et, comme ce n'était pas le moment de chercher, il se contenta de sa chique, et moi d'un petit cigare que je fis à l'espagnole, avec un morceau de papier d'une des lettres dont plusieurs se trouvaient dans le petit sac.

Il y avait environ deux heures que nous étions à notre bivac, et il n'en était pas encore sept. Ainsi, c'était onze à douze heures que nous avions encore à rester dans cette situation, avant de nous remettre en marche.

Depuis un moment, Picart s'était absenté pour satisfaire à un pressant besoin, et son absence commençait déjà à m'inquiéter, lorsque, au moment où je m'y attendais le moins, j'entends du bruit dans les broussailles, du côté opposé où il était parti. Persuadé que c'était tout autre que lui, je prends mon fusil, et je me mets en défense. Au même instant, je vois paraître Picart qui, en me voyant dans cette position, me dit : « C'est bien, mon pays, c'est fort bien ! » à demi-voix et d'un air mystérieux, en me faisant signe de ne pas parler. Alors, il me dit tout bas que deux femmes venaient de passer sur le chemin, à deux pas d'où il était, portant, l'une un paquet, et l'autre une espèce de seau, où, probablement, il y avait quelque chose, car elles s'étaient arrêtées quelque temps pour se reposer, à cinq ou six pas de lui : « Elles ont été cause, me dit-il, que, quoique étant dans une position à avoir le derrière gelé, je n'ai osé bouger tant qu'elles ont été près de moi, à bavarder comme des pies. Nous allons suivre leurs traces, et nous arriverons peut-être dans un village ou dans une baraque où nous serons à l'abri des mauvais temps et plus en sûreté, car vous entendez toujours ces diables de chiens qui aboient ! » Effectivement, depuis le coup de fusil, ils n'avaient cessé de faire un train d'enfer. « Mais, lui dis-je, si, dans ce village ou dans cette baraque, nous allions trouver les Russes ! » Il me répondit de le laisser faire.

Nous voilà encore marchant à l'aventure pendant la nuit, au milieu d'une forêt, sans savoir où nous allions, sur la seule indication de quatre pieds imprimés sur la neige que Picart me disait être ceux des femmes.

Tout à coup, les traces cessèrent de se faire voir. Après un moment de recherche, nous les retrouvâmes et nous vîmes qu'elles tournaient à droite. Cela nous contraria beaucoup, vu que nous allions nous éloigner de la direction qui pouvait nous conduire sur la grand'route. Souvent les pas se trouvaient tellement resserrés par les arbres, que nous ne pouvions plus y voir. Il fallait que Picart se couchât sur la neige et cherchât avec ses mains les traces que nous ne pouvions plus voir avec nos yeux.

Picart conduisait le cheval par la bride, moi je marchais en le tenant par la queue, mais je fus arrêté court ; il ne marchait plus. Le pauvre diable avait beau faire des efforts, il ne pouvait avancer, car il était pris entre deux arbres, et les deux bottes de paille qu'il avait de chaque côté, l'empêchaient de passer. Lorsqu'elles furent tombées, il put se dégager et avancer. Je ramassai la paille, trop précieuse pour nous, je la traînai jusqu'au moment où nous trouvâmes le chemin plus large. Alors nous la remîmes sur le cheval et nous pûmes avancer plus à notre aise. Un peu plus loin, nous trouvâmes deux chemins, où l'on avait également marché. Là, nous fûmes encore obligés de nous arrêter, ne sachant lequel prendre. A la fin, nous prîmes le parti de faire marcher le cheval devant nous, espérant qu'il pourrait nous guider; pour ne pas qu'il nous échappe, nous le tenions de chaque côté de la croupière. A la fin, Dieu eut pitié de nos misères; un chien se fit entendre et, un peu plus avant, nous aperçûmes une masure assez grande.

Imaginez-vous le toit d'une de nos granges posé à terre, et vous aurez une idée de l'habitation que nous avions devant nous. Nous en fîmes trois fois le tour avant de pouvoir en trouver l'entrée.

Notre bonjour, quoique mal exprimé, fut entendu, car nous vîmes venir à nous un vieillard qui, aussitôt qu'il aperçut Picart, se mit à crier : « Ah ! ce sont des Français ; c'est bon ! » Il le dit en polonais et le répéta en allemand. Nous lui répondîmes de même que nous étions Français et de la Garde de Napoléon. Au nom de Napoléon et de sa Garde, le brave Polonais (car c'en était un) s'inclina et voulait nous baiser les pieds. Au mot de *Français*, répété par la vieille femme, nous vîmes deux autres femmes plus jeunes sortir d'une espèce de cachette, qui s'approchèrent de nous en manifestant de la joie. Picart les reconnut pour celles qu'il avait vues dans la forêt et dont nous avions suivi les traces.

Hospitalité Polonaise

Il n'y avait pas cinq minutes que nous étions chez ces braves gens, que je faillis être suffoqué par la chaleur à laquelle je n'étais plus habitué, ce qui me força à me retirer près de la porte, où je tombai sans connaissance.

Picart se retourna et courut pour me secourir, mais la vieille femme et une de ses filles m'avaient déjà relevé et m'avaient fait asseoir sur une espèce d'escabelle en bois. Lorsque je fus débarrassé de la marmite, ainsi que de ma peau d'ours et de mon fourniment, je fus conduit dans le fond de l'habitation où l'on me coucha sur un lit de camp garni de peaux de mouton. Les femmes avaient l'air de nous plaindre, en voyant comme nous étions malheureux, particulièrement moi, qui étais si jeune et avais bien plus souffert que mon camarade : la grande misère m'avait rendu si triste, que je faisais peine à voir.

Le vieillard s'était occupé de faire entrer notre cheval et tout fut en mouvement pour nous être utile. Picart pensa à la bouteille au genièvre qui était dans ma carnassière. Il m'en fit avaler quelques gouttes, il en mit ensuite dans l'eau, et, un instant après, je me trouvais beaucoup mieux.

La vieille femme me tira mes bottes que je n'avais pas ôtées depuis Smolensk, c'est-à-dire depuis le 10 de novembre, et nous étions le 23. Une des jeunes filles se présenta avec un grand vase en bois rempli d'eau chaude, le posa devant moi et, se mettant à genoux, me prit les pieds l'un après l'autre, tout doucement, me les posa dans l'eau et les lava avec une attention particulière et en me faisant remarquer que j'avais une plaie au pied droit : c'était une engelure de 1807 à la bataille d'Eylau, et qui, depuis ce temps, ne s'était jamais fait sentir, mais qui venait de se rouvrir et me faisait, dans ce moment, cruellement souffrir.

L'autre jeune fille, qui paraissait l'aînée, en faisait autant à mon camarade qui, d'un air confus, se laissait faire tranquillement. Je lui dis qu'il était bien vrai qu'une inspiration du bon Dieu l'avait porté à suivre les traces de ces jeunes filles : « Oui, dit-il; mais en les voyant passer dans la forêt, je ne pensais pas qu'elles nous auraient aussi bien accueillis. Je ne vous ai pas encore dit, continua-t-il, que ma tête me faisait un mal de diable, et que, depuis que je suis un peu reposé, cela se fait sentir. Vous allez voir, tout à l'heure, que la balle de ce chien de Cosaque m'aura touché plus près que je ne pensais. Nous allons voir! » Il dénoua un cordon qu'il avait sous le menton et qui servait à tenir deux morceaux de peau de mouton, attachés de chaque côté de son bonnet à poil, afin de préserver ses oreilles de la gelée. Mais à peine était-il décoiffé, que le sang commença à ruisseler : « Voyez-vous! me dit-il. Mais cela n'est rien. Ce n'est qu'une égratignure. La balle aura glissé sur le côté de la tête. » Le vieux Polonais s'empressa de lui ôter son fourniment qu'il avait perdu l'habitude de quitter, de même que son bonnet à poil, avec lequel il couchait toujours. La fille qui lui lavait les pieds lui lava aussi la tête. Tout le monde se mit autour de lui pour le servir. Le pauvre Picart était tellement sensible aux soins qu'on lui donnait, que de grosses larmes coulaient le long de sa figure. Il fallait des ciseaux pour lui couper les cheveux. Je pensai de suite à la giberne du chirurgien, que j'avais prise sur le Cosaque, et, me l'ayant fait apporter, nous y trouvâmes tout ce qu'il nous fallait pour le pansement : deux paires de ciseaux et plusieurs autres instruments de chirurgie, de la charpie et des bandes de linge. Après lui avoir coupé les cheveux, la vieille femme lui suça la plaie, qui était plus forte qu'il ne pensait. Ensuite, on lui mit un peu de charpie, une bande et un mouchoir. Nous trouvâmes la balle logée dans des chiffons dont le fond de son bonnet était rempli. L'aile gauche de l'aigle impériale, placée sur le devant du bonnet, était traversée. Tout en faisant l'inspection de ce qu'il contenait, il jeta un cri de joie : c'était sa pipe qu'il

Tenant son sabre d'une main et un morceau de bois enflammé de l'autre. Picart s'avança sur les loups.

venait de retrouver, un vrai brûle-gueule qui n'avait pas trois pouces de long. Aussi alluma-t-il de suite le tabac : il n'avait pas fumé depuis Smolensk.

Je proposai à Picart de faire la visite du portemanteau qui était encore sur le cheval. Il se fit conduire près de l'animal : rien ne lui manquait. Il prit le portemanteau, qu'il apporta près du poêle. Nous y trouvâmes premièrement neuf mouchoirs des Indes tissés en soie : « Vite, dit Picart, chacun deux à nos princesses, et un à la vieille, et gardons les autres! » Cette première distribution fut vite faite, au grand contentement des personnes qui les recevaient. Nous trouvâmes, ensuite, trois paires d'épaulettes d'officier supérieur, dont une de maréchal de camp; trois montres en argent, sept croix d'honneur, deux cuillers en argent, plus de douze douzaines de boutons de hussard dorés, deux boîtes de rasoirs, six billets de banque de cent roubles, plus un pantalon en toile taché de sang. J'espérais trouver une chemise, malheureusement il ne s'en trouva pas; c'était la chose dont j'avais le plus besoin, car la chaleur avait ravigoté la vermine qui me dévorait.

Les jeunes filles faisaient de grands yeux et tenaient dans les mains ce que nous leur avions donné, ne pouvant croire que c'était pour elles. Mais la chose qui leur fit le plus de plaisir fut les boutons dorés que nous leur donnâmes, ainsi qu'une bague en or que je pris plaisir à leur mettre aux doigts. Celle qui m'avait lavé les pieds ne fut pas sans remarquer que je lui donnais la plus belle. Il est probable que les Cosaques coupaient les doigts aux hommes morts, pour les prendre.

Nous fîmes présent au vieillard d'une grosse montre anglaise et de deux rasoirs, ainsi que de toute la monnaie russe, d'une valeur de plus de trente francs, dont une partie se trouvait aussi dans le portemanteau. Nous remarquâmes qu'il avait toujours les yeux fixés sur une grande croix de commandeur, à cause du portrait de l'Empereur. Nous la lui donnâmes. Sa satisfaction serait difficile à dépeindre. Il la porta plusieurs fois à sa bouche et sur son cœur. Il finit par se l'attacher au cou avec un cordon en cuir, en nous faisant comprendre qu'il ne la quitterait qu'à la mort.

Nous demandâmes du pain. L'on nous en apporta un qu'ils n'avaient pas, disaient-ils, osé nous présenter, tant il était mauvais. Effectivement, nous ne pûmes en manger.

Ils nous apportèrent un morceau de mouton, quelques pommes de terre, des oignons et des concombres marinés. Enfin, ils nous donnèrent tout ce qu'ils avaient, en nous disant qu'ils feraient leur possible pour nous procurer quelque chose de mieux.

On nous avait arrangé un lit à terre, composé de paille et de peaux de moutons. Mon sommeil fut souvent interrompu par des douleurs que j'avais dans les cuisses, suite des efforts que j'avais faits en marchant. Il n'y avait pas longtemps que Picart dormait, lorsque le chien se mit à aboyer. Les personnes de la maison en furent surprises. Le vieillard, qui était assis sur un banc près du poêle, se leva et saisit une lance attachée contre un gros sapin qui servait de soutien à l'habitation. Il alla du côté de la porte; sa femme le suivit, et moi, sans éveiller Picart, j'en fis autant, ayant toutefois la précaution de prendre mon fusil qui était chargé, et la baïonnette au bout du canon. Nous entendîmes que l'on dérangeait la première porte. Le vieillard ayant demandé qui était là, une voix nasillarde se fit entendre et l'on répondit : « Samuel! » Alors la femme dit à son mari que c'était un juif du village où elle avait été, le soir. Lorsque je vis que c'était un enfant d'Israël, je repris ma place, ayant soin toutefois de rassembler autour de moi tout ce que nous avions, car je n'avais pas de confiance dans le nouveau venu.

L'idée me vint que le juif pourrait nous être très utile en le prenant pour guide; nous avions de quoi tenter sa cupidité. De suite, je fis part à Picart de mon idée, qu'il approuva, et, comme il se disposait à en faire la proposition, notre cheval, qui était couché, se releva tout effrayé, en cherchant à rompre le lien auquel il était attaché; le chien se mit à beugler (*sic*). Au même instant, nous entendîmes plusieurs loups qui vinrent hurler autour de la baraque et même contre la porte. C'était à notre cheval qu'ils en voulaient. Picart prit son fusil pour leur faire la chasse, mais notre hôte lui fit comprendre qu'il ne serait pas prudent, à cause des Russes. Alors il se contenta de prendre son sabre d'une main et un morceau de bois de sapin tout en feu de l'autre, se fit ouvrir la porte et se mit à courir sur les loups qu'il mit en fuite. Un instant après, il rentra en me disant que cette sortie lui avait fait du bien, que son mal de tête était presque passé. Ils revinrent encore à la charge, mais nous ne bougeâmes plus.

Le juif, comme je m'y attendais, nous demanda si nous n'avions rien à vendre ou à changer. Je dis à Picart qu'il était temps de lui faire des propositions pour qu'il puisse nous conduire jusqu'à Borisow ou jusqu'au premier poste français. Je lui demandai combien il y avait de l'endroit où nous étions à la Bérézina. Il nous répondit que, par la grand'route, il y avait bien neuf lieues; nous lui fîmes comprendre que nous voulions, si cela était possible, y arriver par d'autres chemins. Je lui proposai de nous y conduire, moyennant un arrangement : d'abord les trois paires d'épaulettes que nous lui donnions de suite, et un billet de banque de cent roubles, le tout d'une valeur de cinq cents francs. Mais je mettais pour condition que les épaulettes resteraient entre les mains de notre hôte, qui les lui remettrait à son retour; que, pour le billet de banque, je le lui donnerais à notre destination, c'est-à-dire au premier poste de l'armée française; que, sur la présentation d'un foulard que je montrai aux personnes présentes, on lui remettrait les épaulettes, mais que lui, Samuel, remettrait aux personnes de la maison vingt-cinq roubles; que le foulard serait pour la plus jeune fille, celle qui m'avait lavé les pieds. L'enfant d'Israël accepta, non sans faire quelques observations sur les dangers qu'il y avait à courir, en ne passant pas par la grand'route. Notre hôte nous témoigna combien il regrettait de ne pas avoir dix ans de moins, afin de nous conduire, et pour rien, en nous défendant contre les Russes, s'il s'en présentait. En nous disant cela, il nous montrait sa vieille hallebarde attachée le long d'une pièce de bois. Mais il donna tant d'instructions au juif sur la route, qu'il consentit à nous conduire, après avoir toutefois bien regardé et vérifié si tout ce que nous lui donnions était de bon aloi.

Il était neuf heures du matin lorsque nous nous mîmes en route. C'était le 24 novembre. Toute la famille polonaise resta longtemps sur le point le plus élevé, nous suivant des yeux et nous faisant des signes d'adieu avec leurs mains.

Picart est pris d'un Accès de Folie

Notre guide marchait devant, tenant notre cheval par la bride. Picart parlait seul, s'arrêtant quelquefois, faisant le maniement d'armes. Tout à coup, je ne l'entends plus marcher. Je me retourne, je le vois immobile et au port d'armes, marchant au pas ordinaire, comme à la parade. Ensuite il se met à crier d'une voix de tonnerre : « Vive l'Empereur! » Aussitôt je m'approche de lui, je le prends vivement par le bras, en lui disant : « Eh bien, Picart, qu'avez-vous donc? » Je craignais qu'il ne fût devenu fou : « Quoi? me répondit-il comme un homme qui se réveille, ne passons-nous pas la revue de l'Empereur? » Je fus saisi en l'entendant parler de la sorte. Je lui répondis que ce n'était pas aujourd'hui, mais demain, et, le prenant par le bras, je lui fis allonger le pas, afin de rattraper le juif. Je vis de grosses larmes couler le long de ses joues : « Eh quoi, lui dis-je, un vieux soldat qui pleure! — Laissez-moi pleurer, me dit-il, cela me fait du bien.

Je suis triste, et si, demain, je ne suis pas au régiment, c'est fini! — Soyez tranquille, nous y serons aujourd'hui, j'espère, ou demain matin au plus tard. Comment, mon vieux, voilà que vous vous affectez comme une femme! — C'est vrai, me répondit-il, je ne sais pas comment cela est venu. Je dormais ou je rêvais, mais cela va mieux. — A la bonne heure, mon vieux! Ce n'est rien. La même chose m'est arrivée plusieurs fois, et le soir même que je vous ai rencontré. Mais j'ai le cœur plein d'espérance depuis que je suis avec vous! »

Tout en causant, je voyais mon guide qui s'arrêtait souvent comme pour écouter.

Tout à coup, je vois Picart se jeter de tout son long dans la neige, et nous commander d'une voix brusque : « Silence! » — « Pour le coup, dis-je en moi-même, c'est fini! Mon vieux camarade est fou! Que vais-je devenir? » Je le regardais, saisi d'étonnement; il se lève et se met à crier, mais d'une voix moins forte que la première fois: « Vive l'Empereur! Le canon! Écoutez! Nous sommes sauvés! — Comment? lui dis-je. — Oui, continua-t-il, écoutez! » Effectivement, le bruit du canon se faisait entendre : « Ah! je respire, dit-il, l'Empereur n'est pas prisonnier, comme le coquin d'émigré le disait hier. N'est-il pas vrai, mon pays? Cela m'avait tellement brouillé la cervelle, que j'en serais mort de rage et de chagrin. Mais, à présent, marchons dans cette direction : c'est un guide certain. » L'enfant d'Israël nous assurait que c'était dans la direction de la Bérézina que l'on entendait le canon. Enfin mon vieux compagnon était tellement content qu'il se mit à chanter :

Air du *Curé de Pomponne.*

Les Autrichiens disaient tout bas :
Les Français vont vite en besogne,
Prenons, tandis qu'ils n'y sont pas,
L'Alsace et la Bourgogne,
Ah! tu t'en souviendras, la-ri-ra,
Du départ de Boulogne (*bis*)[1].

Une demi-heure après, notre marche devint tellement embarrassante, qu'il était impossible de voyager plus longtemps. Notre guide croyait s'être trompé. C'est pourquoi, rencontrant un espace assez élevé pour y marcher plus à l'aise, nous n'hésitâmes pas un instant à nous y jeter, espérant y rencontrer un chemin où nous puissions marcher avec plus de facilité. Nous entendions toujours le bruit du canon, mais plus distinctement, depuis que nous avions pris cette nouvelle direction; il pouvait être alors midi. Tout à

1. Cette chanson avait été faite en partant du camp de Boulogne en 1805, pour aller en Autriche, pour la bataille d'Austerlitz. (*Note de l'auteur.*)

coup, le canon cessa de se faire entendre, le vent recommença et la neige le suivit de près, mais en si grande quantité que nous ne pouvions plus nous voir, de sorte que le pauvre enfant d'Israël finit par renoncer à conduire le cheval. Nous lui conseillâmes de monter dessus. C'est ce qu'il fit. Je commençais à être extrêmement fatigué et inquiet. Je ne disais rien, mais Picart jurait comme un enragé après le canon qu'il n'entendait plus, et après le vent, disait-il, qui en était la cause. Nous arrivâmes de la sorte dans un endroit où nous ne pouvions plus avancer, tant les arbres étaient serrés les uns contre les autres. A chaque instant, nous étions arrêtés par d'autres obstacles, nous allions mesurer la terre de tout notre long et nous enterrer dans la neige. Enfin, après une marche pénible, nous eûmes le chagrin de nous retrouver au point où nous étions partis, une heure avant.

Pour comble de malheur, la neige recommença à tomber avec tant de force, que nous ne sûmes plus où nous diriger. Cet état de choses dura jusqu'au moment où notre guide se mit à pleurer, en nous disant qu'il ne savait plus où nous étions.

Nous voulûmes retourner sur nos pas, mais ce fut bien pis, à cause de la neige qui nous tombait en pleine figure; nous n'eûmes rien de mieux à faire que de nous mettre contre un massif de gros sapins, en attendant qu'il plût à Dieu de faire cesser le mauvais temps. Cela dura encore plus d'une demi-heure. Nous commencions à être transis de froid. Picart jurait par moments ; quelquefois il fredonnait :

Ah! tu t'en souviendras, la-ri-ra,
Du départ de Boulogne!

Le juif ne faisait que répéter : « Mon Dieu ! mon Dieu! » Tant qu'à moi, je ne disais rien; mais je faisais des réflexions bien sinistres. Sans ma peau d'ours et le bonnet du rabbin que je portais sous mon schako, je pense que j'aurais succombé de froid.

Lorsque le temps fut devenu meilleur, nous cherchâmes à nous orienter de nouveau, mais à la tempête avait succédé un grand calme, de manière à ne plus savoir distinguer le nord avec le midi. Nous étions tout à fait désorientés. Nous marchions toujours au hasard, et je m'apercevais que nous tournions toujours sur nous-mêmes, revenant continuellement à la même place.

Picart continuait à jurer, mais c'était contre le juif.

Cependant, après avoir marché encore quelque temps, nous vîmes venir à nous quatre individus qui nous conseillèrent de passer la nuit dans la première baraque, qui n'était plus bien loin. Nous continuâmes à marcher, et l'on n'y voyait déjà plus, lorsque nous arrivâmes à cet endroit.

Nous y trouvâmes de la paille et du bois en quantité. Nous allumâmes de suite un bon feu au poêle en terre qui s'y trouvait, et, comme il aurait fallu trop de temps pour faire la soupe, nous nous contentâmes d'un morceau de viande rôtie, et, pour notre sûreté, nous résolûmes de veiller chacun notre tour, toutes les deux heures, avec nos armes chargées à côté de nous.

Je ne saurais dire combien il y avait de temps que je dormais, lorsque je fus réveillé par le bruit que faisait le cheval, causé par les hurlements des loups qui entouraient la baraque. Picart prit une perche, et, ayant attaché, au bout, un gros bouchon de paille et plusieurs morceaux de bois résineux qu'il alluma, il courut sur ces animaux, tenant la perche enflammée d'une main et son sabre de l'autre, de sorte qu'il s'en débarrassa pour le moment. Il rentra un instant après, tout fier de sa victoire. Mais à peine était-il étendu sur sa paille, qu'ils revinrent avec plus de furie. Alors, prenant un gros morceau de bois allumé, il le jeta à une douzaine de pas et commanda au juif de porter beaucoup de bois sec pour entretenir le feu. Après cet exploit, nous n'entendîmes presque plus les hurlements.

Il n'était pas plus de quatre heures, lorsque Picart me réveilla en me surprenant agréablement. Il avait, sans m'en rien dire, fait de la soupe avec du gruau et de la farine qui lui restaient. Il avait fait rôtir ce qu'il appelait du *soigné*, un bon morceau de cheval. Nous mangeâmes l'un et l'autre d'assez bon appétit. Picart avait fait la part du juif. Nous eûmes, aussi, soin de notre cheval : comme il se trouvait plusieurs grands bacs en bois, nous les avions remplis de neige que la chaleur fit fondre. Pour la purifier, nous y avions mis beaucoup de charbon allumé. Elle nous servit de boisson et pour faire la soupe, et aussi pour donner à boire à notre cheval qui n'avait pas bu depuis la veille. Après avoir bien arrangé notre chaussure, je pris un charbon, et, me faisant éclairer par le juif, j'écrivis sur une planche, en grands caractères, l'inscription suivante :

DEUX GRENADIERS DE LA GARDE DE L'EMPEREUR NAPOLÉON, ÉGARÉS DANS CETTE FORÊT, ONT PASSÉ LA NUIT DU 24 AU 25 NOVEMBRE 1812, DANS CETTE CABANE. LA VEILLE, ILS ONT DU L'HOSPITALITÉ A UNE BRAVE FAMILLE POLONAISE.

Et je signai.

A peine avions-nous fait cinquante pas, que notre cheval ne voulut plus marcher. Notre guide nous dit qu'il voyait quelque chose sur le chemin. Il reconnut que c'étaient deux loups assis sur le derrière. Aussitôt Picart lâche son coup de fusil. Les individus disparaissent, et nous continuons. Au bout d'une demi-heure, nous étions sauvés.

La première rencontre que nous fîmes fut le bivac de douze hommes que nous reconnûmes pour des soldats allemands faisant partie de notre armée. Nous nous arrêtâmes près de leur feu, pour leur demander des nouvelles. Ils nous regardèrent sans nous répondre, mais parlèrent ensemble pour se consulter. Ils étaient dans la plus grande des misères. Nous remarquâmes qu'il y en avait trois de morts. Comme notre guide avait rempli ses conditions, nous lui donnâmes ce que nous lui avions promis, et, après lui avoir recommandé de remercier encore de notre part la brave famille polonaise, nous lui dîmes adieu en lui souhaitant un bon voyage. Il disparut à grands pas.

Nous nous disposions à gagner la grand'route, qui n'était éloignée que de dix minutes de marche, lorsque nous fûmes entourés par cinq de ces Allemands qui nous sommèrent de leur laisser notre cheval pour le tuer et dirent que nous en aurions notre part. Deux le prirent par la bride, mais Picart, qui n'entendait pas de cette oreille, leur dit en mauvais allemand que, s'ils ne lâchaient la bride, il leur coupait la figure d'un coup de sabre. Il le tira du fourreau. Les Allemands n'en firent rien. Il le leur dit encore une fois. Pas plus de réponse. Alors il appliqua, aux deux qui tenaient la bride, un vigoureux coup de poing qui leur fit lâcher prise et les étendit sur la neige. Il me donna le cheval à tenir et dit aux deux autres : « Avancez, si vous avez de l'âme! » Mais voyant que plus un ne bougeait, il tira de la marmite, qui était sur le cheval, trois morceaux de viande qu'il leur donna. Aussitôt, ceux qui étaient à terre se relevèrent pour avoir leur part. Comme je voyais qu'ils mouraient de faim, pour les dédommager d'avoir été maltraités, je leur donnai un morceau de plus de trois livres, qui avait été cuit au bivac, devant le lac. Ils se jetèrent dessus comme des affamés. Nous continuâmes à marcher.

Un peu plus loin, nous rencontrâmes encore deux feux presque éteints, autour desquels étaient plusieurs hommes sans vigueur. Deux seulement nous parlèrent; un nous demanda s'il était vrai que l'on allait prendre des cantonnements, et un autre nous cria : « Camarades, allez-vous tuer le cheval? Je ne demande qu'un peu de sang! » A tout cela, nous ne répondîmes pas. Nous étions encore à une portée de fusil de la grand'route, et nous n'apercevions encore aucun mouvement de départ. Lorsque nous fûmes sur le chemin, je dis assez haut à Picart : « Nous sommes sauvés! » Un individu qui se trouvait près de nous, enveloppé dans un manteau à moitié brûlé, répéta, en élevant la voix : « Pas encore! » Il se retira en me regardant et en levant les épaules. Il en savait plus que moi sur ce qui se passait.

Un instant après, nous vîmes un détachement d'environ trente hommes, composé de sapeurs du génie et pontonniers. Je les reconnus pour ceux que nous avions pris à Orcha, où ils étaient en garnison[1]. Ce détachement, commandé par trois officiers, et qui n'était avec nous que depuis quatre jours, n'avait pas souffert. Aussi paraissaient-ils vigoureux. Ils marchaient dans la direction de la Bérézina. Je m'adressai à un officier pour savoir où était le quartier impérial. Il me répondit qu'il était encore en arrière, mais que le mouvement allait commencer et que nous allions, dans un instant, voir la tête de la colonne. Il nous dit aussi de prendre garde à notre cheval; que l'ordre de l'Empereur était de s'emparer de tous ceux que l'on trouverait, pour servir à l'artillerie et à la conduite des blessés. En attendant la colonne, nous le cachâmes à l'entrée du bois.

Je ne saurais dépeindre toutes les peines, les misères et les scènes de désolation que j'ai vues et auxquelles j'ai pris part, ainsi que celles que j'étais condamné à voir et à endurer encore, et qui m'ont laissé d'ineffaçables et terribles souvenirs.

L'Empereur passe devant nous à Pied un Bâton à la Main

C'était le 25 novembre : il pouvait être 7 heures du matin; il ne faisait pas encore grand jour. J'étais dans mes réflexions, lorsque j'aperçus la tête de la colonne. Je la fis remarquer à Picart. Les premiers que nous vîmes paraître étaient des généraux, dont quelques-uns étaient encore à cheval, mais la plus grande partie à pied, ainsi que beaucoup d'autres officiers supérieurs, débris de l'Escadron et du Bataillon sacrés, que l'on avait formés le 22, et qui, au bout de trois jours, n'existaient pour ainsi dire plus. Ceux qui étaient à pied se traînaient péniblement, ayant, presque tous, les pieds gelés et enveloppés de chiffons ou de morceaux de peaux de mouton, et mourant de faim. L'on voyait, après, quelques débris de la cavalerie de la Garde. L'Empereur venait ensuite, à pied et un bâton à la main. Il était enveloppé d'une grande capote doublée de fourrure, ayant sur la tête un bonnet de velours couleur amarante, avec un tour de peau de renard noir.

1. Ce sont les pontonniers et les sapeurs du génie qui nous sauvèrent, car c'est à eux à qui nous devons la construction des ponts sur lesquels nous passâmes la Bérézina. (*Note de l'auteur.*)

Arrivés sur le bord du chemin, Picart et moi, nous regardions passer l'armée.

A sa droite, marchait également à pied le roi Murat; à sa gauche, le prince Eugène, vice-roi d'Italie; ensuite les maréchaux Berthier, prince de Neufchâtel; Ney, Mortier, Lefebvre, ainsi que d'autres maréchaux et généraux dont les corps étaient en partie anéantis.

A peine l'Empereur nous avait-il dépassés, qu'il monta à cheval, ainsi qu'une partie de ceux qui l'accompagnaient; les trois quarts des généraux n'avaient plus de chevaux. Tout cela était suivi de sept à huit cents officiers, sous-officiers, marchant en ordre et portant, dans le plus grand silence, les aigles des régiments auxquels ils avaient appartenu et qui les avaient tant de fois conduits à la victoire. C'étaient les débris de plus de soixante mille hommes. Venait ensuite la Garde impériale à pied, marchant toujours en ordre. Les premiers étaient les chasseurs à pied. Mon pauvre Picart, qui n'avait pas vu l'armée depuis un mois, regardait tout cela sans rien dire, mais ses mouvements convulsifs ne faisaient que trop voir ce qu'il éprouvait. Plusieurs fois, il frappa la crosse de son fusil contre la terre, et de son poing sa poitrine et son front. Je voyais de grosses larmes couler sur ses joues et retomber sur ses moustaches où pendaient des glaçons. Alors, se retournant de mon côté : « En vérité, mon pays, je ne sais pas si je dors ou si je veille. Je pleure d'avoir vu notre Empereur marcher à pied, un bâton à la main, lui si grand, lui qui nous fait si fiers ! » En disant ces paroles, Picart releva la tête et frappa sur son fusil. Il semblait vouloir, par ce mouvement, donner plus d'expression à ses paroles.

Il continua : « Avez-vous remarqué comme il nous a regardés? » Effectivement, en passant, l'Empereur avait tourné la tête de notre côté. Il nous avait regardés comme il regardait toujours les soldats de sa Garde, lorsqu'il les rencontrait marchant isolément, et surtout dans ce moment de malheur, où il semblait, par son regard, vous inspirer de la confiance et du courage. Picart prétendait que l'Empereur l'avait reconnnu, chose bien possible.

Mon vieux camarade, dans la crainte de paraître ridicule, avait ôté son manteau blanc qu'il tenait sous son bras gauche. Il avait aussi, quoique souffrant de la tête, remis son bonnet à poil, ne voulant pas paraître avec celui en peau de mouton que le Polonais lui avait donné. Le pauvre Picart oubliait sa triste position pour ne plus penser qu'à celle de l'Empereur et de ses camarades, qu'il lui tardait de voir.

Enfin parurent les vieux grenadiers. C'était le premier régiment. Picart était du second. Nous ne tardâmes pas à le voir, car la colonne du premier n'était pas longue. Suivant moi, il en manquait au moins la moitié. Lorsqu'il fut devant le bataillon dont il faisait partie, il avança pour joindre sa compagnie.

Aussitôt l'on entendit : « Tiens, l'on dirait Picart! — Oui, répond Picart, c'est moi, mes amis, me voilà et je ne vous quitte plus qu'à la mort! » Aussitôt la compagnie s'empara de lui (pour le cheval, bien entendu). Je l'accompagnai encore quelque temps pour avoir un morceau de l'animal, si on le tuait, mais un cri, partant de la droite de la compagnie, se fit entendre : « Le cheval appartient à la compagnie, puisque l'homme en fait partie! — C'est vrai, dit Picart, que j'appartiens à la compagnie, mais le sergent qui en demande sa part a descendu le cavalier qui le montait. — Alors, dit un sergent qui me connaissait, il en aura ! » Ce sergent faisait les fonctions du sergent-major, mort la veille.

La colonne étant arrêtée, un officier demanda à Picart d'où il venait et comment il se trouvait en avant, vu que ceux qui, comme lui, escortaient le convoi, étaient rentrés depuis trois jours. La halte dura assez longtemps Il conta son affaire, s'interrompant à chaque instant pour demander après plusieurs de ses camarades qu'il ne voyait plus dans les rangs : ils avaient succombé. Il n'osait demander après son camarade de lit, qui était en même temps son pays. A la fin, il le demanda : « Et Rougeau, où est-il? — A Krasnoé, répondit un tambour. — Ah! je comprends! — Oui, continua le tambour ; mort d'un coup de boulet qui lui coupa les deux jambes. Avant de nous quitter, il t'a fait son exécuteur testamentaire ; il m'a chargé de te remettre sa croix, sa montre et un petit sac de cuir renfermant de l'argent et différents objets. En me les remettant, il m'a chargé de te dire que tu les remettes à sa mère, et si, comme lui, tu avais le malheur de ne pas revoir la France, de vouloir bien en charger un autre. »

Aussitôt, devant la compagnie, le tambour, qui se nommait Patrice, tira de son sac tous les objets, en disant à Picart : « Je te les remets, mon vieux, tels que je les ai reçus de sa main ; c'est lui qui les tira de son sac, que nous remîmes ensuite sous sa tête ; il est mort un instant après. — C'est bien, dit Picart, si j'ai le bonheur de retourner en Picardie, je m'acquitterai des dernières volontés de mon camarade. » On recommença à marcher. Je dis adieu à mon vieux camarade, en lui promettant de le revoir, le soir au bivac.

J'attendis, sur le côté du chemin, que notre régiment passât, car l'on m'avait dit qu'il faisait l'arrière-garde.

Après les grenadiers, suivaient plus de trente mille hommes, ayant presque tous les pieds et les mains gelés, en partie sans armes, car ils n'auraient pu en faire usage. Beaucoup marchaient appuyés sur des bâtons. Généraux, colonels, officiers, soldats, cavaliers, fantassins de toutes les nations qui formaient notre armée, marchaient confondus, couverts de manteaux et de pelisses brûlées et trouées, enveloppés dans des morceaux de drap, des peaux de mouton, enfin tout ce que l'on pouvait se procurer pour se préserver du froid. Ils marchaient sans se plaindre, s'apprêtant encore, comme ils le pouvaient, pour la lutte, si l'ennemi s'opposait à notre passage. L'Empereur, au milieu de nous, nous inspirait de la confiance et trouva encore des ressources pour nous tirer de ce mauvais pas. C'était toujours le grand génie et, tout malheureux que l'on était, partout, avec lui, on était sûr de vaincre.

Cette masse d'hommes laissait, en marchant, toujours après elle, des morts et des mourants. Il me fallut attendre plus d'une heure, avant que cette colonne fût passée. Après, il y eut encore une longue traînée des plus misérables qui suivaient machinalement à de grands intervalles. Ceux-là étaient arrivés au dernier degré de la misère, et ne devaient pas même passer la Bérézina dont nous étions si près. J'aperçus, un instant après, le reste de la Jeune Garde, tirailleurs, flanqueurs et quelques voltigeurs qui avaient échappé à Krasnoé, lorsque le régiment, commandé par le colonel Luron, fut, devant nous, écrasé par la mitraille et sabré par les cuirassiers russes. Ces régiments, confondus, marchaient toujours en ordre. Derrière eux suivaient l'artillerie et quelques fourgons. Le reste du grand parc, commandé par le général Nègre, était déjà en avant. Un instant après parut la droite des fusiliers-chasseurs, avec lesquels notre régiment formait une brigade. Le nombre en était encore beaucoup diminué. Notre régiment était encore séparé par de l'artillerie que les chevaux ne savaient plus traîner. Un instant après, j'aperçus la droite marchant sur deux rangs, à droite et à gauche de la route, afin de rejoindre la gauche des fusiliers-chasseurs. L'adjudant-major Roustan, le premier qui m'aperçut, me dit : « Eh bien! pauvre Bourgogne, c'est donc vous! L'on vous croit mort en arrière, et vous voilà vivant en avant! Allons, tant mieux! N'avez-vous pas rencontré, en arrière, des hommes du régiment? » Je lui répondis que, depuis trois jours, je voyageais dans les bois avec un second, pour éviter d'être pris par les Russes. M. Serraris dit au colonel qu'il savait que, depuis le 22, j'étais resté en arrière, étant malade, et que s'il était surpris d'une chose, c'était de me revoir. Enfin arriva la compagnie, et j'avais repris mon rang à la droite, que mes amis ne m'avaient pas encore aperçu [1]. Aussitôt qu'ils surent que j'étais là, ils vinrent auprès de moi me faire des questions auxquelles je n'avais pas la force de répondre, tant j'étais ému en me retrouvant au milieu d'eux, comme si j'eusse été dans ma famille. Ils me disaient qu'ils ne concevaient pas comment j'avais été séparé d'eux, et que cela ne serait pas arrivé, s'ils se fussent aperçus que j'étais malade à ne pouvoir suivre. En jetant un coup d'œil sur la compagnie, je vis qu'elle était encore beaucoup diminuée. Le capitaine manquait; tous les doigts de pieds lui étaient tombés.

1. Ils marchaient tous la tête baissée, les yeux fixés vers la terre, n'y voyaient presque plus, tant la gelée et la fumée du bivac leur avaient abîmé la vue. (*Note de l'auteur.*)

Pour le moment, l'on ne savait pas où il était, quoique marchant avec un mauvais cheval qu'on lui avait procuré.

Deux de mes amis [1], voyant que je marchais avec peine, me prirent sous les bras. Nous rejoignîmes les fusiliers-chasseurs. Je ne me rappelle pas, à aucune époque de ma vie, avoir jamais eu autant envie de dormir, et cependant il fallait suivre. Mes amis me prirent encore sous les bras en me recommandant de dormir, chose que nous fûmes obligés de faire chacun notre tour, car le sommeil s'empara aussi d'eux. Il nous est arrivé plusieurs fois de nous trouver arrêtés et endormis tous les trois. Heureusement que le froid, ce jour-là, avait beaucoup diminué, car le sommeil nous aurait infailliblement conduits à la mort.

Nous arrivâmes, au milieu de la nuit, dans les environs de Borisow. L'Empereur se logea dans un château situé à droite de la route, et toute la Garde bivaqua autour. Le général Roguet, qui nous commandait, s'empara de la serre du château pour y passer la nuit. Mes amis et moi nous nous établîmes derrière. Pendant la nuit, le froid augmenta considérablement. Le lendemain 26, dans la journée, nous allâmes prendre position sur les bords de la Bérézina. L'Empereur était, depuis le matin, à Studianka, petit village situé sur une hauteur et en face.

En arrivant, nous vîmes les braves pontonniers travaillant à la construction des ponts, pour notre passage. Ils avaient passé toute la nuit, travaillant dans l'eau jusqu'aux épaules, au milieu des glaçons, et encouragés par leur général [2]. Ils sacrifiaient leur vie pour sauver l'armée. Un de mes amis m'a assuré avoir vu l'Empereur leur présentant du vin.

A deux heures de l'après-midi, le premier pont fut fait. La construction fut pénible et difficile, car les chevalets s'enfonçaient toujours dans la vase. Aussitôt, le corps du maréchal Oudinot le traversa pour attaquer les Russes qui auraient voulu s'opposer à notre passage. Déjà, avant que le pont fût fini, de la cavalerie du deuxième corps avait passé le fleuve à la nage; chaque cavalier portait en croupe un fantassin. Le second pont, pour l'artillerie et la cavalerie, fut terminé à quatre heures [3].

Un instant après notre arrivée sur le bord de la Bérézina, je m'étais couché, enveloppé dans ma peau d'ours et, aussitôt, je tremblai de la fièvre. Je fus longtemps dans le délire; je croyais être chez mon père, mangeant des pommes de terre et une tartine à la flamande, et buvant de la bière. Je ne sais combien de temps je fus dans cette situation, mais je me

1. C'était avec Grangier et Leboude que nous marchions de la sorte. (*Note de l'auteur.*)

2. Le général Éblé.

3. Ce second pont croula quelque temps après qu'il fut terminé, et au moment où l'artillerie commençait à passer. Il y périt du monde. (*Note de l'auteur.*)

rappelle que mes amis m'apportèrent, dans une gamelle, du bouillon de cheval très chaud que je pris avec plaisir et qui, malgré le froid, me fit transpirer, car, indépendamment de la peau d'ours qui m'enveloppait, mes amis, pendant que je tremblais, m'avaient couvert avec une grande toile cirée qu'ils avaient arrachée d'un dessus de caisson de l'état-major, sans chevaux. Je passai le reste de la journée et de la nuit sans bouger.

Le lendemain 27, j'étais un peu mieux, mais extraordinairement faible. Ce jour-là, l'Empereur passa la Bérézina avec une partie de la Garde et environ mille hommes appartenant au corps du maréchal Ney. C'était une partie du reste de son corps d'armée. Notre régiment resta sur le bord. Je m'entendis appeler par mon nom : je levai la tête et je reconnus M. Péniaux, directeur des postes et des relais de l'Empereur, qui, en voyant le régiment où il savait que j'étais, s'était informé de moi. On lui avait dit que j'étais malade. Il venait, non pour me donner des secours, puisqu'il n'avait rien pour lui-même, mais pour m'encourager. Je le remerciai de l'intérêt qu'il me témoignait, en ajoutant que je pensais que je ne passerais pas la Bérézina, que je ne reverrais plus la France, mais que lui, si, plus heureux que moi, il avait le bonheur de retourner au pays, je le priais de dire à mes parents dans quelle triste situation il m'avait vu. Il m'offrit de l'argent : je le remerciai, car j'avais la valeur de huit cents francs que j'aurais volontiers donnés pour la tartine, les pommes de terre que j'avais cru manger chez moi.

Avant de me quitter, il me montra de la main la maison où l'Empereur avait logé, en me disant qu'il avait joué de malheur, car cette maison était un magasin de farine, mais que les Russes avaient tout emporté, de sorte qu'il n'avait rien à m'offrir. Il me donna une poignée de main, et me quitta pour passer le pont.

Lorsqu'il fut parti, je me rappelai qu'il m'avait parlé de ce magasin de farine. Aussitôt je me lève, et, quoique bien faible, je me traîne de ce côté. Il n'y avait pas longtemps que l'Empereur en était sorti, et déjà l'on y avait enlevé toutes les portes. En y entrant, j'aperçus plusieurs chambres que je parcourus : dans toutes il était facile de voir qu'il y avait eu de la farine. J'entrai dans une où je remarquai que les planches étaient mal jointes ; il y avait plus d'un pouce d'intervalle. Je m'assis et, avec la lame de mon sabre, je fis sortir autant de terre que de farine, que je mettais précieusement dans un mouchoir. Après un travail de plus d'une heure, j'en ramassai peut-être la valeur de deux livres, où se trouvait un huitième de terre, de paille et de petits morceaux de bois. N'importe ! Dans ce moment je n'y fis pas attention. Je sortis heureux et content. Comme je prenais la direction de notre bivac, j'aperçus un feu où plusieurs soldats se chauffaient. Parmi eux était un musicien de notre régiment qui avait, sur son sac, une gamelle de fer-blanc. Je lui fis signe de venir me parler, mais, comme il ne se souciait pas beaucoup de quitter sa place, ne sachant pas pourquoi je l'appelais, je lui montrai mon paquet en lui faisant comprendre qu'il y avait quelque chose dedans. Il se leva, quoique avec peine, et, lorsqu'il fut près de moi, je lui dis, de manière que les autres ne puissent l'entendre, que, s'il voulait me prêter sa gamelle, nous ferions des galettes que nous partagerions. Il consentit de suite à ma proposition. Comme il y avait beaucoup de feux abandonnés, nous en cherchâmes un à l'écart. Je fis ma pâte et quatre galettes; j'en donnai la moitié à mon musicien que je ramenai avec moi au régiment, toujours sur le bord de la Bérézina. En arrivant, je partageai avec ceux qui m'avaient conduit sous les bras et, comme elles étaient encore chaudes, ils les trouvèrent bonnes. Après avoir bu un peu d'eau bourbeuse de la Bérézina, nous nous chauffâmes en attendant l'ordre de passer les ponts.

Auprès de notre feu était un soldat de la compagnie qui se mettait en grande tenue : je lui en demandai la raison. Sans me répondre, il se mit à rire en me regardant. Cet homme était malade; son rire était le rire de la mort, car il succomba pendant la nuit.

Un peu plus loin, c'était un vieux soldat ayant deux chevrons ou, si l'on veut, quinze ans de service. Sa femme était cantinière; ils avaient tout perdu : voitures, chevaux, bagages, ainsi que deux enfants morts dans la neige. Il ne restait plus, à cette pauvre femme, que le désespoir et son mari mourant. Cette malheureuse, jeune encore, était assise sur la neige, tenant sur ses genoux la tête de son mari mourant et sans connaissance. Elle ne pleurait pas, car, chez elle, la douleur était trop grande. Derrière elle et appuyée sur son épaule, était une jeune fille de treize à quatorze ans, belle comme un ange, seule enfant qui leur restait. Cette pauvre enfant pleurait en sanglotant. Ses larmes tombaient et allaient se geler sur la figure froide de son père. Elle avait, pour tout vêtement, une capote de soldat sur une mauvaise robe, et une peau de mouton sur les épaules, pour la préserver du froid[1]. Plus personne du régiment auquel ils appartenaient n'était là pour les consoler. Le régiment n'existait plus. Nous fîmes tout ce qui était possible en pareille circonstance ; je n'ai pu savoir si cette malheureuse famille avait été secourue. De quelque côté que l'on se tournât, c'étaient tableaux semblables.

1. Cette jeune personne était coiffée, ainsi que sa mère, d'un bonnet de peau de mouton d'Astrakan. (*Note de l'auteur.*)

Les voitures et les caissons abandonnés nous fournissaient du bon bois sec pour nous chauffer; aussi, nous en profitâmes.

Le 2e corps d'armée, commandé par le maréchal Oudinot, ainsi que le 9e, commandé par le maréchal Victor, duc de Bellune, et les Polonais par le général Dombrowski, n'avaient pas été à Moscou; ils étaient restés en Lithuanie, dans des cantonnements, mais, depuis quelques jours, ils se battaient contre les Russes, les avaient repoussés et leur avaient pris une quantité considérable de bagages qui nous embarrassaient; mais, en se retirant, les Russes avaient brûlé le pont, le seul qui existait sur la Bérézina, ce qui arrêtait notre marche et nous tenait bloqués au milieu d'un marais, entre deux forêts, tous réunis en masse, Français, Italiens, Espagnols, Portugais, Croates, Allemands, Polonais, Romains, Napolitains, et même des Prussiens.

Les cantiniers, avec leurs femmes et leurs enfants au désespoir, pleuraient. On a remarqué que les hommes avaient plus souffert que les femmes, moralement et physiquement. J'ai vu les femmes supporter avec un courage admirable toutes les peines et les privations auxquelles elles étaient assujetties. Il y en a même qui faisaient honte à certains hommes, qui ne savaient pas supporter l'adversité avec courage et résignation. Bien peu de ces femmes succombèrent, moins celles qui tombèrent dans la Bérézina en passant le pont, ou qui furent étouffées.

Passage de la Bérézina

A l'entrée de la nuit, nous fûmes assez tranquilles. Chacun s'était retiré dans ses bivacs et, chose étonnante, plus personne ne se présentait pour passer le pont; pendant toute la nuit du 27 au 28, il fut libre. Comme nous avions du bon feu, je m'endormis, mais, au milieu de la nuit, la fièvre me reprit, et j'étais encore dans le délire, lorsqu'un coup de canon me réveilla. Il faisait jour. Il pouvait être 7 heures. Je me levai, je pris mes armes, et, sans rien dire ni prévenir personne, je me présentai à la tête du pont et je traversai absolument seul. Je n'y rencontrai personne que des pontonniers qui bivaquaient sur les deux rives pour y remédier, lorsqu'il y arrivait quelque accident.

Lorsque je fus de l'autre côté, j'aperçus, sur ma droite, une grande baraque en planches. C'était là où l'Empereur avait couché et où il était encore. Comme j'avais froid à cause de ma fièvre, je me présentai à un feu où étaient plusieurs officiers occupés à regarder sur une carte, mais je fus si mal reçu, que je dus me retirer. Pendant ce temps, un soldat du régiment, qui m'avait aperçu, vint me dire que le régiment venait de traverser le pont et qu'il était allé se mettre en bataille en seconde ligne, derrière le corps du maréchal Oudinot, qui se battait sur notre gauche. Comme le canon grondait et que les boulets arrivaient jusqu'à l'endroit où j'étais, je me disposai à rejoindre le régiment, me disant qu'il valait mieux mourir d'un coup de boulet que de froid ou de faim : j'avançai dans le bois. Chemin faisant, je rencontrai un caporal de la compagnie qui se traînait avec peine. Nous arrivâmes au régiment en nous tenant par le bras, pour nous soutenir mutuellement. A quelques pas de la compagnie, il y avait un feu : comme il tremblait beaucoup de la fièvre, je le conduisis auprès. A peine y étions-nous qu'un boulet de quatre atteint mon pauvre camarade à la poitrine et l'étend raide mort au milieu de nous. Le boulet n'avait pas traversé, il était resté dans son corps. Lorsque je le vis mort, je ne pus m'empêcher de dire assez haut : « Pauvre Marcelin! Tu es bien heureux! » Au même instant, le bruit courut que le maréchal Oudinot venait d'être blessé.

En voyant tomber cet homme du régiment, le colonel était accouru près du feu et, voyant que j'étais fort malade, il m'ordonna de retourner près de la tête du pont, d'y attendre tous les hommes qui se trouvaient en arrière et de les réunir pour rejoindre le régiment. Lorsque j'y arrivai, le plus grand désordre y régnait déjà. Les hommes qui n'avaient pas voulu profiter de la nuit ou d'une partie de la matinée venaient, depuis qu'ils entendaient le canon, se jeter en foule sur les bords de la Bérézina, afin de traverser les ponts.

J'y étais arrivé, lorsqu'un caporal de la compagnie, nommé Gros-Jean, qui était de Paris et dont je connaissais la famille, vint à moi, tout en pleurant, me demander si je n'avais pas vu son frère. Je lui répondis que non. Alors il me conta que, depuis la bataille de Krasnoé, il ne l'avait pas quitté, à cause qu'il était malade de la fièvre, mais que, ce matin, au moment de passer le pont, par une fatalité dont il ne pouvait se rendre compte, il en avait été séparé ; que, le croyant en avant, il avait été de tous côtés pour le retrouver, le demandant à ses camarades; que, ne le trouvant pas à la position où était le régiment, il allait repasser le pont, et qu'il fallait qu'il le retrouve ou qu'il périsse.

Voulant le détourner d'une résolution aussi funeste, je l'engage à rester près de moi à la tête du pont où, probablement, nous verrions son frère lorsqu'il se présenterait. Mais ce brave garçon se débarrasse de ses armes et de son sac en me disant que, puisque j'avais perdu le mien, il me faisait cadeau du sien, s'il ne revenait pas; que, pour des armes, il n'en manquait pas de l'autre côté. Alors il va pour s'élancer à la tête du pont : je l'arrête; je lui montre les morts et les mourants dont le pont est déjà encombré et qui empêchent les autres de traverser en les attrapant par les jambes, roulant ensemble dans la Bérézina, pour reparaître ensuite au milieu des glaçons, et disparaître aussitôt pour faire place à d'autres. Gros-Jean ne m'entendait pas. Les yeux fixés sur cette scène d'horreur, il croit apercevoir son frère sur le pont, qui se débat au milieu de la foule pour se frayer un chemin. Alors, n'écoutant que son désespoir, il monte sur les cadavres d'hommes et de chevaux qui obstruaient la sortie du pont[1], et s'élance. Les premiers le repoussent, en trouvant un nouvel obstacle à leur passage. Il ne se rebute pas; Gros-Jean était fort et robuste; il est repoussé jusqu'à trois fois. A la fin, il atteint le malheureux qu'il croyait son frère, mais ce n'est pas lui; je voyais tous ses mouvements, je le suivais des yeux. Alors, voyant sa méprise, il n'en est que plus ardent à vouloir atteindre l'autre bord, mais il est renversé sur le dos, sur le bord du pont, et prêt à être précipité en bas. On lui marche sur le ventre, sur la tête; rien ne peut l'abattre. Il retrouve de nouvelles forces et se relève en saisissant par une jambe un cuirassier qui, à son tour, pour se retenir, saisit un autre soldat par un bras; mais le cuirassier, qui avait un manteau sur les épaules, s'embarrasse dedans, chancelle, tombe et roule dans la Bérézina, entraînant avec lui Gros-Jean et celui qui le tenait par le bras. Ils vont grossir le nombre des cadavres qu'il y avait au-dessous, et des deux côtés du pont.

Le cuirassier et l'autre avaient disparu sous les glaçons, mais Gros-Jean, plus heureux, avait saisi un chevalet où il se tenait cramponné et contre lequel se trouvait, en travers, un cheval sur lequel il se mit à genoux. Il implorait le secours de ceux qui ne l'écoutaient pas. Mais des sapeurs du génie et des pontonniers qui avaient fait les ponts, lui jetèrent une corde qu'il eut assez d'adresse pour saisir et de force pour tenir, et se l'attacha autour du corps. Ensuite, de chevalet en chevalet, sur les cadavres qui étaient dans l'eau et sur les glaçons, les pontonniers le retirèrent à l'autre bord. Mais je ne le revis plus; j'ai su, le lendemain, qu'il avait retrouvé son frère à une demi-lieue de là, mais expirant, et que lui-même était dans un

1. A la sortie du pont était un marais, endroit fangeux où beaucoup de chevaux s'enfonçaient, s'abattaient et ne pouvaient plus se relever. Beaucoup d'hommes aussi arrivaient, traînés par la masse jusqu'à la sortie du pont, mais, étouffés au moment où ils n'étaient plus soutenus, ils tombaient, et ceux qui les suivaient marchaient dessus. (*Note de l'auteur.*)

état désespéré. Ainsi périrent ces deux bons frères et un troisième qui était dans le 2e lanciers. A mon retour à Paris, j'ai revu leur famille qui est venue me demander des nouvelles de ses enfants. Je n'ai pu que lui laisser une lueur d'espérance, en lui disant qu'ils étaient prisonniers, mais j'étais certain qu'ils n'existaient plus.

Pendant ce désastre, des grenadiers de la Garde parcouraient les bivacs. Ils étaient accompagnés d'un officier; ils demandaient du bois sec pour chauffer l'Empereur. Chacun s'empressait de donner ce qu'il avait de meilleur; même des hommes mourants levaient encore la tête pour dire : « Prenez pour l'Empereur! »

Il pouvait être dix heures; le second pont, désigné pour la cavalerie et l'artillerie, venait de s'abîmer sous le poids de l'artillerie, au moment où il y avait beaucoup d'hommes dessus, dont une grande partie périt. Alors le désordre redoubla car, tous se jetant sur le premier pont, il n'y avait plus possibilité de se frayer un passage. Hommes, chevaux, voitures, cantiniers avec leurs femmes et leurs enfants, tout était confondu et écrasé, et, malgré les cris du maréchal Lefebvre placé à l'entrée du pont pour maintenir l'ordre autant que possible, il lui fut impossible de rester. Il fut emporté par le torrent et obligé, avec tous ceux qui l'accompagnaient, pour éviter d'être écrasé ou étouffé, de traverser le pont.

Le désordre allait toujours croissant, mais ce fut bien pis lorsque le maréchal Victor fut attaqué par les Russes et que les boulets et les obus commençaient à tomber dans la foule. Pour comble de malheur, la neige recommença avec force, accompagnée d'un vent froid. Le désordre continua toute la journée et toute la nuit et, pendant ce temps, la Bérézina charriait, avec les glaçons, les cadavres d'hommes et de chevaux, et des voitures chargées de blessés qui obstruaient le pont et roulaient en bas. Le désordre devint plus grand encore lorsque, entre huit et neuf heures du soir, le maréchal Victor commença sa retraite. Ce fut sur un mont de cadavres qu'il put, avec sa troupe, traverser le pont. Une arrière-garde faisant partie du 9e corps était encore restée de l'autre côté et ne devait quitter qu'au dernier moment. La nuit du 28 au 29 offrait encore à tous ces malheureux, sur la rive opposée, la possibilité de gagner l'autre bord; mais, engourdis par le froid, ils restèrent à se chauffer avec les voitures que l'on avait abandonnées et brûlées exprès pour les en faire partir.

Je m'étais retiré en arrière avec dix-sept hommes du régiment et un sergent nommé Rossière. Un soldat du régiment le conduisait[1]. Il était devenu,

1. J'ai su, depuis, que le sergent avait eu le bonheur de revenir en France. Comme il avait beaucoup d'argent, il trouva un juif qui le conduisit à Kœnigsberg; mais en France, étant devenu fou, il se brûla la cervelle. (*Note de l'auteur.*)

pour ainsi dire, aveugle, et il avait la fièvre. Par pitié, je lui prêtai ma peau d'ours pour se couvrir, mais il tomba beaucoup de neige pendant la nuit, elle se fondait sur la peau d'ours par suite de la chaleur du grand feu et, par la même raison, se séchait. Le matin, lorsque je fus pour la reprendre, elle était devenue tellement dure, qu'il me fut impossible de m'en servir : je dus l'abandonner. Mais, voulant qu'elle fût encore utile, j'en couvris un homme mourant.

Nous avions passé une mauvaise nuit. Beaucoup d'hommes de la Garde impériale avaient succombé : il pouvait être 7 heures du matin. C'était le 29 novembre. J'allai encore auprès du pont, afin de voir si je rencontrerais des hommes du régiment. Ces malheureux, qui n'avaient pas voulu profiter de la nuit pour se sauver, venaient, depuis qu'il faisait jour, mais trop tard, se jeter en masse sur le pont. Déjà l'on préparait tout ce qu'il fallait pour le brûler. J'en vis plusieurs qui se jetèrent dans la Bérézina, espérant la passer à la nage sur les glaçons, mais aucun ne put aborder. On les voyait dans l'eau jusqu'aux épaules, et là, saisis par le froid, la figure rouge, ils périssaient misérablement. J'aperçus, sur le pont, un cantinier portant un enfant sur sa tête. Sa femme était devant lui, jetant des cris de désespoir. Je ne pus en voir davantage; c'était au-dessus de mes forces. Au moment où je me retirais, une voiture dans laquelle était un officier blessé, tomba en bas du pont avec le cheval qui la conduisait, ainsi que plusieurs hommes qui accompagnaient[1]. Enfin, je me retirai. On mit le feu au pont; c'est alors, dit-on, que des scènes impossibles à peindre se sont passées. Les détails que je viens de raconter ne sont que l'esquisse de l'horrible tableau.

Je venais d'être prévenu que le régiment allait passer; il venait de quitter la position de la veille. Je fis prendre les armes aux hommes, réunis au nombre de 23, sans compter notre armurier. Lorsque le régiment passa, chacun rentra dans sa compagnie.

Nous étions en marche : il pouvait être 9 heures. Nous traversâmes un terrain boisé et coupé par des marais que nous passâmes sur des ponts construits en bois de sapin résineux de deux mille pieds de longueur, que les Russes n'avaient pas eu, heureusement pour nous, le bonheur de brûler. L'on s'arrêta pour attendre ceux qui étaient encore derrière. Il faisait un peu de soleil. Je m'assis sur le sac de Gros-Jean et je m'endormis, mais un officier, M. Favin, s'en étant aperçu, vint me tirer par les oreilles, par les

1. C'est ainsi que périt M. Legrand, frère du docteur Legrand, de Valenciennes. Il avait été blessé a Krasnoé. Il était arrivé jusqu'à la Bérézina. Un instant après la scène que je viens de tracer, et au moment où les Russes tiraient sur le pont, l'on m'a assuré qu'il avait encore reçu une blessure avant d'être précipité, lui et sa voiture. (*Note de l'auteur.*)

cheveux; d'autres me donnaient des coups de pied dans le derrière, sans pouvoir m'éveiller. Enfin il fallut que plusieurs prennent le parti de me lever, car c'en était fait : mon sommeil était celui de la mort et, cependant, j'étais fâché que l'on m'eût réveillé.

Beaucoup d'hommes, que l'on croyait perdus, arrivaient encore des bords de la Bérézina. Il y en avait qui s'embrassaient, se félicitaient, comme si l'on venait de passer le Rhin, dont nous étions encore éloignés de quatre cents lieues! On se croyait tellement sauvés que, revenus à des sentiments moins indifférents, on plaignait, on regrettait ceux qui avaient eu le malheur de rester en arrière. Pour ne plus m'endormir, on me conseilla de marcher un peu en avant. C'est ce que je fis.

UNE GROSSE FEMME SE TENAIT DEBOUT CONTRE LA PORTE DE LA CAVE.

V

Marche sur Wilna

Il n'y avait pas une demi-heure que je marchais en avant du régiment lorsque je rencontrai un sergent des fusiliers-chasseurs que je connaissais. Comme je lui voyais l'air assez content (chose excessivement rare), je lui demandai s'il avait quelque chose à manger : « J'ai, me dit-il, trouvé quelques pommes de terre dans le village où nous sommes. » Alors je levai la tête et m'aperçus que nous étions, effectivement, dans un village. Je ne l'avais pas encore remarqué, marchant toujours absorbé, et la tête baissée.

Au nom de *pommes de terre*, je l'arrêtai pour lui demander dans quelle maison du village il les avait trouvées. Je m'empressai d'y courir, autant que mes jambes me le permettaient, et j'eus le bonheur, après bien des recherches et du mal, de trouver, sous un four, trois petites pommes de terre, un peu plus grosses que des noix, que je fis cuire à moitié dans un feu abandonné et un peu écarté de la route, dans la crainte d'être vu. Lorsqu'elles furent cuites assez, je les mangeai avec un morceau de cheval, mais sans goût, car la fièvre que j'avais depuis plusieurs jours m'avait cassé l'appétit; aussi je jugeais que, si cela devait durer encore quelques jours, j'étais perdu.

Le régiment venant à passer, je repris mon rang, et nous marchâmes jusqu'à Ziembin, où l'Empereur était déjà arrivé avec une partie de la Garde. Nous le vîmes qui regardait du côté de la route de Borizow, sur notre gauche, où l'on disait que les Russes venaient. Quelques cavaliers de la Garde s'étaient portés en avant, mais les Russes ne se montrèrent pas, ce jour-là. L'Empereur alla coucher à Kamen, avec la moitié de la Garde, et nous, les fusiliers-grenadiers et chasseurs, nous couchâmes en arrière de cet endroit.

Le 30, le quartier impérial coucha à Plechnitzié, et nous, nous bivouaquâmes en arrière. Le lendemain, lorsque nous y arrivâmes, nous apprîmes que, le 29, le maréchal Oudinot, qui s'était retiré dans cet endroit après avoir été blessé, le 28, à la Bérézina, avait failli être pris; que les Russes, au nombre de deux mille, avec deux pièces de canon, y étaient entrés, mais que le maréchal, quoique blessé, s'était défendu avec vingt-cinq hommes, tant officiers que soldats, malheureux et blessés, dans une maison où ils s'étaient retranchés; que les Russes, étonnés des dispositions de défense que faisait le maréchal, avec le peu d'hommes qui l'accompagnaient, s'étaient retirés sur une hauteur qui domine l'endroit, et que, de là, ils firent le siège de la maison, jusqu'au moment où de la troupe de la Confédération du Rhin, et une partie de la Garde, arriva avec l'Empereur. Nous remarquâmes la baraque, en passant; elle était percée de plusieurs coups de boulets; mais nous ne pûmes comprendre comment deux mille Cosaques n'avaient pas eu assez de courage pour prendre d'assaut une baraque en bois, où vingt-cinq hommes s'étaient retirés pour se défendre, il est vrai, jusqu'à la mort.

Le lendemain 1er décembre, nous partîmes de grand matin. Après une heure de marche, nous arrivâmes dans un village où les fusiliers-chasseurs avaient couché; ils nous attendaient, afin de partir avec nous. En y arrivant, je m'informai si l'on n'y trouvait rien à acheter : un sergent-major des chasseurs me dit que, chez le juif où il avait logé, se trouvait du genièvre. Je le priai de m'y conduire. Étant dans la maison, j'aperçus le juif avec une longue barbe, et, m'adressant à lui fort poliment en allemand, je lui demandai s'il avait du genièvre à me vendre. Il me répondit d'un ton brusque : « Je n'en ai plus, les Français me l'ont pris! » A cela je n'avais rien à répondre, mais, comme je connaissais cette race d'hommes, je n'ajoutai pas foi aux paroles qu'il me disait, car ce n'était que la crainte de ne pas être payé qui lui faisait dire qu'il n'en avait plus. Tout à coup, une jeune fille de quatorze à quinze ans descendit d'un grand poêle en terre, sur lequel elle était assise, et s'approchant de moi, me dit : « Si tu veux me donner le galon que tu as là, je te donnerai un verre d'eau-de-vie! » Je consentis à ce qu'elle voulait; aussitôt, elle détacha le large galon en argent qui soutenait la carnassière que je portais au côté, d'une valeur de plus de trente francs, et que j'apportais de Moscou. Lorsqu'il fut en sa possession, elle le cacha dans son sein ; ensuite elle le remplaça par une mauvaise corde. Si je l'avais laissée faire, elle m'aurait pris la giberne du docteur que j'avais enlevée au Cosaque; elle s'était aperçue qu'elle était garnie en argent. Un instant après, elle m'apporta un mauvais verre de genièvre que j'avalai avec peine, tant j'avais l'estomac resserré.

La jeune juive me donna encore un petit fromage d'une forme ovale, gros comme un œuf de poule, et qui avait l'odeur de l'anis. Je le mis précieusement dans ma carnassière, et je sortis.

A peine avais-je pris l'air, que le malheureux verre de genièvre, au lieu de descendre dans l'estomac, me monta à la tête. Il fallait passer sur un corps d'arbre qui servait de pont, sur un large et profond fossé rempli de neige. Je le passai en dansant, sans tomber, et je courus jusqu'au milieu du régiment, en faisant la même chose. Je fis mieux, j'allai prendre de mes camarades par les bras, en chantant et en voulant les faire danser. Plusieurs de mes amis, et même des officiers, se réunirent autour de moi, en me demandant ce que j'avais : pour toute réponse je dansais, et je chantais. D'autres me regardaient avec indifférence. Le sergent-major de la compagnie, me conduisant à quelques pas du régiment, me demanda d'où je venais. Je lui dis que j'avais bu la goutte : « Et où? — Viens avec moi! » lui dis-je. Il me suivit, nous passâmes sur l'arbre, en nous tenant par la main. A peine étions-nous de l'autre côté, que je me sentis saisir par un bras : c'était un de mes amis, un Liégeois[1], sergent-major, qui venait savoir ce que j'avais.

Lorsque nous fûmes chez le juif, je leur dis que, s'ils avaient des galons d'or ou d'argent, ils auraient du genièvre : « Si ce n'est que cela, dit le Liégeois, en voilà ! » Il avait un joli bonnet en peau d'Astrakan, dont le tour était garni d'un large galon en or; il le donna. Ce fut encore la jeune juive

1. Leboude. (*Note de l'auteur.*)

qui fit l'affaire, qui le décousit. On nous donna du genièvre; ensuite nous sortîmes, mais à peine étions-nous hors de la maison, que la folie me reprit encore plus fort, ainsi qu'au Liégeois, de sorte que je recommence à danser, et le Liégeois aussi. Le sergent-major regardait en nous engageant de marcher pour rejoindre le régiment. Pour toute réponse, nous le prenons chacun par un bras et nous nous dirigeons du côté du fossé, sur l'arbre qui sert de pont, toujours en dansant. Arrivé là, le Liégeois glisse, tombe, et entraîne le sergent-major ainsi que moi dans le fossé et dans la neige qui recouvrait plus de deux cents cadavres, que l'on y avait jetés depuis deux jours[1]. A cette chute inattendue, le sergent-major jette un cri de terreur et de colère, sans cependant s'être fait mal, ni nous non plus. Ensuite il se met à jurer après nous et le Liégeois à chanter; me prenant par les mains, il voulait me faire danser.

Il fallait sortir, mais nous n'en avions ni la force, ni la possibilité. Partout il se trouvait des glaçons sous la neige, de sorte que, lorsque nous avions dépassé l'endroit où il n'y avait plus de cadavres, il nous était impossible de marcher. En définitive, si une compagnie de Westphaliens n'eût passé dans le moment, nous y serions restés. L'on avança une corde, mais, avec nos mains gelées, nous ne pûmes la tenir. On finit par nous descendre le côté d'une voiture qui nous servit d'échelle; des Westphaliens nous aidèrent à remonter. Cette descente avait rendu le Liégeois et moi un peu plus calmes. Nous rejoignîmes le régiment qui s'était arrêté près d'un bois; on se remit en marche; une lieue plus loin, nous rencontrâmes le prince Eugène, vice-roi d'Italie, marchant à la tête d'un petit nombre d'officiers et de quelques grenadiers de la Garde royale, groupés autour de leurs drapeaux. Ils étaient exténués de fatigue. Ce jour-là, nous fîmes une forte journée; aussi nous laissâmes encore beaucoup d'hommes en arrière, et nous allâmes coucher dans un village abandonné où nous trouvâmes de la paille pour nous coucher. La viande de cheval ne nous manquait pas, mais nous n'avions plus de marmite pour la faire cuire et faire du bouillon qui nous aurait soutenus un peu. Nous fûmes encore réduits, comme les jours précédents, à manger un morceau de viande rôtie, mais nous couchâmes dans des maisons où nous pûmes faire du feu. Pendant la nuit, je fus obligé de sortir plusieurs fois de la maison où j'étais couché, car la chaleur, à laquelle je n'étais plus habitué, m'incommodait.

Le lendemain, nous partîmes de grand matin. C'était le 2 décembre; la

1. Ces cadavres provenaient des malheureux qui, les premiers, avaient passé la Bérézina et qui, ayant continuellement cheminé, s'étaient arrêtés dans le village, où les juifs leur avaient vendu des mauvaises liqueurs, qu'ils n'étaient plus habitués de prendre et qui les avaient fait mourir. (*Note de l'auteur.*)

fièvre me reprit, j'éprouvais de grandes lassitudes dans les cuisses, de sorte qu'au bout d'une heure de marche, je me trouvais encore en arrière du régiment. Quelque temps après, je traversai un petit village où se trouvaient beaucoup de traîneurs, mais je le passai sans m'arrêter. Un peu plus loin, j'en rencontrai plusieurs milliers, arrêtés autour de quelques maisons, occupés à rôtir du cheval. Le général Maison passa, s'arrêta un instant pour engager tout le monde à suivre, si l'on ne voulait pas être pris par la cavalerie russe, qui n'était pas loin; mais la grande partie de ces hommes démoralisés et affamés n'écoutait plus rien. Ils ne voulaient quitter leurs feux qu'après avoir mangé, et beaucoup se préparaient à défendre, contre l'ennemi, le morceau de cheval qu'ils faisaient cuire. Je continuai à marcher. Plus avant, je rencontrai plusieurs soldats de la compagnie, que je priai de ne pas me quitter. Ils me le promirent, en disant qu'ils me suivraient partout, que tout leur était indifférent; ils ne tinrent que trop leur parole.

Le soir, nous arrêtâmes près d'un bois pour y passer la nuit. Déjà beaucoup d'hommes de différents corps y étaient arrêtés, surtout de l'armée d'Italie, et quelques grenadiers du 1er régiment de la Garde, à qui je demandai des nouvelles de Picart. On me répondit qu'on l'avait vu la veille, mais que l'on pensait qu'il avait le cerveau attaqué, qu'il avait l'air d'un fou.

Comme nous nous trouvions près d'un bois de sapins, nous nous décidâmes à y établir notre bivac.

Mon sommeil ne fut pas de longue durée, car un coup de vent emporta l'abri sous lequel j'étais avec mes deux soldats. Nous fûmes alors obligés de nous tenir toujours en mouvement, pour ne pas geler. Enfin le jour parut, nous nous mîmes en marche, en laissant dans le bivac sept hommes, dont trois étaient déjà morts, et quatre sans connaissance, qu'il fallut abandonner.

Il pouvait être huit heures, lorsque nous eûmes rejoint la grand'route, et, après bien des peines, nous arrivâmes, sur les trois heures après midi, à Molodetschno, au milieu d'une cohue d'hommes de tous les corps, surtout de l'armée d'Italie. En arrivant dans le village, où l'Empereur avait couché la veille, nous cherchâmes à nous introduire, pour passer la nuit, dans une grange ou dans une écurie, mais nous étions arrivés trop tard. Nous fûmes obligés de nous établir au milieu d'une maison brûlée, sans toit, et où les trois quarts des places étaient déjà prises, mais nous nous regardâmes encore comme très heureux de pouvoir nous mettre un peu à l'abri d'un froid excessif qui alla toujours en augmentant, jusqu'à notre arrivée à Wilna.

Le 5, il faisait grand jour lorsque nous partîmes. Nous suivîmes machinalement plus de dix mille hommes qui marchaient confusément et sans savoir où ils allaient. Nous traversâmes beaucoup d'endroits marécageux, où nous eussions probablement tous péri, sans les fortes gelées qui consolidaient le mauvais terrain sur lequel nous marchions. Celui qui était obligé de s'arrêter n'était pas en peine de retrouver son chemin, car la quantité d'hommes qui tombaient pour ne plus se relever pouvait servir de guide. Nous arrivâmes, lorsqu'il faisait encore jour, à Brénitza, où l'Empereur avait couché; il en était parti dans la matinée. Nous fûmes plus heureux que le jour précédent: je trouvai un peu de farine à acheter; nous fîmes de la bouillie, mais nous n'eûmes pas le bonheur de trouver une maison sans toit; nous fûmes forcés de coucher dans la rue. Après avoir encore passé cette mauvaise nuit sans dormir, tant il faisait froid, nous partîmes pour nous rendre à Smorgony. En suivant la route, nous la vîmes couverte d'officiers supérieurs des différents corps, ainsi que des nobles débris de l'Escadron et du Bataillon sacrés, couverts de mauvaises fourrures, de manteaux brûlés, même d'autres qui n'en avaient pas la moitié, l'ayant partagé avec un ami, peut-être avec un frère. Une grande partie marchait appuyée sur un bâton de sapin; ils avaient la barbe et les cheveux couverts de glaçons; on en voyait qui, ne pouvant plus marcher, regardaient, parmi les malheureux qui couvraient la route, s'il ne s'en trouvait pas des régiments qu'ils commandaient quinze jours avant, afin d'en obtenir un secours, en leur donnant le bras ou autrement : celui qui n'avait pas la force de marcher était un homme perdu.

Il en était des routes comme des bivacs, ressemblant à un champ de bataille, tant il y avait de cadavres; mais comme, presque toujours, il tombait beaucoup de neige, le tableau était moins sinistre à voir; d'ailleurs on était devenu sans pitié; on était devenu insensible pour soi-même, à plus forte raison pour les autres; l'homme qui tombait et implorait une main secourable n'était pas écouté. C'est de cette manière que nous arrivâmes à Smorgony; c'était le 6.

En entrant dans cette ville, nous apprîmes que l'Empereur en était parti la veille, à dix heures du soir, pour la France, laissant le commandement de l'armée au roi Murat. Beaucoup d'étrangers profitèrent de cette occasion pour jeter de la défaveur sur l'Empereur à propos d'une démarche qui n'était que naturelle, car, après la conspiration de Malet, sa présence devenait nécessaire en France, non seulement pour la partie administrative, mais pour y organiser une nouvelle armée. On voyait, au milieu des groupes d'hommes à demi morts qui arrivaient, d'autres individus qui paraissaient tout à fait étrangers et à part des malheureux, car ils étaient bien vêtus e vigoureux; ils criaient contre la démarche de l'Empereur. Depuis, j'ai toujours pensé que ces hommes étaient des agents de l'Angleterre qui arrivaient au-devant de l'armée pour y prêcher la défection.

Au milieu de cette multitude, je perdis un des hommes qui m'accompagnaient, mais, pressé de trouver un gîte pour passer la nuit, je ne pouvais pas le chercher. Voyant passer un officier badois faisant partie de la garnison de la ville, je le suivis avec l'autre homme qui me restait, pensant bien qu'il avait un logement où nous pourrions peut-être nous introduire. Effectivement, il entra chez un juif où il était logé, et, s'apercevant que nous le suivions, nous en facilita l'entrée. Lorsque nous y fûmes, nous nous installâmes près d'un poêle bien chaud. Il faut avoir été souffrant et malheureux comme nous l'étions, pour apprécier le bonheur d'avoir une habitation chaude, où l'on puisse passer une bonne nuit.

Le 7 au matin, comme nous étions assez bien reposés, nous partîmes de bonne heure. Peu d'hommes étaient sur le chemin. Lorsque nous eûmes fait une lieue, nous nous reposâmes près d'une grange incendiée ; au bout d'une demi-heure, nous vîmes arriver la colonne de la Garde impériale ; les débris de notre régiment étaient là, marchant toujours en ordre autant que possible ; je rentrai dans les rangs. Lorsqu'on fit halte, on me demanda sans intérêt si, depuis quatre jours que l'on ne m'avait vu, j'avais trouvé des vivres. Sur ma réponse que je n'avais rien, on me tourna le dos en jurant et en frappant la terre avec la crosse du fusil.

On se remit en route, et nous arrivâmes très tard à Joupranouï : presque toutes les maisons étaient brûlées, les autres abandonnées, sans toits et sans portes. Nous nous mîmes comme nous pûmes, les uns sur les autres. Le cheval ne manquant pas, j'en fis cuire pour le lendemain.

Le lendemain 8, il faisait grand jour lorsque nous partîmes, mais le froid était tellement rigoureux, que les soldats mettaient le feu aux maisons pour se chauffer. Dans toutes ces maisons, il y avait des malheureux soldats : beaucoup périrent dans les flammes, n'ayant pas la force de se sauver.

Dans le milieu de la journée, nous arrivâmes dans une petite ville dont je ne me rappelle plus le nom. On disait que l'on devait y faire des distributions, mais nous apprîmes que les partisans avaient pillé les magasins avant notre arrivée, et que ceux qui étaient chargés des distributions, ainsi que les commissaires des guerres, s'étaient sauvés.

Nous continuâmes notre route, enjambant sur les morts et les mourants. Lorsque nous fîmes halte près d'un bois où un soldat de la compagnie aperçut un cheval abandonné, nous nous réunîmes à plusieurs pour le tuer et en prendre chacun un morceau, mais comme personne n'avait plus de hache ni de forces pour en couper, nous le tuâmes pour en avoir le sang, que nous recueillîmes dans une marmite enlevée à une cantinière allemande et, comme nous trouvions toujours des feux abandonnés, nous le fîmes cuire en mettant dedans de la poudre pour assaisonnement : mais, à peine était-il à moitié cuit, nous aperçûmes une légion de Cosaques. Nous eûmes, cependant, le temps de le manger tel qu'il était et à pleines mains, de manière que nos figures et nos vêtements étaient barbouillés de sang. Nous étions épouvantables à voir, et nous faisions pitié.

Cette halte, causée par un embarras occasionné par l'artillerie, que des chevaux à demi morts traînaient encore, avait réuni plus de trente mille hommes de toutes armes et de toutes les nations, qui offraient un tableau impossible à décrire. Enfin, nous continuâmes à marcher, et nous arrivâmes dans un grand village, à trois ou quatre lieues de Wilna.

Comme j'allais me disposer à passer la nuit dans une écurie où toute la compagnie était logée, l'on me commanda de garde de police. Je partis avec les hommes que l'on put ramasser et qui vinrent de bon cœur, espérant être mieux, mais l'on me désigna, pour corps de garde, une espèce de baraque qui se trouvait au milieu de la place, sur une élévation, et où le vent vient de tous côtés ; malgré le grand feu que nous avions fait, il nous fut impossible de reposer un seul instant.

Le matin 9, nous partîmes par un froid de vingt-huit degrés[1]. L'espoir d'arriver, dans quelques heures, à Wilna, où nous devions avoir des vivres en abondance, m'avait rendu des forces, ou plutôt, comme beaucoup de mes camarades, je faisais, pour arriver, des efforts surnaturels.

Nous aperçûmes les clochers : je voulus presser le pas afin d'arriver des premiers, mais les vieux chasseurs de la Garde que je rencontrai m'en empêchèrent. Ils marchaient en colonne et sur deux rangs, de manière à barrer la route, afin que personne ne passât sans marcher en ordre. On voyait des vieux guerriers ayant des glaçons qui leur pendaient à la barbe et aux moustaches, comprimant leurs souffrances pour marcher en ordre, mais cet ordre que l'on voulait maintenir fut impossible. On se jeta en confusion dans le faubourg : en y entrant, j'aperçus, à la porte d'une maison, un de mes amis, vélite et officier aux grenadiers, étendu mort ; les grenadiers étaient arrivés une heure avant nous. Beaucoup d'autres tombèrent, en arrivant, d'épuisement et de froid ; le faubourg était déjà parsemé de cadavres. On désigna une maison pour notre bataillon et, quoique déjà il s'y trouvait des Badois qui faisaient partie de la garnison, le logement ne fut pas trop petit. Il est vrai qu'un instant après, ils évacuèrent la maison, tant ils avaient peur d'être dévorés par nous.

On nous fit une distribution de viande de bœuf : nous ne fûmes pas assez raisonnables de la réunir pour en faire une soupe. On tombait dessus comme des affamés que nous étions, chacun la fit cuire ou chauffer comme il put, quelques-uns la mangèrent crue.

1. Beaucoup ont affirmé 30 ou 32 degrés. (*Note de l'auteur.*)

Il pouvait être midi lorsque nous arrivâmes. Une heure après, j'entrais en ville afin de voir si je ne trouverais pas de pain et d'eau-de-vie à acheter. Mais, presque partout, les portes étaient fermées ; les habitants, quoique nos amis, avaient été épouvantés en voyant cinquante à soixante mille dévorants, comme nous étions, dont une partie avait l'air fou et imbécile ; et d'autres, comme des enragés, couraient en frappant à toutes les portes et aux magasins, où l'on ne voulait rien leur donner ni distribuer, parce que les fournisseurs voulaient que tout se fît en ordre, chose impossible, puisque l'ordre n'existait plus.

Comme je voyais qu'il n'était pas possible de se procurer ce dont j'avais besoin, je me décidais à revenir au faubourg, lorsque je m'entendis appeler par mon nom ; je me retourne et, à ma grande surprise, j'aperçois Picart qui me saute au cou et m'embrasse en pleurant de plaisir. Depuis le passage de la Bérézina, deux fois il avait rencontré le régiment, mais on lui avait assuré que j'étais mort ou prisonnier. Il me dit qu'il avait de la farine et qu'il allait la partager avec moi ; que, pour de l'eau-de-vie, il me conduirait chez son juif, où il se faisait fort de m'en avoir, et probablement du pain. Je le priai de m'y conduire en attendant que l'on distribuât des vivres dont j'avais la certitude que l'on aurait, puisque les magasins étaient remplis.

Je n'oublierai jamais le singulier effet que produisit sur moi la vue d'une maison habitée : il me semblait qu'il y avait des années que je n'en avais vu. Picart me fit prendre un peu d'eau-de-vie, que j'eus bien de la peine à avaler : ensuite, j'en achetai une bouteille pour vingt francs, que je mis précieusement dans ma carnassière. Mais, pour du pain, il fallait attendre jusqu'au soir ; il y avait cinquante jours que je n'en avais mangé ; il me semblait que j'aurais oublié toutes mes misères, si j'en avais eu.

Le juif me conta que les premiers qui étaient arrivés le matin avaient tout dévoré ; il nous conseilla de ne pas sortir de chez lui, d'attendre et d'y coucher, qu'il se chargeait de nous procurer tout ce dont nous aurions besoin, et d'empêcher que d'autres n'entrent chez lui. D'après son avis, je me décidai à me reposer sur un banc contre le poêle.

Je demandai à Picart comment il se faisait qu'il était si bien avec cette famille juive, car je voyais qu'on le traitait comme un enfant de la maison. Il me répondit qu'il s'était fait passer pour le fils d'une juive ; qu'il avait, pendant les quinze jours que nous étions restés dans cette ville, au mois de juillet, toujours été avec eux à la synagogue, parce qu'à la suite de cela, il y avait toujours quelques coups de *schnapps* à boire, et des noisettes à croquer.

Il y avait longtemps que je n'avais ri, mais je ne pus m'empêcher d'éclater, au point que le sang ruissela de mes lèvres.

Une Alerte

Picart allait continuer à me conter ces fariboles, quand, tout à coup, nous entendons le bruit du canon et nous voyons arriver notre hôte : il avait l'air tout effaré, ne sachant plus parler. Il finit par nous dire qu'il venait de voir des soldats bavarois suivis par des Cosaques, justement par la porte où nous étions arrivés.

Effectivement, la garnison de la ville battait la générale. A ce bruit, Picart saisit ses armes et, s'avançant près de moi qui n'étais pas très disposé à bouger : « Allons, mon pays! me dit-il en me frappant sur l'épaule, nous sommes de la Garde impériale, il faut être les premiers à courir aux armes! Ensuite, il ne faut pas souffrir que ces sauvages viennent manger le pain qu'on nous a promis pour ce soir! Si vous avez la force, suivez-moi, et allons nous réunir à ceux qui vont charger cette canaille, chose qui ne sera pas difficile! »

Je suivis Picart. Quelques hommes couraient pour se réunir sans savoir où, mais un plus grand nombre se retirait du côté opposé où l'on devait se battre, et un plus grand nombre encore, insouciants de tout, ne faisaient pas attention à ce qui se passait.

Lorsque nous fûmes près de la porte qui conduisait au faubourg, nous rencontrâmes un détachement de grenadiers et chasseurs de la Garde. Picart me quitta pour prendre son rang parmi les siens, et comme, à la gauche, il s'en trouvait quelques-uns de chez nous et une vingtaine d'officiers qui avaient des fusils, je les suivis en marchant comme eux, sans savoir qui nous commandait et où nous allions. L'on gravit la montagne sans ordre, chacun comme il put; plusieurs tombèrent et restèrent en arrière. Nous étions arrivés aux deux tiers de la montagne, que je m'étonnais d'avoir pu aller jusque-là, lorsque je tombai à mon tour et, quoique aidé par un paysan lithuanien, j'eus bien de la peine à me relever. Je priai ce brave homme de ne pas m'abandonner, et, pour l'engager à rester avec moi, je lui donnai environ la valeur de quatre francs en monnaie russe, et un verre d'eau-de-vie, dans le petit vase que je possédais encore. Mon paysan fut tellement content qu'il m'aurait, si j'avais voulu, porté sur son dos. Nous continuâmes à marcher dans un endroit parsemé d'hommes et de chevaux morts qui, le matin, avaient, comme l'on dit, péri au port. Beaucoup d'armes se trouvaient à terre; mon paysan ramassa une carabine et des cartouches en me disant qu'il voulait se battre contre les Russes.

Après bien du mal, nous arrivâmes sur le haut de la montagne où les Prussiens étaient déjà en bataille. Deux cents hommes, dont les trois quarts étaient de la Garde, se trouvaient en face d'ennemis qui consistaient en cavalerie dont une partie était en éclaireurs, et, comme les Bavarois avaient, en battant en retraite, laissé quelques hommes sur le haut de la montagne, avec deux pièces de canon, deux coups chargés à mitraille suffirent pour les faire disparaître. Comme la position n'était pas tenable, à cause du froid, nous fîmes demi-tour pour revenir en ville, où le désordre était à son comble. La terreur s'était emparée de la garnison, composée presque entièrement d'étrangers; les uns se mettaient en disposition de quitter la ville, en chargeant des voitures, des traîneaux, des chevaux. En même temps, l'on entendait crier : « Qui a vu mon chèval? Où est ma voiture? Arrêtez donc celui qui se sauve avec mon traîneau! » Ce désordre était particulièrement causé par les bandes de voleurs qui s'étaient organisées au commencement de la retraite, dont j'ai signalé plus haut l'existence, et qui, voyant une bonne occasion, en profitaient pour enlever voitures, chevaux et traîneaux chargés de vivres, d'or et d'argent.

En passant dans le faubourg, je ne voulus pas entrer dans la maison où s'étaient logés les débris de notre bataillon; je voulais entrer en ville pour deux choses, d'abord pour du pain dont j'étais certain d'avoir avec Picart, et aussi pour que l'on puisse dire que je venais de faire partie de la petite expédition qui venait de chasser les Russes. Mais nous n'étions pas encore sur la place que l'on rompit les rangs, et chacun s'en alla, persuadé que nous ne serions pas longtemps tranquilles. Je courus à la droite pour retrouver Picart, mais, à ma grande surprise, l'on me dit qu'il avait pris la première à gauche avec dix autres grenadiers et chasseurs commandés par un officier, pour être de garde chez le roi Murat, qui venait de quitter la ville pour aller se loger dans le faubourg, sur la route de Kowno.

Je pris le parti de le chercher au logement du roi Murat. Chemin faisant, je passai devant la maison où était logé le maréchal Ney : devant la porte, plusieurs grenadiers de la ligne, de garde, se chauffaient à un bon feu qui me donna une envie de m'approcher pour y prendre part. Voyant comme j'étais malheureux, ils s'empressèrent de me faire place. Plusieurs étaient vigoureux et bien habillés.

Comme je leur en témoignais ma surprise, ils me dirent qu'ils n'avaient pas été jusqu'à Moscou; qu'ayant été blessés au siège de Smolensk, on les avait évacués sur Wilna, où ils étaient restés jusqu'à présent; qu'ils étaient guéris et prêts à se battre. Je leur demandai s'ils ne pouvaient me procurer du pain. Ils me dirent, comme le juif, que, si je voulais revenir le soir, ou rester avec eux, ils étaient certains que j'en aurais, mais, comme il fallait que je retourne au faubourg où était le bataillon, je promis à ces grenadiers que je reviendrais le soir, et que chaque pain de munition leur serait payé cinq francs. Avant de les quitter, ils me contèrent qu'un instant avant que je n'arrive près d'eux, un peu après que les Russes s'étaient montrés près de la ville, un général allemand était venu chez le Maréchal, en lui conseillant de partir, s'il ne voulait pas être surpris par les Russes ; mais le Maréchal lui avait répondu, en lui montrant une centaine de grenadiers qui se chauffaient dans la cour, qu'avec cela il se moquait de tous les Cosaques de la Russie, et qu'il coucherait dans la ville.

Je retournai au faubourg; en entrant dans la maison où nous étions logés, je trouvai tous mes camarades couchés sur le plancher; l'on avait fait du bon feu, il faisait chaud; j'étais plus que fatigué, je fis comme eux : je me couchai.

Il pouvait être deux heures du matin lorsque je m'éveillai et, comme j'avais manqué le rendez-vous donné aux grenadiers de la garde du Maréchal, j'annonçai à mes camarades que j'allais entrer en ville pour y chercher du pain. Plusieurs tâchèrent de se lever pour venir avec moi, mais ne le purent. Un seulement, Bailly, sergent vélite, se leva, et les autres nous chargèrent de leurs billets, comptant d'en avoir cinquante francs. Nous les avions reçus, à Moscou, pour cent, qui était leur valeur : cent roubles.

Jusqu'à la porte de la ville, nous ne rencontrâmes personne. Arrivés à la porte, nous ne vîmes personne pour la garder, pas une sentinelle : les Russes pouvaient y entrer aussi facilement que nous. Lorsque nous fûmes en face de la première maison sur notre gauche, j'aperçus de la lumière par le soupirail de la cave et, me baissant, je vis que c'était une boulangerie, et que l'on venait d'y cuire du pain. Depuis que nous nous étions approchés de la maison, l'odeur nous en montait fortement au nez. Mon camarade frappa : aussitôt l'on vint demander ce que nous voulions. Nous répondîmes : « Ouvrez, nous sommes des généraux ! » De suite l'on ouvrit, et nous entrâmes. On nous fit passer dans une grande chambre où nous vîmes beaucoup d'officiers supérieurs étendus à terre. On ne s'inquiéta pas de savoir si nous étions ce que nous nous étions annoncés, car depuis longtemps, l'on avait peine à reconnaître un officier supérieur d'avec un soldat.

Une grosse femme se tenait debout contre la porte de la cave; nous lui demandâmes si elle avait du pain à nous vendre. Elle nous répondit que non, qu'il n'y en avait pas de cuit, et, en même temps, elle nous offrit de descendre dans la cave, qui était la boulangerie, afin de nous en assurer. Un officier, qui était couché sur une botte de paille et enveloppé dans une grande pelisse, se leva et descendit avec nous. Nous vîmes deux garçons boulangers qui dormaient. Nous regardâmes de tous côtés, nous ne vîmes rien, et nous commencions à croire que cette femme ne nous avait pas trompés, quand, tout à coup, en me baissant, j'aperçus, sous le pétrin, un grand panier que je tirai à moi. A notre grande surprise, nous vîmes qu'il contenait sept grands pains blancs, de trois à quatre livres, aussi beaux que ceux qu'on fait à Paris. Quel bonheur! Quelle trouvaille pour des hommes qui n'en avaient pas mangé depuis cinquante jours! Je commençai par m'emparer de deux, que je mis sous mes bras et sous mon collet, mon camarade en fit autant, et l'officier prit les trois autres : cet officier était Fouché, grenadier vélite, alors adjudant-major dans un régiment de la Jeune Garde, actuellement maréchal de camp. Nous sortîmes de la cave : la femme était encore debout à la porte; nous lui dîmes que nous reviendrions le matin, lorsqu'il y aurait du pain de cuit. Pour être débarrassée de nous, ne s'apercevant pas de ce que nous emportions, elle nous ouvrit la porte, et nous fûmes dans la rue[1].

Une fois libres, laissant tomber nos fusils dans la neige, nous nous mîmes à mordre dans nos pains comme des voraces, mais, comme j'avais les lèvres toutes fendues, je ne pouvais ouvrir la bouche pour mordre comme je l'aurais voulu.

Affaires d'Argent

Dans ce moment, nous aperçûmes deux individus qui nous demandèrent si nous n'avions rien à vendre ou à changer : nous reconnûmes des juifs. Je commençai par leur dire que nous avions des billets de banque russes, qu'ils étaient de cent roubles, et combien ils voulaient en donner : « Cinquante ! » nous dit le premier en allemand. « Cinquante-cinq ! » dit l'autre. « Soixante ! » reprend le premier. Enfin il finit par nous en offrir soixante-dix-sept, et je mis encore pour condition qu'il nous payerait du café au lait. Il y consentit. Le second vint derrière moi, en me disant : « Quatre-vingts ! » Mais le marché était arrêté et, comme on nous avait promis du

1. Depuis ce temps, j'ai revu M. le général Fouché, et lui rappelant cet épisode de Wilna, il me dit qu'après notre sortie de la maison, il manqua d'être assassiné par ceux qui étaient dans la même maison et par les personnes de la maison qui voulaient lui faire payer celui que nous avions emporté. (*Note de l'auteur.*)

café au lait, nous n'aurions pas voulu, pour vingt francs de plus au billet, faire marché avec d'autres.

Le juif avec qui nous venions de faire affaire nous conduisit chez un banquier, car lui n'était qu'un agent d'affaires. Le banquier était aussi juif. Lorsque nous y fûmes, on nous demanda nos billets; nous en avions neuf. Pour mon compte, j'en avais trois. Après les avoir donnés, on les regarda minutieusement, comme les juifs regardent. Ensuite, ils passèrent dans une autre chambre, et nous, en attendant, nous nous assîmes sur un banc où nous pûmes, provisoirement, caresser notre pain. Le juif qui nous avait conduits était resté avec nous, mais, un instant après, on le fit passer dans une chambre où était le banquier. Alors nous pensâmes que c'était pour nous remettre notre argent, et nous attendîmes tranquillement.

L'envie que nous avions de boire du café nous fit perdre patience; nous appelâmes le patron, mais personne ne parut. L'idée que l'on voulait nous voler me vint de suite; j'en fis part à mon camarade, qui pensa comme moi. Alors, pour mieux se faire entendre, il donna un grand coup de crosse de fusil contre une espèce de comptoir. Comme personne ne paraissait encore, il redoubla contre une cloison en planches de sapin qui faisait séparation avec la chambre où étaient nos fripons. Nous les vîmes qui avaient l'air de se concerter. Ayant demandé notre argent, on nous dit d'attendre; mais mon camarade chargea son arme en présence de toute la bande, et moi je sautai au cou de celui qui nous avait conduits, en lui demandant nos billets. Lorsqu'ils virent que nous étions déterminés à faire quelque scène qui n'aurait pas tourné à leur avantage, ils s'empressèrent de nous compter notre argent dont les deux tiers en or. Prenant celui qui nous avait conduits, nous le fîmes sortir avec nous; lorsque nous fûmes dans la rue, il protesta que tout ce qui venait de se passer n'était pas de sa faute. Nous voulûmes bien le croire, en considération du café qu'il nous avait promis. Il nous conduisit chez lui, où il tint parole.

Lorsque nous eûmes mangé, mon camarade voulut retourner au faubourg, mais tant qu'à moi, me trouvant trop fatigué et même malade, je me décidai d'attendre le jour où j'étais, et, comme il s'y trouvait deux cavaliers bavarois, je me crus en sûreté; j'avais mis mon argent dans ma ceinture et mon pain dans mon sac. Je me couchai sur un canapé : il pouvait être 4 heures du matin.

Il n'y avait pas une demi-heure que je reposais, lorsque des coliques insupportables me prirent; je fus forcé de me lever; après, suivirent des maux de cœur, et je rendis tout ce que j'avais dans le corps; ensuite j'eus un dérangement qui ne me donna pas un moment de repos, de sorte que je pensais que le juif m'avait empoisonné. Je me crus perdu, car j'étais tellement faible, que je ne pus prendre la bouteille à l'eau-de-vie que j'avais dans mon sac. Je priai un des cavaliers bavarois de m'en donner à boire. Après en avoir pris un peu, je me trouvai mieux; alors je me remis sur le canapé, où je m'assoupis. Je ne sais combien de temps je restai dans cette position, mais, lorsque je m'éveillai, je trouvai que l'on m'avait enlevé mon pain dans mon sac. Il ne m'en restait plus qu'un morceau, que j'avais mis dans ma carnassière, avec ma bouteille d'eau-de-vie qui, fort heureusement, était pendue à mon côté. Mon bonnet de rabbin, que je mettais sous mon schako, avait aussi disparu, ainsi que les cavaliers bavarois. Ce n'était pas cela qui m'inquiétait le plus, mais bien ma position, qui était véritablement critique : indépendamment de mon dérangement de corps, mon pied droit était gelé et ma plaie s'était ouverte. La première phalange du doigt du milieu de la main droite était prête à tomber; la journée de la veille, avec le froid de vingt-huit degrés, avait tellement envenimé mon pied, qu'il me fut impossible de remettre ma botte. Je me vis forcé de l'envelopper de chiffons, après l'avoir graissé avec la pommade que l'on m'avait donnée chez le Polonais, et, par-dessus tout, une peau de mouton que j'attachai avec des cordes. J'en fis autant à la main droite.

Je me disposais à sortir, lorsque le juif m'engagea à rester. Il me dit qu'il y avait du riz à me vendre : je lui en achetai une portion, pensant que cela me serait bon pour arrêter le mal. Je le priai de me procurer un vase pour le faire cuire; il alla me chercher un petite bouilloire en cuivre rouge que j'attachai sur mon sac avec ma botte; ensuite je sortis de la maison, après lui avoir donné dix francs.

DEUX SERGENTS DE LIGNE VENAIENT DE TUER UNE VACHE.

VI

Marche sur Kowno

Nous n'étions encore qu'à un quart de lieue de Kowno, quand nous aperçûmes les Cosaques à notre gauche, sur les hauteurs et dans la plaine, à notre droite. Cependant ils n'osaient se hasarder de venir à notre portée. Après avoir marché quelque temps, je rencontrai le cheval d'un officier du train d'artillerie, tombé et abandonné. Il avait, sur le dos, une schabraque en peau de mouton : c'était précisément ce qu'il fallait pour couvrir mes pauvres oreilles, car il m'eût été impossible d'aller bien loin sans m'exposer à les perdre. J'avais, dans ma carnassière, des ciseaux provenant de la trousse du docteur, trouvée sur le Cosaque que j'avais tué le 23 novembre. Je voulus me mettre à l'ouvrage pour en couper et faire ce que nous appelions des *oreillères*, afin de remplacer le bonnet de rabbin, mais ayant la main droite gelée et l'autre fortement engourdie, je ne pus parvenir à mon but. Déjà je me désespérais, lorsqu'un second arriva, plus fort et plus vigoureux que moi; il était de la garnison de Wilna. Il coupa avec un couteau la sangle qui retenait la schabraque, ensuite il m'en donna la moitié. En attendant que je pusse l'arranger convenablement, je la mis sur la tête et continuai à marcher.

Deux coups de canon se firent entendre, ensuite la fusillade : c'était le maréchal Ney qui sortait de la ville en faisant l'arrière-garde, et qui était aux prises avec les Russes. Ceux qui ne pouvaient plus combattre doublèrent le pas autant qu'il leur était possible; je voulus faire comme eux, mais mon pied gelé et ma mauvaise chaussure m'en empêchaient, puis les coliques qui me prenaient à chaque instant et qui me forçaient de m'arrêter, faisaient que je me trouvais toujours des derniers J'entendis derrière moi un bruit confus : je fus heurté par plusieurs soldats de la Confédération du Rhin qui fuyaient. Je tombai de tout mon long dans la neige et, aussitôt, d'autres me passèrent sur le corps. Ce fut avec beaucoup de peine que je me relevai, car j'étais abîmé de douleurs, mais comme j'étais habitué aux souffrances, je ne dis rien. J'aperçus, pas loin de moi, l'arrière-garde; je me crus perdu si, malheureusement, elle venait à me dépasser, mais le contraire arriva, car le maréchal la fit arrêter sur une petite éminence, afin de donner le temps à d'autres hommes que l'on apercevait, de sortir encore de la ville pour nous rejoindre. Le maréchal avait avec lui, pour contenir l'ennemi, environ trois cents hommes.

J'aperçus devant moi un individu que je reconnus, à sa capote, pour être un homme du régiment. Il marchait fortement courbé, en paraissant accablé sous le poids d'un fardeau qu'il portait sur son sac et sur ses épaules. Faisant un effort pour me rapprocher de lui, je fus à même de voir que le fardeau était un chien et que l'homme était un vieux sergent du régiment nommé Daubenton[1]; le chien qu'il portait était le chien du régiment, que je ne reconnaissais pas.

Je lui témoignai ma surprise de le voir chargé d'un chien, puisque lui-même avait de la peine à se traîner, et, sans lui donner le temps de me répondre, je lui demandai si c'était pour le manger; que, dans ce cas, le cheval était préférable : « Hélas! non, me répondit-il, j'aimerais mieux manger du Cosaque; tu ne reconnais donc pas Mouton, qui a les pattes

1. Le sergent Daubenton était un vieux brave qui avait fait les campagnes d'Italie. (*Note de l'auteur.*)

gelées et qui ne peut plus marcher? — C'est vrai, lui dis-je, mais qu'en veux-tu faire? » Tout en marchant, Mouton, à qui j'avais passé la main droite emmaillotée sur le dos, leva la tête pour me regarder et sembla me reconnaître. Daubenton m'assura que, depuis sept heures du matin, et même avant, les Russes étaient dans les premières maisons du faubourg où nous avions logé; que tout ce qui restait de la Garde en était parti à six, et qu'il était certain que plus de douze mille hommes de l'armée, officiers et soldats, qui ne pouvaient plus marcher, étaient restés au pouvoir de l'ennemi. Pour lui, il avait failli subir le même sort par dévouement pour son chien; il voyait bien qu'il serait obligé de l'abandonner sur la route, dans la neige : la veille du jour où nous étions arrivés à Wilna, par vingt-huit degrés, il avait eu les pattes gelées et, ce matin, voyant qu'il ne pouvait plus marcher, il avait résolu de l'abandonner sans qu'il s'en aperçoive; mais ce pauvre Mouton se doutait qu'il voulait partir sans lui, car il se mit tellement à hurler qu'à la fin il se décida à le laisser suivre. Mais à peine avait-il fait dix pas dans la rue, il s'aperçut que son malheureux chien tombait à chaque instant sur le nez : alors il se l'était fait attacher sur les épaules et sur son sac, et c'était de cette manière qu'il avait rejoint le maréchal Ney, qui faisait l'arrière-garde avec une poignée d'hommes.

Tout en marchant, nous nous trouvâmes arrêtés par un caisson renversé qui barrait une partie du chemin : il était ouvert, il contenait des sacs de toile, mais vides. Ce caisson était probablement parti de Wilna la veille, ou le matin, et avait été pillé en route, car il avait été chargé de biscuits et de farine. Je proposai à Daubenton de nous arrêter un instant, car une forte colique venait de me prendre; il y consentit volontiers, d'autant plus qu'il voulait décidément se débarrasser de Mouton d'une manière ou d'une autre.

A peine nous disposions-nous à nous mettre à notre aise, que nous aperçûmes, derrière un ravin, un peloton d'une trentaine de jeunes Hessois qui avaient fait partie de la garnison de Wilna et en étaient partis depuis le point du jour. Ils attendaient le maréchal Ney. Ils étaient à trente pas de nous et en avant sur la droite de la route. Au même instant, nous vîmes, sur notre gauche, un autre peloton de cavaliers, au nombre de vingt, environ; un officier les commandait. De suite nous les reconnûmes pour des Russes; c'étaient des cuirassiers à cuirasses noires sur habits blancs; ils étaient accompagnés de plusieurs Cosaques épars çà et là ; ils marchaient de manière à couper la retraite aux Hessois, ainsi qu'à nous et à une infinité d'autres malheureux qui venaient de les apercevoir et qui rétrogradaient pour rejoindre l'arrière-garde en criant: « Gare aux Cosaques ! »

Les Hessois, commandés par deux officiers, et qui, probablement, avaient aperçu les Russes avant nous, s'étaient mis en mesure de se défendre. Pour leur faire face, ils firent une demi conversion à gauche, en conservant pour point d'appui la petite butte qui les couvrait derrière.

Dans ce moment, nous vîmes un grenadier de la ligne, bien portant et bien décidé, passer près de nous et aller en courant prendre rang parmi les Hessois. Nous nous disposions à faire de même, mais, pour le moment, ma position ne me le permettait pas. D'un autre côté, Daubenton, que Mouton embarrassait, voulait, avant tout, le mettre dans le caisson, mais nous n'en eûmes pas le temps, car les cavaliers vinrent au galop du côté des Hessois : là, ils s'arrêtèrent en leur signifiant de mettre bas les armes. Un coup de fusil fut la réponse ; c'était celui du grenadier français, qui fut, en même temps, suivi d'une décharge générale des Hessois.

A cette détonation, nous pensions voir tomber la moitié des cavaliers, mais, chose étonnante, pas un ne tomba, et l'officier, qui était en avant et qui aurait dû être pulvérisé, ne parut rien avoir. Son cheval fit seulement un saut de côté. Se remettant aussitôt et se tournant vers les siens, ils fondirent sur les Hessois et, en moins de deux minutes, ils furent culbutés et sabrés. Plusieurs se sauvèrent ; alors les cavaliers se mirent à les poursuivre.

Mouton, le Chien du Régiment

Au même instant, Daubenton, voulant se débarrasser de Mouton, me cria de l'aider, mais trois cavaliers passèrent auprès de lui, à la poursuite des Hessois. Aussitôt, pour être plus à même de se défendre, il voulut se retirer sous le caisson où j'étais dans une triste position, souffrant de coliques et de froid, mais il n'en eut pas le temps, car un des trois cavaliers venait de faire un demi-tour et de le charger. Il fut assez heureux pour le voir à temps et se mettre en défense, mais non aussi avantageusement qu'il l'aurait voulu, car Mouton, qui aboyait comme un bon chien après le cavalier, le gênait dans ses mouvements. S'il n'avait pas été attaché aux courroies de son sac, il aurait pu s'en décharger par ce que nous appelions *un coup sac*, mais, pour le faire, il aurait fallu qu'il se débarrassât de son sac auquel il était attaché, et le cavalier, qui tournait autour de lui, ne lui en laissait pas la facilité. Pendant ce temps, quoique mourant de froid, je m'étais rajusté un peu et j'avais arrangé ma main droite de manière à pouvoir m'en servir pour faire usage de mon arme le mieux possible, n'ayant pour ainsi dire plus la force de me soutenir.

Le cavalier tournait toujours autour de Daubenton, mais à une certaine distance, craignant le coup de fusil. Voyant que pas un de nous n'en faisait usage, il pensa peut-être que nous étions sans poudre, car il avança sur Daubenton et lui allongea un coup de sabre que celui-ci para avec le canon de son fusil. Aussitôt, il passa sur la droite et lui en porta un second coup sur l'épaule gauche, qui atteignit Mouton à la tête. Le pauvre chien changea de ton: il n'aboyait plus, il hurlait d'une manière à fendre le cœur. Quoique blessé et ayant les pattes gelées, il sauta en bas du dos de son maître pour courir après le cavalier, mais comme il était attaché à la courroie du sac, il fit tomber son porteur sur le côté. Je crus Daubenton perdu.

Je me traînai sur mes genoux, environ deux pas en avant, et j'ajustai mon cavalier; mais l'amorce de mon fusil ne brûla pas; alors le cavalier, jetant un cri sauvage, s'élance sur moi..., mais j'avais eu le temps de rentrer sous le caisson, qui était renversé sur le côté gauche, en lui présentant la baïonnette.

Voyant qu'il ne pouvait rien contre moi, il retourna sur Daubenton qui n'avait pu encore se relever à cause de Mouton, qui le tirait de côté en hurlant et aboyant après le cavalier. Daubenton s'était traîné contre les brancards du caisson, de sorte que son adversaire ne pouvait plus, avec son cheval, l'approcher autant. Il s'était placé en face, le sabre levé, comme pour le fendre en deux, et ayant l'air de se moquer de lui.

Daubenton, quoiqu'à demi mort de froid et de misère, et malgré sa figure maigre, pâle et noircie par le feu des bivouacs, paraissait encore plein d'énergie, mais d'un aspect étrange et en même temps comique, à cause du diable de chien qui le tirait toujours de côté en aboyant. Ses yeux étaient brillants, sa bouche écumait de rage en se voyant à la merci d'un adversaire qui, dans toute autre circonstance, n'aurait pas osé tenir une minute devant lui. Pour apaiser la soif qui le dévore, je le vois prendre plein la main de neige, la porter à sa bouche et, aussitôt, ressaisir son arme en la faisant résonner comme à l'exercice: c'est lui qui, à son tour, menace son ennemi.

Aux cris et aux gestes du cavalier, il était facile de voir qu'il n'était pas en sang-froid et, comme l'eau-de-vie ne leur manquait pas, ils paraissaient en avoir bu beaucoup; on les voyait passer et repasser, en jetant des cris, auprès de quelques hommes qui n'avaient pu se replier du côté où devait venir l'arrière-garde, les jeter dans la neige et les fouler aux pieds de leurs chevaux, car presque tous étaient sans armes, blessés ou ayant les pieds et les mains gelés. D'autres, plus valides, ainsi que quelques Hessois échappés à la première charge, s'étaient mis dans des positions à pouvoir un instant leur résister, mais cela ne pouvait se prolonger, il fallait du secours ou succomber.

Le cavalier auquel mon vieux camarade avait affaire venait de passer à gauche, toujours le sabre levé, lorsque Daubenton me cria d'une voix forte : « N'aie pas peur, ne bouge pas, je vais en finir! » A peine avait-il dit ces paroles que son coup de fusil partit; il fut plus heureux que moi. Le cuirassier est atteint d'une balle qui lui entre sous l'aisselle droite et va ressortir du côté gauche. Il jette un cri sauvage, fait un mouvement convulsif et, au même instant, son sabre retombe en même temps que le bras qui le tenait. Ensuite, jetant des flots de sang par la bouche, il pencha le corps en avant sur la tête de son cheval qui n'avait pas bougé, et resta dans cette position, comme mort.

Le Maréchal Ney à la Rescousse

A peine Daubenton s'était-il délivré de son adversaire et débarrassé de Mouton pour s'emparer du cheval, que nous entendîmes, derrière nous, un grand bruit, ensuite des cris : « En avant! A la baïonnette! » Aussitôt, je sors de mon caisson, je regarde du côté d'où viennent les cris, et j'aperçois le maréchal Ney, un fusil à la main, qui accourait à la tête d'une partie de l'arrière-garde.

Les Russes, en le voyant, se mettent à fuir dans toutes les directions ; ceux qui se jettent à droite, du côté de la plaine, trouvent un large fossé rempli de glace et de neige qui les empêche de traverser; plusieurs s'y enfoncent avec leurs chevaux, d'autres restent au milieu de la route, ne sachant plus où aller. L'arrière-garde s'empara de plusieurs chevaux et fit marcher les cavaliers à pied au milieu d'eux pour, ensuite, les abandonner, car que pouvait-on en faire? On ne pouvait déjà pas se conduire soi-même!

Je n'oublierai jamais l'air imposant qu'avait le Maréchal dans cette circonstance, son attitude menaçante en regardant l'ennemi, et la confiance qu'il inspirait aux malheureux malades et blessés qui l'entouraient. Il était, dans ce moment, tel que l'on dépeint les héros de l'antiquité. L'on peut dire qu'il fut, dans les derniers jours de cette désastreuse retraite, le sauveur des débris de l'armée.

Tout ce que je viens de dire se passa en moins de dix minutes. Daubenton se débarrassait de Mouton, pour s'emparer du cheval de celui qu'il venait de mettre hors de combat, lorsqu'un individu, sortant de derrière un massif de petits sapins, s'avance, fait tomber le cuirassier, saisit la monture par la bride, et s'éloigne. Daubenton lui crie : « Arrêtez, coquin! C'est mon cheval! C'est moi qui ai descendu le cavalier! » Mais l'autre, que je venais de reconnaître pour le grenadier qui, le premier, avait tiré sur les Russes, se sauve avec le cheval, au milieu de la cohue d'hommes qui se pressent d'avancer. Alors Daubenton me crie: « Garde Mouton! Je cours après le cheval; il faut qu'il me le rendre ou il aura affaire à moi! » Il n'avait pas achevé le dernier mot, que plus de 4000 traîneurs de toutes les nations arrivent comme un torrent, me séparant de lui et de Mouton, que je n'ai plus jamais revu. Ces hommes, que le Maréchal faisait marcher devant lui, étaient, après moi, sortis de Wilna.

Puisque l'occasion s'est présentée de parler du chien du régiment, il faut que je fasse sa biographie:

Mouton était avec nous depuis 1808; nous l'avions trouvé en Espagne, près de Benavente, sur le bord d'une rivière dont les Anglais avaient coupé le pont. Il était venu avec nous en Allemagne; en 1809, il avait assisté aux batailles d'Essling et de Wagram, ensuite il était encore retourné en Espagne en 1810 et 1811. C'est de là qu'il partit avec le régiment, pour faire la campagne de Russie, mais, en Saxe, il fut perdu ou volé, car Mouton était un beau caniche : dix jours après notre arrivée à Moscou, nous fûmes on ne peut plus surpris de le revoir; un détachement composé de quinze hommes, parti de Paris quelques jours après notre départ, pour rejoindre le régiment, étant passé dans l'endroit où il était disparu, le chien avait reconnu l'uniforme du régiment et suivi le détachement.

En marchant au milieu d'hommes, de femmes et même de quelques enfants, je regardais toujours si je ne voyais pas Daubenton, dont je regrettais d'être séparé; mais en arrière, je n'aperçus que le maréchal Ney avec son arrière-garde, qui prenait position sur la petite butte où les Hessois avaient été attaqués.

Après cette échauffourée, je fus encore forcé de m'arrêter, tant je souffrais de mes coliques. Devant moi, je voyais la montagne de Ponari, depuis le pied jusqu'au sommet. La route, située aux trois quarts du versant gauche, se dessinait par la quantité de caissons portant plus de sept millions d'or et d'argent, ainsi que d'autres bagages, dans des voitures conduites par des chevaux dont les forces étaient épuisées, de sorte que l'on se voyait forcé de les abandonner.

Un quart d'heure après, j'arrivai au pied de la montagne où on avait bivouaqué pendant la nuit; l'on y voyait encore l'emplacement de feux, dont une partie encore allumée, et autour desquels plusieurs hommes se chauffaient pour se reposer avant de la monter. C'est là que j'appris que les voitures, parties la veille, à minuit, du faubourg de Wilna, et arrivées à un défilé, n'avaient pu aller plus avant. Un des premiers caissons s'étant ouvert en se renversant, l'argent en avait été pris par ceux qui étaient près de là. Les autres voitures furent obligées d'arrêter depuis le haut jusqu'au bas. Beaucoup de chevaux s'étaient abattus pour ne plus se relever.

Pendant que l'on me contait cela, on entendait la fusillade de l'arrière-garde du maréchal Ney et, sur notre gauche, on apercevait les Cosaques que la vue du butin attirait, mais qui n'avançaient qu'avec circonspection, attendant que l'arrière-garde fût passée, afin de moissonner sans danger.

Je me remis à marcher, mais, au lieu de prendre la route où étaient les caissons, je tournai la montagne par la droite, où plusieurs voitures avaient essayé de passer, mais presque toutes avaient été renversées dans le fossé, au bord du chemin que l'on voulait se frayer. Il y avait un caisson dans lequel il restait encore beaucoup de portemanteaux. J'aurais bien voulu en attraper un, mais, dans l'état de faiblesse où j'étais, je n'osais pas risquer cette entreprise, dans la crainte de ne pouvoir plus remonter le fossé, si je descendais dedans. Heureusement, un infirmier de la garnison de Wilna, voyant mon embarras, fut assez complaisant pour y descendre, et m'en jeta un dans lequel je trouvai quatre belles chemises de toile fine dont j'avais le plus besoin, et une culotte courte de drap de coton : c'était le portemanteau d'un commissaire des guerres, l'adresse me l'indiquait.

Content d'avoir trouvé du linge, moi qui n'avais pas, depuis le 5 novembre, changé de chemise, dont les pauvres lambeaux étaient remplis de vermine, je mis le tout dans mon sac.

Un peu plus loin, je ramassai un carton dans lequel il y avait deux superbes chapeaux à claque. Comme c'était fort léger, je le mis sous mon bras, je ne sais en vérité pourquoi, probablement pour changer contre autre chose, si l'occasion s'en présentait.

Le chemin que je suivais tournait à gauche, à travers les broussailles, pour, de là, rejoindre la grand'route. Ce chemin avait été tracé par les premiers hommes qui, à la pointe du jour, avaient franchi la montagne. Après une demi-heure de marche pénible, j'entendis une forte fusillade accompagnée de grands cris qui partaient du côté de la route où étaient les caissons; c'était le maréchal Ney qui, voyant que l'on ne pouvait sauver le trésor, le faisait distribuer aux soldats, et, en même temps, faisait faire, contre les Cosaques, une distribution de coups de fusil pour les empêcher d'avancer.

De mon côté, sur la droite, je les voyais qui avançaient insensiblement, car il n'y avait, pour les arrêter, que quelques hommes comme moi, dispersés çà et là sur la montagne, et qui cherchaient à gagner la route. Tout à coup, je fus forcé de m'arrêter, je n'avais plus de jambes ; je bus un bon coup de mon eau-de-vie et j'avançai ; j'arrivai sur un point de la montagne qui n'était pas éloigné de la route, et, comme je regardais la direction que je devais prendre, la neige croula sous moi et je m'enfonçai à plus de cinq pieds de profondeur. J'en avais jusqu'aux yeux ; je faillis étouffer, et c'est avec bien de la peine que je m'en tirai, tout transi de froid.

Partage du Trésor de l'Armée

Un peu plus loin, j'aperçus une baraque et, comme je voyais qu'il y avait du monde, je m'y arrêtai : c'était une vingtaine de militaires, presque tous de la Garde, ayant tous des sacs de pièces de cinq francs.

Plusieurs, en me voyant, se mirent à crier : « Qui veut cent francs pour une pièce de vingt francs en or? » Mais, comme il ne se trouvait pas de changeurs, ils étaient très embarrassés, et finissaient par en offrir à ceux qui n'en avaient pas. Dans le moment, je tenais plus à mon existence qu'à l'argent : je refusai, car j'avais environ huit cents francs en or, et plus de cent francs en pièces de cinq francs.

Je restai dans cette baraque le temps d'arranger la peau de mouton sur ma tête, afin de préserver mes oreilles du froid, mais je ne pus changer de chemise, le temps pressant. Je sortis en suivant des musiciens chargés d'argent, mais qui, dans cette position, ne pouvaient aller bien loin.

Les coups de fusil, qui n'avaient pas cessé de se faire entendre, s'approchaient, de sorte que nous fûmes obligés de doubler le pas. Ceux qui étaient chargés d'argent ne pouvant le faire facilement, diminuaient leur charge en secouant leurs sacs pour en faire tomber les pièces de cinq francs, en disant qu'il aurait mieux valu les laisser dans les caissons, d'autant plus qu'il y avait de l'or à prendre, mais qu'ils n'avaient pas eu le temps d'enfoncer les caisses ; que, cependant, il y en avait beaucoup qui avaient des sacs de doubles napoléons.

Un peu plus en avant, j'en vis encore plusieurs venant de la direction où étaient les caissons, portant dans leurs mains des sacs d'argent : étant sans force et ayant les doigts gelés ou engourdis, ils appelaient ceux qui n'en avaient pas pour leur en donner une partie, mais il est arrivé que celui qui en avait porté une partie du chemin et qui voulait en donner à d'autres, n'en avait plus; il est même certain que, plus avant, des hommes qui n'en avaient pas ont forcé ceux qui en portaient à partager avec eux, et que le pauvre diable qui le portait depuis longtemps se voyait arracher son sac et était très heureux si, en voulant défendre ce qu'il avait, il se relevait, car il était toujours le moins fort.

J'avais gagné la route, et, comme je n'avais pas très froid, je m'arrêtai pour me reposer. Je voyais arriver d'autres hommes encore chargés d'argent, et qui, par moments, s'arrêtaient pour tirer des coups de fusil aux Cosaques. Plus haut, l'arrière-garde était arrêtée pour laisser encore passer quelques hommes, ainsi que plusieurs traîneaux portant des blessés, et sur lesquels on avait mis, autant que l'on avait pu, des barils d'argent. Cela n'empêchait pas que des hommes, attirés par l'appât du butin, étaient encore restés en arrière, et, le soir, étant au bivouac, l'on m'assura que beaucoup avaient puisé dans les caissons, avec les Cosaques.

Je continuai à marcher péniblement.

Une heure après, j'aperçus des feux. C'étaient des chasseurs à pied. Je m'approchai comme un suppliant. On me dit, sans me regarder : « Faites comme nous, allez chercher du bois et faites du feu ! » Je m'attendais à cette réponse; c'était toujours ce que l'on répondait à ceux qui se trouvaient isolés. Ils étaient six, leur feu n'était pas brillant; ils n'avaient pas non plus d'abri pour se garantir du vent et de la neige, s'il venait à en tomber.

Je restai longtemps debout derrière, portant quelquefois le corps en avant, ainsi que les mains, pour sentir un peu de chaleur. A la fin, accablé de sommeil, je pensai à ma bouteille d'eau-de-vie. Je l'offris, on l'accepta, et j'eus une place. Nous vidâmes la bouteille à la ronde, et, lorsque nous eûmes fini, je m'endormis assis sur mon sac, la tête dans mes deux mains. Je dormis peut-être deux heures, souvent interrompu par le froid et par les douleurs. Lorsque je m'éveillai, je profitai du peu de feu qu'il y avait encore, pour faire cuire un peu de riz dans la bouilloire que le juif m'avait vendue. Je commençai par prendre de la neige autour de moi, je la fis fondre et j'y mis du riz qui finit par cuire à demi. Comme je ne pouvais pas bien le prendre avec la cuiller, et qu'un chasseur, à ma droite, mangeait avec moi, je le renversai sur le cul de mon schako qui était creux : c'est de cette manière que nous le mangeâmes. Ensuite, reprenant ma position première, et comme le froid, cette nuit-là, n'était pas très rigoureux, je me rendormis.

11 décembre. — Lorsque je me réveillai, il n'était pas près encore d'être jour. Après avoir arrangé mon pied, je me levai pour me remettre en marche, car il fallait bien, si je ne voulais pas m'exposer à mourir de misère comme tant d'autres, rejoindre mes camarades. Je marchai seul jusqu'au jour, m'arrêtant quelquefois à un feu abandonné, où je trouvais des hommes morts ou mourants. Lorsqu'il fit jour, je rencontrai quelques soldats du régiment, qui me dirent qu'ils avaient couché avec l'État-major.

Un peu plus loin, j'appris que le régiment, si toutefois l'on pouvait encore l'appeler de ce nom, devait aller coucher à Zismorg ; pour y arriver, il me restait encore cinq lieues à faire. Je résolus, quand je devrais me traîner sur les genoux, de les faire ; mais que de peine il m'en coûta ! Je tombais d'épuisement sur la neige, croyant ne plus me relever ; heureusement, le froid avait beaucoup diminué. Après des efforts surnaturels, j'entrai dans le village ; il était temps, car j'avais fait tout ce qu'un homme peut faire pour échapper aux griffes de la mort.

La première chose que j'aperçus, en entrant, fut un grand feu à droite, contre le pignon d'une maison brûlée. Ne pouvant aller plus loin, je m'y traînai, mais quelle ne fut pas ma surprise en reconnaissant mes camarades ! Lorsque je fus près d'eux, je tombai presque sans connaissance.

Grangier me reconnut, s'empressa, avec d'autres de mes amis, de me secourir ; l'on me coucha sur de la paille : c'était la quatrième fois que nous en trouvions depuis que nous étions partis de Moscou. M. Serraris, lieutenant de la compagnie, qui avait de l'eau-de-vie, m'en fit prendre un peu ; ensuite l'on me donna du bouillon de cheval que je trouvai bon, car, cette fois, il était salé avec du sel, tandis que, jusqu'alors, nous mangions tout salé avec la poudre.

Nous sommes Empoisonnés

Mes coliques me reprirent plus fort que jamais ; j'appelai Grangier, je lui dis que je pensais que j'étais empoisonné. Aussitôt il fit fondre de la neige dans la petite bouilloire, pour me faire du thé qu'il apportait de Moscou ; j'en bus beaucoup ; ça me fit du bien.

Bailly, avec lequel j'avais été changer les billets de banque à Wilna, et pris du café chez le juif, était aussi fortement indisposé que moi ; lorsque je lui eus dit comme j'avais été malade après avoir pris le café, il ne douta plus qu'on ait voulu nous empoisonner, ou, au moins, nous mettre dans un état à pouvoir nous dévaliser.

Couché sur de la paille et près d'un grand feu, je m'arrangeais de mon mieux, quand, tout à coup, je ressentis, dans les jambes et dans les cuisses, des douleurs tellement violentes que, pendant une partie de la nuit, je ne fis qu'un cri. Aussi j'entendais dire : « Demain, il ne pourra pas partir ! » Je le pensais aussi ; je me disposai à faire, comme beaucoup avaient déjà fait, mon testament. J'appelai mon intime ami Grangier ; je lui dis que je voyais bien que tout était fini. Je le priai de se charger de quelques petits objets pour remettre à ma famille, si, plus heureux que moi, il avait le bonheur de revoir la France. Ces objets étaient : une montre, une croix en or et en argent, un petit vase en porcelaine de Chine. Ces deux derniers objets, je les possède encore. Je voulais aussi me défaire de tout l'argent que j'avais, à la réserve de quelques pièces d'or que je voulais cacher dans la peau de mouton qui m'enveloppait le pied, espérant que les Russes, en me prenant, n'iraient pas chercher dans les chiffons.

Grangier, qui m'avait écouté sans m'interrompre, me demanda si j'avais la fièvre ou si je rêvais : je lui répondis que tant qu'à la fièvre, effectivement je l'avais, mais que je n'étais pas dans le délire. Il se mit à me faire de la morale, en me rappelant mon courage dans des situations plus terribles que celle où nous nous trouvions : « Oui, lui dis-je, mais alors j'avais plus de force qu'à présent ! » Il m'assura que j'en avais dit autant au passage de la Bérézina, où j'étais pour le moins aussi malade et que, cependant, depuis, j'avais fait quatre-vingts lieues ; que, pour quinze qu'il restait pour arriver à Kowno, et que l'on ferait en deux jours, il n'y avait pas de doute qu'avec le secours de mes amis, je pourrais fort bien les faire ; que, demain, l'on ne faisait que quatre lieues : « Ainsi, me dit-il, tâche de te reposer, mais, avant tout, renferme les objets, je prendrai seulement ta bouilloire, que je porterai. — Et moi, dit un autre, cette seconde giberne (la giberne du docteur) qui doit te gêner ! »

Quand le moment du départ arriva, je ne pensais plus à rester, mais il me fut impossible de marcher seul ; Grangier et Leboude me soutinrent sous les bras. Au bout d'une demi-heure de marche, j'étais beaucoup mieux, mais il fallut, pendant toute la route, le secours d'un bras, et souvent de deux. De cette manière, nous arrivâmes de bonne heure au petit village où nous devions coucher ; il s'y trouvait fort peu d'habitations, et, quoique nous fussions arrivés des premiers, nous fûmes obligés de coucher dans une cour. Le hasard nous procura beaucoup de paille ; nous nous en servions pour nous couvrir, mais comme le malheur nous poursuivait toujours, le feu prit à la paille. Chacun se sauva comme il put; plusieurs eurent leur capote brûlée. Un fourrier de Vélites, nommé de Couchère, fut plus malheureux que les autres: le feu prit à sa giberne, dans laquelle il y avait des cartouches; il eut toute la figure brûlée, et, tant qu'à moi, sans le secours des camarades, j'aurais peut-être rôti, vu l'impossibilité de me mouvoir, si l'on ne m'avait pris par les épaules et par les jambes, et traîné contre la baraque où était logé le général Roguet avec d'autres officiers supérieurs qui se sauvèrent en voyant les flammes, pensant que c'était l'habitation qui brûlait.

La journée de marche que nous devions faire pour arriver à Kowno était au moins de dix lieues; aussi le général Roguet nous fit partir avant le jour.

Il était tombé des grains de pluie grêlée qui formaient, sur la route, une glace à nous empêcher de marcher. Si je n'avais pas eu, comme la veille, le secours de mes amis, j'aurais probablement, comme beaucoup d'autres, terminé mon grand voyage le dernier jour où nous sortions de la Russie.

A peine le jour commençait-il à paraître, que nous arrivâmes au pied d'une montagne qui n'était qu'une glace : que de peine nous eûmes pour la franchir! Il fallut se mettre par groupes serrés fortement les uns contre les autres, afin de se soutenir mutuellement. J'ai pu remarquer que, dans cette marche, l'on était plus disposé à se secourir les uns les autres. C'est probablement parce que l'on pensait pouvoir arriver au terme de son voyage. Je me souviens que, lorsqu'un homme tombait, l'on entendait les cris : « Arrêtez! Il y a un homme de tombé! » J'ai vu un sergent-major de notre bataillon s'écrier : « Arrêtez donc! Je jure que l'on n'ira pas plus avant, tant que l'on n'aura pas relevé et ramené les deux hommes que l'on a laissés derrière! » C'est par sa fermeté qu'ils furent sauvés.

Arrivés au haut de la montagne, il faisait assez jour pour y voir, mais la pente était tellement rapide et la glace si luisante, que l'on n'osait se hasarder. Le général Roguet, quelques officiers et plusieurs sapeurs qui marchaient les premiers, étaient tombés. Quelques-uns se relevèrent, et ceux qui étaient assez forts pour se conduire se laissèrent aller sur le derrière, se gouvernant avec les mains; d'autres, moins forts, se laissèrent aller à la grâce de Dieu. C'est dire qu'ils roulèrent comme des tonneaux. Je fus du nombre de ces derniers, et je serais probablement allé me jeter dans un ravin et me perdre dans la neige, sans Grangier qui, plein de courage et encore fort, se portait toujours devant moi en reculant et s'arrêtant dans la direction où je devais m'arrêter en roulant. Alors il enfonçait la baïonnette de son fusil dans la glace, pour se tenir, et lorsque j'étais arrivé, il s'éloignait encore en glissant et faisait de même. J'arrivai en bas meurtri, abîmé, et la main gauche ensanglantée.

Le général avait fait faire halte pour s'assurer si tout le moude était arrivé et comme, la veille, on s'était assuré du nombre d'hommes présents, on vit avec plaisir qu'il ne manquait personne. Le grand jour était venu : alors on s'aperçut avec surprise que l'on aurait pu éviter cette montagne en la tournant par la droite, où il n'y avait que de la neige. Ceux des autres qui marchaient après nous arrivaient de ce côté sans accident. Cette traversée m'avait fatigué, à ne pouvoir marcher que fort lentement et, comme je ne voulais pas abuser de la complaisance de mes amis, je les priai de suivre la colonne. Cependant un soldat de la compagnie resta avec moi : c'était un Piémontais, il se nommait Faloppa; il y avait plusieurs jours que je ne l'avais vu.

Ceux qui ont toujours été assez heureux pour conserver leur santé, n'avoir pas les pieds gelés et marcher toujours à la tête de la colonne, n'ont pas vu les désastres comme ceux qui, comme moi, étaient malades ou estropiés, car les premiers ne voyaient que ceux qui tombaient autour d'eux, tandis que les derniers passaient sur la longue traînée des morts et des mourants que tous les corps laissaient après eux. Ils avaient encore le désavantage d'être talonnés par l'ennemi.

Depuis une demi-heure, nous n'avions pas perdu la colonne de vue, preuve que nous avions assez bien marché. Il est vrai de dire que le chemin se trouvait meilleur, mais, un instant après, il devint raboteux et aussi glissant que le matin. Le froid était très vif, et déjà nous avions rencontré quelques individus qui se mouraient sur la route, quoique vêtus d'épaisses fourrures. Il faut dire aussi que l'épuisement y était pour quelque chose. Faloppa tomba plusieurs fois, et je pense que, si je n'avais pas été avec lui pour l'aider à se relever, il serait resté sur la route.

Le chemin devint meilleur : nous pouvions apercevoir la longue traînée de la colonne qui marchait devant nous. Nous redoublâmes d'efforts pour la rejoindre, mais ne pûmes y parvenir. Nous trouvâmes, sur notre passage, un hameau de cinq à six maisons dont la moitié étaient en feu ; nous nous y arrêtâmes. Autour étaient plusieurs hommes dont une partie semblait ne pouvoir aller plus avant, et plusieurs chevaux tombés mourants, qui se débattaient sur la neige. Faloppa se dépêcha de couper un morceau à la cuisse de l'un d'eux, que nous fîmes cuire au bout de nos sabres, au feu de l'incendie des maisons.

Pendant que nous étions occupés à cette besogne, plusieurs coups de canon se firent entendre dans la direction d'où nous venions. Regardant aussitôt de ce côté, j'aperçus une masse de plus de dix mille traîneurs de toutes armes, en désordre sur toute la largeur de la route. Derrière eux marchait l'arrière-garde. Depuis, j'ai pensé que le maréchal Ney faisait quelquefois tirer le canon afin de faire croire à tous ces malheureux que les Russes étaient près de nous et, par ce moyen, leur faire accélérer le pas, pour, le même jour, gagner Kowno. C'était une partie des débris de la Grande Armée.

Notre viande n'était pas encore à moitié cuite, que nous jugeâmes prudent de décamper au plus vite pour ne pas être entraînés par ce nouveau torrent.

Nous avions encore six lieues à faire pour arriver à Kowno, et déjà nous étions exténués de fatigue; il pouvait être onze heures; Faloppa me disait : « Mon sergent, nous n'arriverons jamais aujourd'hui; le *ruban de queue* est trop long[1]. Nous ne pourrons jamais sortir de ce pays du diable, c'est fini; je ne verrai plus ma belle Italie! » Pauvre garçon, il disait vrai!

Il y avait bien une heure que nous marchions, depuis la dernière fois que nous nous étions reposés, lorsque nous rencontrâmes plusieurs groupes d'hommes de quarante, de cinquante, plus ou moins, composés d'officiers, de sous-officiers et de quelques soldats, portant au milieu d'eux l'aigle de leur régiment. Ces hommes, tout malheureux qu'ils étaient, paraissaient fiers d'avoir pu, jusqu'alors, conserver et garder ce dépôt sacré. L'on voyait qu'ils évitaient de se mêler, en marchant, aux grandes masses qui couvraient la route, car ils n'auraient pu aller ensemble et en ordre.

Nous marchâmes tant que nous pûmes, avec ces petits détachements; nous faisions tout ce que nous pouvions pour les suivre, mais le canon et la fusillade venant de nouveau à se faire entendre, ils s'arrêtèrent au commandement d'un personnage dont on n'aurait jamais pu dire, aux guenilles qui le couvraient, ce qu'il pouvait être; je n'oublierai jamais le ton de son commandement : « Allons, enfants de la France, encore une fois halte! Il ne faut pas qu'il soit dit que nous ayons doublé le pas au bruit du canon! Face en arrière! » Et, aussitôt, ils se mirent en ordre sans parler et se tournèrent du côté d'où venait le bruit. Tant qu'à nous, qui n'avions pas de drapeau à défendre, puisqu'il était à plus d'une lieue devant, nous continuâmes à nous traîner. Nous fûmes bien heureux, ce jour-là, que le froid n'était pas rigoureux, car plus de dix fois nous tombâmes sur la neige, de lassitude, et certainement, s'il avait gelé comme le jour précédent, nous y serions restés.

Après avoir marché, pendant un certain temps, au milieu d'hommes isolés comme nous, nous aperçûmes, devant nous, une ligne mouvante; nous reconnûmes que c'était une colonne paraissant fort serrée, qui, par moments, marchait, ensuite s'arrêtait pour se mouvoir encore. Nous pûmes reconnaître qu'en cet endroit se trouvait un défilé. La route se trouve

1. *Ruban de queue*, expression du troupier pour désigner une longue route. (*Note de l'auteur.*)

resserrée, à droite, sur une longueur de 5 à 600 mètres, par un monticule dans lequel elle a été coupée, et, à gauche, par un fleuve très large que je pense être le Niémen. Là, les hommes, forcés de se réunir en attendant que quelques caissons qui venaient de Wilna aient pu passer, se pressaient, se poussaient en désordre : c'était à qui passerait le premier. Beaucoup descendaient sur le fleuve couvert de glace pour gagner la droite de la colonne ou la fin du défilé. Plusieurs, qui se trouvaient tout à fait sur le bord, furent jetés en bas de la digue qui était perpendiculaire et qui, en cet endroit, avait au moins cinq pieds de haut; quelques-uns furent tués.

Lorsque nous fûmes arrivés à la gauche de cette colonne, il fallut faire comme ceux qui nous précédaient, il fallut attendre. Je rencontrai un sergent des Vélites de notre régiment, nommé Poumo, qui me proposa de traverser le fleuve avec lui, en me disant que, de l'autre côté, nous trouverions des habitations où nous pourrions passer la nuit, et qu'ensuite, le lendemain au matin, étant bien reposés, nous pourrions facilement gagner Kowno, car il n'y avait plus, disait-il, que deux lieues au plus. Je consentis d'autant plus à sa proposition, que je ne me sentais plus la force d'aller loin, et puis l'espoir de passer la nuit dans une maison, avec du feu! Je dis à Faloppa de nous suivre. Poumo descendit le premier; je le suivis en me laissant glisser sur le derrière, mais, lorsque j'eus fait quelques pas sur la neige qui recouvrait le fleuve par gros tas, je vis l'impossibilité d'aller plus loin. Alors je fis signe à Faloppa, qui n'était pas encore descendu, de rester, car je venais de reconnaître que, sous la neige, ce n'était que des amas de glace en pointe, placés les uns sur les autres, formant, par intervalles, des tas raboteux et d'autres sous lesquels il y avait des excavations. Ce bouleversement du fleuve était probablement survenu à la suite d'un dégel, ensuite d'une débâcle suivie d'une forte gelée qui les surprit et les arrêta dans leur course.

Cependant, Poumo, qui marchait devant moi de quelques pas, s'était arrêté et, voyant que je ne le suivais pas, n'en effectua pas moins son passage, avec trois vieux grenadiers de la Garde, mais c'est avec beaucoup de peine qu'ils arrivèrent à l'autre bord.

Je me rapprochai de Faloppa dont j'étais séparé seulement par la hauteur de la digue, pour lui dire de suivre la gauche de la colonne; que, tant qu'à moi, puisque j'étais descendu sur la glace, j'allais suivre de cette manière jusqu'à la fin du défilé et que, là, j'attendrais. Aussitôt, je me mis à marcher au-dessous de cette masse d'hommes qui avançaient lentement et qui, ensuite, s'arrêtaient en criant et en jurant, car ceux qui étaient sur le bord craignaient de tomber au bas de la digue et sur la glace, comme c'était déjà arrivé à plusieurs que l'on voyait blessés, que l'on ne pensait pas à relever et qui, peut-être, ne le furent jamais.

J'avais déjà parcouru les trois quarts de la longueur du défilé, lorsque je m'aperçus que le fleuve tournait brusquement à gauche, tandis que la route, tout en s'élargissant, allait tout droit. Il me fallut revenir presque au milieu du défilé, à l'endroit où la digue me parut moins haute, et là, faisant de vains efforts, faible comme j'étais et n'ayant qu'une main dont je pusse me servir, je ne pus jamais y parvenir

Un Grenadier sans Mains

Je montai sur un tas de glace afin que l'on pût, sans se baisser beaucoup, me donner une main secourable; je m'appuyais, de la main gauche, sur mon fusil, et je tendais l'autre à ceux qui, à portée de moi, pouvaient, par un petit effort, me tirer de là. Mais j'avais beau prier, personne ne me répondait; l'on n'avait seulement pas l'air de faire attention à ce que je disais.

Enfin Dieu eut encore pitié de moi. Dans un moment où cette masse d'hommes était arrêtée, je levai la tête et, voyant un vieux grenadier à cheval de la Garde impériale, à pied, dans ce moment, les moustaches et la barbe couverte de glaçons et enveloppé dans son grand manteau blanc, je lui dis, toujours sur le même ton : « Camarade, je vous en prie, puisque vous êtes, comme moi, de la Garde impériale, secourez-moi ; en me donnant une main, vous me sauvez la vie ! — Comment voulez-vous, me dit-il que je vous donne une main? Je n'en ai plus ! » A cette réponse, je faillis tomber en bas du tas de glace. « Mais, reprit-il, si vous pouvez vous saisir du pan de mon manteau, je tâcherais de vous tirer de là ! » Alors il se baissa, j'empoignai le pan du manteau. Je le saisis de même avec les dents et j'arrivai sur le chemin. Heureusement que, dans ce moment, l'on ne marchait pas, car j'aurais pu être foulé aux pieds, sans, peut-être, pouvoir jamais me relever. Lorsque je fus bien assuré, le vieux grenadier me dit de me tenir fortement à lui, afin de ne pas en être séparé, ce que je fis, mais avec bien de la peine, car l'effort que je venais de faire m'avait beaucoup affaibli.

Un instant après, l'on commença à marcher. Nous passâmes près de trois chevaux abattus, dont le caisson était renversé dans le fleuve. C'est ce qui occasionnait le retard dans la marche; enfin, nous arrivâmes au point où le défilé s'élargissait et où chacun pouvait marcher plus à l'aise.

Nous arrivâmes dans un petit village, où nous nous arrêtâmes dans une des dernières maisons pour nous y reposer et nous y chauffer un peu, mais nous ne pûmes y trouver place, car depuis l'entrée de la maison jusqu'au fond, ce n'étaient que des hommes étendus sur de la mauvaise paille qui ressemblait à du fumier, et qui poussaient des cris déchirants accompagnés de jurements, lorsqu'on avait le malheur de les toucher : presque tous avaient les pieds et les mains gelés. Nous fûmes obligés de nous retirer dans une écurie.

Nous avions encore une lieue et demie à faire et, depuis un moment, le froid était considérablement augmenté. Enfin nous arrivâmes à Kowno : le premier endroit qui s'offrit à notre vue fut une écurie. Nous y entrâmes.

Quoique, dans cette journée, le froid ne fût pas excessif, il n'en périt pas moins une grande quantité d'hommes. Car, pour ceux qui venaient de Moscou, c'était le dernier effort que l'homme pût faire. Sur peut-être quarante ou cinquante mille hommes qui couvraient le parcours de dix lieues, il n'y en avait pas la moitié qui avaient vu Moscou : c'était la garnison de Smolensk, d'Orcha, de Wilna, ainsi que les débris des corps d'armée des généraux Victor et Oudinot et de la division du général Loison, que nous avions rencontrés mourant de froid, avant d'arriver à Wilna.

Les hommes qui étaient avec moi dans l'écurie se couchèrent autour du feu. Tant qu'à moi, comme il me restait encore un morceau de cheval à moitié cuit, je le mangeai pour ne pas me laisser mourir : ce fut le dernier avant de quitter ce pays de malheur.

Après, je voulus m'endormir, mais les douleurs, qui commencèrent à se faire sentir, l'emportèrent sur le sommeil. Cependant, à son tour, le sommeil l'emporta, et je reposai tant bien que mal, je ne sais combien de temps. Lorsque je me réveillai, j'aperçus trois soldats arrivés après nous qui se disposaient à partir, et cependant il était loin de faire jour. Je leur demandai pourquoi. Ils me répondirent qu'ils allaient s'installer dans une maison qu'ils avaient découverte, pas bien loin de notre écurie, et où il y avait de la paille et un poêle bien chaud ; que la maison était occupée par un homme, deux femmes et quatre soldats de la garnison de Kowno, dont deux soldats du train et deux autres de la Confédération du Rhin.

Aussitôt, je me disposai à les suivre. Arrivés au nouveau logement, nous trouvâmes les soldats du train occupés à manger la soupe. Ils n'avaient pas l'air d'avoir eu de la misère : cela se conçoit, car, depuis le mois de septembre, ils étaient à Kowno.

La douce chaleur qu'il faisait dans cette chambre me fit éprouver un bien-être auquel j'étais bien loin de m'attendre; je ne me sentais plus de douleurs, de sorte que je dormis pendant deux ou trois heures, comme il ne m'était pas arrivé depuis mon départ de Moscou.

Je fus éveillé par un des soldats du train qui me dit : « Mon sergent, je pense que tout le monde part, car l'on entend beaucoup de bruit; tant qu'à nous, nous allons nous réunir sur la place, d'après l'ordre que nous en avons reçu hier. »

Nous nous disposions à sortir, quand, tout à coup, le bruit du canon se fait entendre du côté de la route de Wilna, et très rapproché de l'endroit où nous étions. A cela se mêlait la fusillade et les cris et jurements des hommes. Nous entendons que l'on frappe sur des individus : aussitôt, nous pensons que les Russes sont dans la ville et que l'on se bat; nous saisissons nos armes; les deux soldats allemands, qui ne sont pas, comme nous, habitués à cette musique, ne savent ce qu'ils font; cependant ils viennent se ranger à nos côtés. Nous avions encore les fusils de deux hommes qui nous avaient quittés le soir, et qui n'étaient pas revenus; ensuite celui de Faloppa. Toutes ces armes étaient chargées. La poudre ne nous manquait pas. Un des soldats allemands avait une bouteille d'eau-de-vie dont il ne nous avait pas encore parlé, mais, comptant qu'il aurait peut-être besoin de nous, il nous la présenta. Cela nous fit du bien. L'autre me donna un morceau de pain.

Energie du Général Roguet

Le bruit que nous entendions depuis un moment se fait entendre avec plus de force : je crois distinguer la voix du général Roguet; effectivement c'était lui qui jurait, qui frappait sur tout le monde indistinctement, sur les officiers, les sous-officiers comme sur les soldats — il est vrai que l'on ne pouvait pas beaucoup en faire la différence — pour les faire partir. Il entrait dans les maisons et y faisait entrer les officiers, afin de s'assurer qu'il n'y avait plus de soldats. En cela, il faisait bien, et c'est peut-être le premier bon service que je lui ai vu rendre au soldat. Il est vrai que cette distribution de coups de bâton était, pour lui, plus facile à faire que celle de vin ou de pain, qu'il faisait faire en Espagne.

J'aperçois un chasseur de la Garde arrêté contre une fenêtre, et qui mettait la baïonnette au bout de son fusil; je lui demande si c'était les

Russes qui étaient dans la ville : « Mais non, non!... Vous ne voyez donc pas que c'est ce butor de général Roguet qui, avec son bâton, frappe sur tout le monde ? Mais, qu'il vienne à moi, je l'attends!... »

Nous n'étions pas encore sortis de la maison que je vois l'adjudant-major Roustan arrêté devant la porte ; il me reconnaît et me dit : « Eh bien, que faites-vous là ? Sortez! Que pas un ne reste dans la maison, n'importe de quel régiment, car j'ai l'ordre de frapper sur tout le monde! »

L'on s'était remis en marche, mais lentement. Nous étions dans un endroit de la ruelle où se trouvaient plusieurs hommes morts pendant la nuit, pour avoir bu de l'eau-de-vie et avoir été saisis par le froid ; mais le plus grand nombre se trouvait dans la ville, où je ne suis pas entré.

Cependant, nous arrivons à l'endroit où se trouvent les deux issues qui conduisent au pont du Niémen ; nous marchons avec plus de facilité ; au bout de quelques minutes, nous étions sur le bord du fleuve. Là, nous vîmes que, déjà, plusieurs milliers d'hommes nous avaient devancés, qui se pressaient et se poussaient pour le traverser. Comme le pont était étroit, une grande partie descendaient sur le fleuve couvert de glace, et cependant dans un état à ne pouvoir y marcher que très difficilement, vu que ce n'était que des glaçons qui, après un dégel, avaient été de nouveau surpris par une gelée. Au risque de se tuer ou de se blesser, c'était à qui serait arrivé le plus vite sur l'autre rive, quoique d'un abord difficile; tant il est vrai que l'on se croyait sauvé en arrivant! On verra, par la suite, combien nous nous trompions encore.

En attendant que nous puissions passer, le colonel Bodelin, qui commandait notre régiment, donna l'ordre aux officiers de faire leur possible afin que personne ne traversât le pont individuellement ; d'arrêter et de réunir ceux qui se présenteraient. Nous nous trouvions, en ce moment, environ soixante et quelques hommes, reste de deux mille! Nous étions presque tous groupés autour de lui. L'on voyait qu'il regardait avec peine les restes de son beau régiment ; probablement que, dans ce moment, il faisait la différence, car, cinq mois avant cette épreuve, nous avions passé ce même pont avec toute l'armée si belle, si brillante, tandis qu'à cette heure, elle était triste et presque anéantie. Pour nous encourager, il nous tint à peu près ce discours, que bien peu écoutèrent :

« Allons, mes enfants! je ne vous dirai pas d'avoir du courage, je sais que vous en avez beaucoup, car depuis trois ans que je suis avec vous, vous en avez, dans toutes les circonstances, donné des preuves, et surtout dans cette terrible campagne, dans les combats que vous avez eu à soutenir, et par toutes les privations que vous avez eu à supporter. Mais souvenez-vous bien que, plus il y a de peines et de dangers, plus aussi il y a de gloire

Le général Roguet jurait et frappait sur tout le monde.

et d'honneur, et plus il y aura de récompenses pour ceux qui auront la constance de la terminer honorablement! »

Pendant que nous étions restés sur le bord du Niémen, ceux qui étaient devant nous avaient traversé, sur le pont ou sur la glace. Alors nous avançâmes, mais lorsque nous eûmes traversé, nous ne pûmes monter la côte par le chemin, parce qu'il se trouvait plusieurs caissons abandonnés qui tenaient la largeur de la route, étroite et encaissée. Alors, plus d'ordre! Chacun se dirigea suivant son impulsion. Plusieurs de mes amis m'engagèrent à les suivre, et nous prîmes sur la gauche. Lorsque nous fûmes environ à trente pas du pont, l'on commença à monter pour gagner la route. Je marchais derrière Grangier que j'avais eu le bonheur de retrouver et qui s'occupait plus de moi que de lui-même. Il me frayait un passage dans la neige, en marchant devant moi, et me criant, dans son patois auvergnat : « Allons, petiot, suis-moi! » Mais le petiot n'avait déjà plus de jambes.

Grangier était déjà aux trois quarts de la côte, que je n'étais encore qu'au tiers. Là, s'arrêtant et s'appuyant sur son fusil, il me fit signe qu'il m'attendait. Mais j'étais si faible, que je ne pouvais plus tirer ma jambe enfoncée dans la neige. Enfin, n'en pouvant plus, je tombai de côté, et j'allai rouler jusque sur le Niémen où j'arrivai sur la glace.

Comme il y avait beaucoup de neige, je ne me fis pas grand mal; cependant, je ressentais une douleur dans les épaules et j'avais la figure ensanglantée par les branches d'un buisson que j'avais traversé en roulant. Je me relevai sans rien dire, comme si la chose eût été toute naturelle, car j'étais tellement habitué à souffrir, que rien ne me surprenait.

Après avoir ramassé mon fusil dont le canon était rempli de neige, je voulus recommencer à monter par le même endroit, mais la chose me fut impossible. L'idée me vint de voir si je ne pourrais pas parvenir à passer sous les caissons, à la sortie du pont; je me traînai avec peine jusque-là. Lorsque je fus près du premier, j'aperçus plusieurs grenadiers et chasseurs de la Garde montés sur les roues, et qui puisaient à pleines mains l'argent qui s'y trouvait; je ne fus pas tenté d'en faire autant. Je ne cherchais que le moyen de passer. Mais, en ce moment, j'entends crier : « Aux armes! Aux armes! Les Cosaques! » Ce cri fut suivi de plusieurs coups de fusil, ensuite d'un grand mouvement qui se propageait depuis le bas de la côte jusqu'en haut.

Pas un des grenadiers et chasseurs qui avaient la tête dans le caisson ne descendit. J'en tirai un par la jambe; il se retourna en me demandant si j'avais de l'argent. Je lui répondis que non : « Mais les Cosaques sont là-haut! — Si ce n'est que cela! me répondit-il, ce n'est pas pour des canailles qu'il faut se gêner, et leur laisser notre argent! Qui en veut? J'en donne! » Et, en même temps, il jeta à terre deux gros sacs de pièces de cinq francs. Tout cela n'était que pour amuser ceux qui arrivaient, car je compris qu'ils venaient de trouver de l'or. Les mots de « jaunets » et de « pièces de quarante francs » avaient été prononcés.

Je pris le fusil d'un des grenadiers occupés à prendre de l'or, je laissai le mien qui était rempli de neige, et je m'en retournai à la sortie du pont afin de reprendre ma direction première, car, pour moi, il n'y en avait pas d'autre.

A peine arrivé près du pont, je rencontrai M. le capitaine Débonnez, des tirailleurs de la Garde, dont j'ai déjà eu l'occasion de parler plusieurs fois. Il était avec son lieutenant et un soldat, c'était là toute sa compagnie; le reste était, comme il me le dit, *fondu*. Il avait un cheval cosaque avec lequel il ne savait où passer. Je lui contai en peu de mots l'état malheureux où je me trouvais. Pour toute réponse, il me donna un gros morceau de sucre blanc où il avait versé de l'eau-de-vie; ensuite, nous nous séparâmes, lui pour descendre avec son cheval sur le Niémen, et moi pour, en mordant dans mon sucre, recommencer pour la troisième fois mon ascension. A peine arrivé où je devais monter, j'entendis que l'on m'appelait; c'était le brave Grangier, qui était descendu de la côte et qui me cherchait. Il me demanda pourquoi je ne l'avais pas suivi. Je lui en dis la cause. Voyant cela, il marcha devant moi en me tirant par son fusil dont je tenais le bout du canon. Enfin, ce fut avec bien de la peine, avec le secours de ce bon Grangier et en mordant dans mon morceau de sucre à l'eau-de-vie, que j'arrivai en haut de la côte, abîmé d'épuisement.

Plusieurs de nos amis nous attendaient : Leboude, sergent-major; Oudicte, sergent-major; Pierson, *idem*; Poton, sergent. Les autres s'étaient dispersés, marchant, comme nous, par fractions. La certitude que l'on avait d'un mieux, en entrant en Prusse, influait sur notre caractère et commençait à nous rendre indifférents l'un pour l'autre.

De l'endroit où nous étions, nous pouvions découvrir la route de Wilna, les Russes qui marchaient sur Kowno, et d'autres plus rapprochés, mais la présence du maréchal Ney, avec une poignée d'hommes, les empêchait de venir plus avant.

C'était le 14 décembre ; il pouvait être neuf heures du matin. Le ciel était sombre, le froid supportable ; il ne tombait pas de neige; nous nous mîmes en marche sans savoir où nous allions, mais, arrivés sur le grand chemin, nous aperçûmes un grand poteau avec une inscription qui indiquait aux soldats des différents corps la route qu'ils devaient suivre.

Nous prîmes celle indiquée pour la Garde impériale, mais beaucoup, sans s'inquiéter, marchèrent droit devant eux. A quelques pas de là, nous vîmes cinq à six malheureux soldats qui ressemblaient à des spectres, la figure hâve, barbouillée de sang provenant de leurs mains qui avaient gratté dans la neige pour y chercher quelques miettes de biscuit tombées d'un caisson pillé un instant avant. Nous marchâmes jusqu'à trois heures de l'après-midi; nous n'avions fait que trois petites lieues, à cause du sergent Poton qui paraissait souffrir beaucoup.

Nous avions aperçu un village sur notre droite, à un quart de lieue de la route : nous prîmes la résolution d'y passer la nuit. En y arrivant, nous trouvâmes deux soldats de la ligne qui venaient de tuer une vache à l'entrée d'une écurie; en voyant une aussi bonne enseigne, nous y entrâmes.

Le paysan auquel appartenait la vache, afin de sauver le plus de viande possible, vint lui-même nous en couper, nous faire du feu et, ensuite, nous apporta deux pots avec de l'eau pour faire de la soupe; nous avions de la bonne paille, du bon feu; enfin, il y avait bien longtemps que nous n'avions été si heureux. Quelques minutes après, nous mangeâmes notre soupe, ensuite nous nous reposâmes.

Après être sortis de l'écurie où nous avions passé la nuit, nous marchâmes dans la direction de la route, jusqu'au moment où nous arrivâmes à l'endroit où nous l'avions quittée la veille; là, nous fîmes halte.

Grangier avait encore ma petite bouilloire en cuivre, qu'il portait devant lui, attachée à sa ceinture avec une courroie, dans la crainte qu'on ne la lui enlevât, car un vase dans lequel on pouvait faire fondre la neige et cuire quelque chose était un objet précieux. Grangier me la rendit, car il prévoyait que je resterais encore en arrière et que je pourrais en avoir besoin. Il me l'attacha fortement sur mon sac.

Le ciel était clair, mais le froid était supportable. Nous ne vîmes, sur la route, que fort peu d'hommes; cela nous fit penser que, la veille, la plus grande partie était allée plus loin et dans diverses directions.

Nous aperçûmes, sur la route, du côté de Kowno, une colonne, mais ne pûmes distinguer si c'étaient des Français ou des Russes : aussi, dans l'incertitude, nous nous remîmes en marche.

Je marchai assez bien pendant une heure, mais, au bout de ce temps, il me prit une forte colique, et je fus forcé de m'arrêter : c'était toujours la suite de mon indisposition de Wilna; j'attribuai cette rechute au bouillon de vache que j'avais mangé la veille et le matin, avant de partir.

Je marchai de la sorte jusqu'à environ trois heures de l'après-midi; je n'étais plus éloigné d'une forêt que j'apercevais depuis quelque temps, et où je voulais arriver pour y passer la nuit.

Je n'en étais pas plus éloigné que d'une portée de fusil, lorsque, sur la droite de la route, j'aperçus une maison où, autour d'un grand feu, étaient réunis plusieurs soldats de différents corps et dont la majeure partie était de la Garde impériale. Comme j'étais fatigué, j'arrêtai pour me chauffer et me reposer un peu : quelques-uns me proposèrent de rester avec eux, j'acceptai avec plaisir.

Nous pouvions être quarante, et, à chaque instant, notre nombre augmentait. J'aperçus un sergent du régiment : il se nommait Humblot. En me voyant, il me demanda ce que je faisais là. Je lui répondis que je me reposais et que j'examinais si je ne ferais pas bien de passer la nuit où je me trouvais et de partir le lendemain de grand matin.

Humblot, qui était un brave garçon et qui m'aimait beaucoup, me fit des observations très justes, d'abord sur le temps qui était supportable, sur l'avantage qu'il y aurait pour moi de traverser la forêt où, me disait-il, de l'autre côté, nous trouverions des maisons ou nous pourrions passer la nuit; le lendemain, nous arriverions de bonne heure à Wilbalen, petite ville à trois ou quatre lieues d'où nous étions, où nous trouverions nos camarades et pourrions nous procurer des vivres. Enfin, il fit tant, que je pris mon sac et mon fusil, et partis avec le sergent Humblot.

Lorsque je fus forcé de m'arrêter, toujours pour mon indisposition, Humblot marcha doucement afin que je pusse le rejoindre. Je me remis à marcher; mais, à l'endroit où je me trouvais, il y avait beaucoup de monde qui m'empêcha d'avancer. Je repris la route, mais, à peine y étais-je, que j'entendis des cris répétés : « Gare les Cosaques ! » Je pense que c'est une fausse alerte, mais j'aperçois plusieurs officiers armés de fusils qui s'arrêtent et qui se posent bravement sur le chemin faisant face du côté où le bruit venait, et criant : « N'ayez pas peur, laissez avancer cette canaille[1] ! » Je regarde derrière moi, je les aperçois tellement près que je fus touché par un cheval : trois étaient en avant, d'autres suivaient.

Encore les Cosaques !

Je n'ai que le temps de me jeter dans le bois où je pensais être en sûreté, mais les trois Cosaques y entrent presque aussitôt que moi et malheureusement, dans cet endroit, le bois se trouvait fort clair. Je cherche à gagner

1. M. le colonel Richard, ex-commandant de place à Condé, était un de ces officiers : nous en avons parlé plusieurs fois ensemble. (*Note de l'auteur.*)

l'endroit le plus épais, mais, par une fatalité inouïe, mon indisposition me reprend et se fait sentir d'une manière insupportable. Que l'on juge de ma position! Je veux m'arrêter, mais c'est impossible, car deux des trois Cosaques ne sont plus qu'à quelques pas de moi, de sorte que, pour ne pas interrompre ma course et me laisser prendre, je suis obligé de faire dans mes pantalons. Heureusement, quelques pas plus avant, les arbres se trouvent plus rapprochés, les Cosaques sont gênés dans leur course et forcés de la ralentir, tandis que je continue du même pas; mais arrêté par des branches d'arbres couchés dans la neige, je tombe de tout mon long, et ma tête reste enfoncée dans la neige. Je veux me relever, mais je me sens tenu par une jambe. La crainte me fait penser que c'est un de mes Cosaques qui me tient, mais il n'en était rien, c'étaient des ronces et des épines. Je fais un dernier effort, je me relève, je regarde derrière moi : les Cosaques étaient arrêtés; deux cherchaient un endroit afin de passer avec leurs chevaux. Pendant ce temps, je me traîne avec peine.

Un peu plus avant, je me trouve arrêté par un arbre abattu, mais je suis tellement faible qu'il m'est impossible de lever une jambe pour aller au delà, et, pour ne pas tomber d'épuisement, je fus forcé de m'asseoir dessus.

Il n'y avait pas cinq minutes que je m'y trouvais, quand je vois les Cosaques mettre pied à terre et attacher leurs chevaux aux branches d'un buisson. Je pense qu'ils vont venir me prendre, et déjà je me lève pour essayer de me sauver, lorsque j'en vois deux s'occuper du troisième, qui avait un furieux coup de sabre à la figure, car il releva d'une main le morceau de sa joue qui pendait jusque sur son épaule, tandis que les deux autres préparaient un mouchoir qu'ils lui passèrent sous le menton et lui attachèrent sur la tête. Tout cela se passait à dix pas de moi; pendant ce temps, ils me regardaient en causant.

Lorsqu'ils eurent fini de recoller la figure de leur camarade, ils marchèrent directement sur moi : alors, me voyant perdu, je fais un dernier effort, je monte sur le corps de l'arbre, je prends mon fusil qui était chargé, et je me décide à tirer sur le premier qui se présentera. Dans ce moment, je n'avais affaire qu'à deux hommes; le troisième, depuis qu'on l'avait pansé, paraissait souffrir comme un damné, se promenait de droite à gauche, en levant les bras et donnant des coups de poing sur le derrière de son cheval.

Me voyant en position de riposter, les deux Cosaques qui marchaient sur moi s'arrêtent et me font signe de venir à eux. Je comprends qu'ils disent qu'ils ne me feront pas de mal, mais je reste toujours dans la même position.

J'entendais sur ma droite, du côté de la route, des cris et des jurements accompagnés de coups de fusil qui n'étaient pas sans inquiéter mes adversaires, car, souvent, je les voyais regarder du côté d'où venait le bruit, de sorte que j'espérais qu'ils m'abandonneraient pour penser à leur propre sûreté; mais ne voilà-t-il pas qu'un quatrième sauvage arrive, paraîssant aussi se sauver! Voyant plusieurs de ses camarades, il s'approche, m'aperçoit, veut marcher sur moi, mais, voyant qu'avec son cheval cela lui est impossible, à cause des arbres et des buissons, met pied à terre, attache son cheval près des autres et, un pistolet à la main, en se couvrant des arbres, avance contre moi; les deux autres le suivent de la même manière. Il ne fallait certainement pas faire tant de cérémonies pour s'emparer de ma chétive personne, mais... ô bonheur! au même instant, les cris qui venaient de la droite se font entendre avec plus de force, accompagnés de coups de fusil; les chevaux, qui n'étaient pas fortement attachés, sont effrayés, s'échappent du côté de la route, et les Cosaques se mettent à courir après.

Réfléchissant à l'état déplorable dans lequel je me trouvais, je me dis qu'il me serait impossible de continuer à marcher sans me nettoyer et changer de linge.

Ayant ouvert mon sac, j'en tire une chemise que je pose sur mon fusil; ensuite la culotte, que je mets à côté de moi sur l'arbre; je me débarrasse de mon amazone et de ma capote militaire, de mon gilet à manches en soie jaune piquée, que j'avais fait à Moscou avec les jupons d'une dame russe; je dénoue le cachemire qui me serrait le corps et qui tenait mon pantalon, et, comme je n'avais pas de bretelles, il tomba sur mes talons. Pour ma chemise, je n'eus pas la peine de l'ôter, je la tirai par lambeaux, car il n'y avait plus ni devant, ni derrière. Enfin, me voilà nu, n'ayant plus que mes mauvaises bottes aux jambes, au milieu d'une forêt sauvage, le 15 décembre, à quatre heures de l'après-midi, par un froid de dix-huit à vingt degrés, car le vent du nord avait recommencé à souffler avec force.

En regardant mon corps maigre, sale et mangé par la vermine, je ne puis retenir mes larmes. Enfin, réunissant le peu de force qui me restent, je me dispose à faire ma toilette: je ramasse les lambeaux de ma vieille chemise et, avec de la neige, je me nettoie le mieux possible. Ensuite, je passe ma nouvelle chemise en fine toile de Hollande et brodée sur le devant. Mon pantalon n'étant plus mettable, j'enfourche au plus vite la petite culotte, mais elle se trouvait tellement courte que mes genoux n'étaient pas couverts, et, avec mes bottes qui ne m'allaient que jusqu'à mi-jambe, j'avais toute cette partie à nu. Enfin, je passe au plus vite mon gilet de soie jaune, ma capote, mon amazone, mon fourniment et mon collet par-dessus, et me voilà complètement habillé, sauf mes jambes.

Après avoir erré à l'aventure pendant une demi-heure, je m'arrêtai pour m'orienter, car il commençait déjà à faire nuit. Dans la partie de la forêt où je me trouvais, il y avait de la neige en quantité. Aucun chemin n'était battu ni frayé, pas même tracé. Je m'asseyais quelquefois, pour me reposer, sur des arbres qui, par suite des grands vents, étaient tombés déracinés. Je saisissais les branches des buissons dans la crainte de tomber, tant j'étais faible. Mes jambes enfonçaient dans la neige au-dessus de mes bottes, de sorte qu'elle entrait dedans. Cependant je n'avais pas froid ; au contraire, des gouttes de sueur me tombaient du front, mais les jambes me manquaient. Je sentais une lassitude extraordinaire dans les cuisses, par suite des efforts que je faisais pour me tirer de la neige, où parfois j'enfonçais jusqu'aux genoux. Je n'essaierai pas de dépeindre ce que je souffrais. Il y avait plus d'une heure que je marchais dans les ténèbres, éclairé seulement par les étoiles : ne parvenant pas à sortir de la forêt par la direction qui me semblait la meilleure pour rejoindre la route et n'en pouvant plus, épuisé, essoufflé, je prends le parti de me reposer. Je m'appuie contre un tronc d'arbre où je reste immobile. Un instant après, j'entends les aboiements d'un chien, je regarde de ce côté : je vois briller une lumière, je pousse un soupir d'espérance, et, rassemblant tout ce que j'avais de forces, je me dirige dans cette nouvelle direction. Mais, arrivé à trente pas, j'aperçois quatre chevaux et, autour du feu, quatre Cosaques assis ; je reconnus facilement celui qui avait un coup de sabre à la figure, car je n'étais pas à vingt pas d'eux.

Je les regardai pendant assez de temps, me demandant si je ne ferais pas bien de m'approcher et de me rendre plutôt que de mourir comme un misérable au milieu du bois, car la vue du feu me tentait, mais quelque chose que je ne saurais dire me fit faire le contraire. Je me retirai machinalement. Je les regardai encore : je remarquai qu'il ne leur manquait rien, car plusieurs pots en terre étaient autour du feu. Ils avaient de la paille, et les chevaux avaient du foin.

Dans l'impossibilité de suivre, à cause de la quantité d'arbres, la direction que j'aurais voulu, je fus obligé d'appuyer à gauche : heureusement pour moi, car, après avoir fait quelques pas, je trouvai la forêt plus claire, mais la neige y était en plus grande quantité, de sorte que, plusieurs fois, je tombai. Une dernière fois je me relève, je regarde le ciel, je m'en prends à Dieu, qui veillait sur moi : au moment où je me demandais si je ne ferais pas mieux de retourner au bivac des Cosaques, je me trouvai à l'extrémité de la forêt et sur la route. Là, je tombe à genoux, et je remercie Celui contre lequel je venais de m'emporter.

Je marchai droit devant moi : le chemin était bon, c'était bien celui que je devais suivre, mais le vent, que je ne sentais pas dans le bois, soufflait avec assez de force pour se faire sentir à la partie de mes jambes qui n'était pas couverte ; mon amazone, qui était longue, me garantissait un peu du froid.

Chose singulière, je n'avais pas faim; je ne sais si les émotions que j'avais éprouvées, depuis le *hourra*, en étaient la cause, ou si c'était l'effet de mon indisposition, car, depuis mon départ de l'écurie où j'avais mangé de la soupe et un morceau de viande, je n'avais pas éprouvé le besoin de manger. Cependant, pensant que je devais encore avoir un morceau de viande dans ma carnassière, je le cherchai et fus assez heureux pour le retrouver, et, quoique durci par la gelée, je le mangeai sans discontinuer de marcher. Après mon repas, je levai la tête; j'aperçus, sur ma gauche, deux cavaliers paraissant marcher avec circonspection et, plus loin, sur la route, un individu qui semblait marcher mieux que moi. Je doublai le pas pour le rejoindre, mais, tout à coup, je ne le vis plus.

En regardant sur la droite, j'aperçus une petite cabane et, comme il n'y avait pas de porte fermée, j'entrai. Mais à peine avais-je fait deux pas dans l'intérieur, que j'entendis résonner une arme, et une grosse voix se fit entendre : « Qui va là? » Je répondis : « Ami! » et j'ajoutai : « Soldat de la Garde! — Ah! ah! répondit-on, d'où diable sortez-vous, mon camarade, que je ne vous ai pas rencontré depuis que je marche seul? » Je lui contai une partie de ce qui m'était arrivé depuis le *hourra* des Cosaques, dont il me dit n'avoir pas entendu parler.

Nous sortîmes pour nous mettre en marche : je m'aperçus que mon nouveau camarade était un vieux chasseur à pied de la Garde, et qu'il portait, sur son sac et autour de son cou, un pantalon de drap qui, suivant moi, ne lui servait de rien, mais qui pouvait m'être d'un grand secours. Je le suppliai de me le céder pour un prix, et lui montrai l'état de nudité de mes jambes : « Mon pauvre camarade, me dit-il, je ne demande pas mieux que de vous obliger, si cela se peut, mais je vous dirai que le bas du pantalon est brûlé à plusieurs places et qu'il y a même de grands trous. — N'importe, cédez-le-moi, cela me sauvera peut-être la vie! » Il le tira de dessus son sac en me disant : « Tenez, le voilà! » Alors je pris deux pièces de cinq francs dans ma carnassière, en lui demandant si c'était assez : « C'est bien, me répondit-il, dépêchez-vous et partons, car j'aperçois deux cavaliers qui semblent descendre du côté de la route, et qui pourraient bien être les éclaireurs d'un parti de Cosaques! »

Pendant qu'il me parlait, je m'étais appuyé contre le montant de la porte et j'avais passé le pantalon dans mes jambes. Je le fis tenir, comme le précédent, avec le cachemire qui me serrait le corps, et nous partîmes.

Nous n'avions pas fait cent pas, que mon compagnon, qui marchait mieux que moi, en avait déjà plus de vingt d'avance. Je le vis se baisser et ramasser quelque chose ; je ne pus, pour le moment, distinguer ce que c'était, mais, arrivé au même endroit, j'aperçus un homme mort. Je reconnus que c'était un grenadier de la Garde royale hollandaise qui, depuis le commencement de la campagne, faisait partie de la Garde impériale. Il n'avait plus de sac, ni de bonnet à poil, mais il avait encore son fusil, sa giberne, son sabre et de grandes guêtres noires aux jambes, qui lui allaient jusqu'au-dessus des genoux. L'idée me vint de les lui ôter pour les mettre au-dessus de mon pantalon et couvrir ses trous. Je m'assieds sur ses cuisses, et je finis par les lui tirer; ensuite je me remets à marcher plus vite que de coutume, comme si celui à qui je venais de les prendre allait courir après moi.

Pendant ce temps, le chasseur avait continué sa route, de sorte que je ne pouvais plus le voir. Un instant après, j'aperçus devant moi un grand bâtiment. Je reconnus que c'était une station, maison de poste, et me proposai d'y passer la nuit. Un fantassin en faction me cria : « Qui vive? » Je répondis : « Ami ! » et j'entrai.

Un Repas Dispendieux

D'abord je vis des soldats, au nombre de plus de trente, dont quelques-uns dormaient, et d'autres, autour de plusieurs feux, faisaient cuire du cheval et du riz. A droite, j'aperçus trois hommes autour d'une gamelle de riz. Je me laissai tomber à côté de ces derniers. Un instant après, j'essayai de parler à l'un d'eux. Pour commencer, je le tirai par sa capote; il me regarda sans me rien dire. Alors, d'un ton piteux, je lui dis assez bas, afin que d'autres ne pussent l'entendre : « Camarade, je vous en prie, laissez-moi manger quelques cuillerées de riz, en vous payant. Vous me rendrez un grand service, vous me sauverez la vie ! » En même temps je lui présentai deux pièces de cinq francs, qu'il accepta, en me disant : « Mangez ! » Il me remit un plat en terre avec sa cuiller, et me céda aussi sa place près du feu. Je mangeai environ quinze cuillerées de riz qu'il restait encore, pour mes dix francs.

Malgré le sommeil qui m'accablait, je me disposai à partir, car, comme je n'étais pas fort, il me fallait beaucoup de temps pour faire peu de chemin. Un jeune soldat du train me proposa de m'accompagner, si je voulais partir de suite : j'acceptai d'autant plus volontiers, que ce jeune soldat, qui n'avait pas eu de misères, était fort et pourrait me secourir au besoin. Enfin nous partîmes.

Nous entrâmes dans un bois que la route traversait. Là, le soldat, qui n'était pas armé, voulut porter mon fusil; je le lui cédai d'autant plus volontiers que, dans l'état de faiblesse où je me trouvais, il pouvait mieux s'en servir que moi. Après avoir marché je ne sais combien de temps, soutenu par le bras de mon jeune compagnon, car souvent je dormais en marchant, nous arrivâmes à l'extrémité du bois : il pouvait être quatre heures du matin, c'était le 16 décembre.

Nous marchâmes encore au hasard pendant environ une demi-heure; fort heureusement la lune se leva. Mais avec elle arriva un grand vent, et une neige si fine qu'elle nous coupait la figure, et nous empêchait d'y voir.

Je souffrais beaucoup de l'envie de dormir et, sans le secours du petit soldat du train, qui me tenait toujours sous le bras, je serais infailliblement tombé en dormant. Mon compagnon de voyage me fit remarquer un grand corps de bâtiment qu'il apercevait devant nous : je reconnus que c'était une station de poste comme celle que nous avions quittée, et je jugeai, d'après cela, que nous avions fait trois lieues. Au bout d'un quart d'heure, nous arrivâmes près d'une des portes. En entrant, je me jetai près d'un feu, car il y en avait plusieurs abandonnés par des militaires, presque tous de la Garde impériale, pour marcher sur Wilbalen. Quelques canonniers, aussi de la Garde, y étaient encore, mais ils se disposaient à partir.

Il n'y avait pas dix minutes que je dormais comme un bienheureux, que je me sentis fortement secoué par le bras. Je veux résister, mais l'on me soulève par les épaules ; enfin je m'éveille, et un cri se fait entendre, proféré par un vieux canonnier : « Les Cosaques ! Levez-vous, mon garçon ! Encore un peu de courage ! »

J'aperçus onze Cosaques arrêtés et qui, probablement, n'attendaient que notre départ pour venir prendre nos places : « Allons, dit le canonnier, il faut céder la position et battre en retraite sur Wilbalen ! Nous n'avons plus qu'une lieue ; ainsi, partons ! »

Il fallut se remettre en route ; nous étions six, quatre canonniers, le petit soldat du train et moi. Nous sortîmes de la grange. C'était le 16 décembre, cinquante-neuvième journée de marche, depuis notre départ de Moscou. Le vent était impétueux et le froid excessif. Tout à coup, malgré ce que mon camarade put faire pour me soutenir, je m'affaissai, accablé par le sommeil et par la fatigue. Il fallut les efforts de deux canonniers et de mon compagnon pour me mettre debout ; quoique sur mes jambes, je dormais toujours, mais un canonnier m'ayant frotté la figure avec de la neige, je m'éveillai. Ensuite il me fit avaler un peu d'eau-de-vie ; cela me remit un peu. Ils me prirent chacun par un bras, et me firent marcher, de la sorte, beaucoup plus vite que je n'aurais pu marcher seul. C'est de cette manière que j'arrivai à Wilbalen. En entrant, nous apprîmes que le roi Murat y était, avec tous les débris de la Garde impériale.

Malgré le grand froid, l'on voyait assez de mouvement dans la ville, de la part des militaires, dans l'espoir d'acheter aux juifs, assez nombreux dans cet endroit, du pain et de l'eau-de-vie. On voyait aussi, à la porte de chaque maison, une sentinelle, et, lorsqu'un arrivant se présentait pour entrer, on lui répondait qu'il y avait un général logé, ou un colonel, ou qu'il n'y avait plus de place. D'autres nous disaient : « Cherchez votre régiment ! » Les canonniers trouvèrent des camarades de leur régiment et s'en furent avec eux.

Enfin, je m'adresse à un grenadier qui me dit que, partout il y a du monde, mais aussi de la mauvaise volonté, de l'égoïsme, et qu'il ne faut pas faire attention aux maisons où il y a des sentinelles ; qu'il faut y entrer, « car je vois, continua-t-il, que vous êtes dans une triste position » !

Faisant signe à mon camarade de me suivre, je me dirige vers la première maison qui se présente pour y entrer : un vieux grognard barre le passage avec son fusil en me disant que c'est le logement du colonel, et qu'il n'y a plus de place. Je lui réponds que, quand bien même ce serait le logement de l'Empereur, il m'en fallait deux, et que j'entrerais. Dans ce moment, j'aperçus un autre grenadier occupé à attacher sur sa capote une paire d'épaulettes d'officier supérieur. A ma grande surprise, je reconnais Picart, mon vieux compagnon, que je n'avais pas vu depuis Wilna, depuis le 9 décembre ! Aussitôt, je dis au grenadier : « Dites au colonel Picart que le sergent Bourgogne lui demande une place. — Vous vous trompez », me répond-il. Mais, sans l'écouter, je force la consigne, le soldat du train me suit et nous entrons.

A peine Picart m'a-t-il reconnu qu'il jette ses grosses épaulettes sur la paille, en s'écriant : « Jour de Dieu ! C'est mon pays, c'est mon sergent ! Comment se fait-il, mon pays, que vous arrivez seulement ? Vous avez donc encore fait l'arrière-garde ? » Sans lui répondre, je m'étais laissé tomber sur la paille, épuisé de fatigue, de sommeil et d'inanition, et aussi suffoqué par la chaleur d'un grand poêle. Picart courut à son sac, en tira une bouteille où il y avait de l'eau-de-vie, et me força d'en prendre quelques gouttes qui me ranimèrent un peu. Ensuite, je le priai de me laisser reposer.

Il pouvait être huit heures du matin ; il en était deux de l'après-midi lorsque je m'éveillai.

Picart mit entre mes jambes un petit plat de terre contenant de la soupe au riz que je mangeai avec plaisir, et en regardant à droite et à gauche, car je cherchais à me reconnaître. A la fin, tout se débrouilla dans mes idées, de manière à me rappeler ce qui m'était arrivé depuis vingt-quatre heures.

Picart me dit qu'à 3 heures, il devait y avoir une revue du roi Murat où l'on devait donner des ordres pour indiquer les endroits où les débris des différents corps devaient se réunir. Je me disposai à y aller, afin d'y rencontrer mes camarades. Picart me fit la barbe, qui n'avait pas été faite depuis notre départ de Moscou, avec un mauvais rasoir que nous avions trouvé, dans le portemanteau du Cosaque tué le 23 novembre, et, quoiqu'il le repassât sur le fourreau de son sabre et ensuite sur sa main pour lui donner le fil, il ne m'en écorcha pas moins la figure.

L'heure venue, nous sortîmes de notre logement pour aller au rendez-vous. L'appel devait se faire dans une grande rue. Les militaires de toute arme s'y rendaient. Plusieurs des vieux de la Garde avaient poussé l'ambition, et cela pour se faire remarquer, jusqu'à s'arranger comme pour un jour de grande parade : en les voyant, l'on aurait pensé qu'ils arrivaient plutôt de Paris que de Moscou. Au lieu du rendez-vous, j'eus le bonheur de rencontrer tous ceux avec qui j'étais le jour d'avant, ainsi que bien d'autres que je n'avais pas vus depuis Wilna, mais nous étions peu nombreux. Grangier me dit : « J'espère que tu ne nous quitteras plus ; tu vas venir à notre logement et, comme l'on est autorisé à prendre des traîneaux ou des voitures pour se faire conduire, nous tâcherons d'en trouver. » Nous restâmes assez longtemps dans la rue, en attendant le roi Murat. Pendant ce temps, on était surpris de rencontrer des amis, de retrouver vivants ceux que l'on pensait morts. J'eus le plaisir de rencontrer le sergent Humblot, avec qui j'avais voyagé la veille et dont j'avais été séparé dans les bois, au moment du *hourra*.

Le roi Murat ne venant pas, l'on prit les noms des hommes incapables de marcher, afin de les faire partir le lendemain, à six heures du matin, avec des traîneaux que les autorités fournissaient. Nos camarades s'occupèrent d'en chercher, mais il leur fut impossible d'en trouver. Il fallut s'en consoler en se disposant à passer une bonne nuit, afin de pouvoir marcher le jour suivant.

Un Verre de Vin Blanc !

Picart m'avait dit qu'il voulait me parler avant de nous séparer. A peine l'ordre du départ fut-il donné, que je sentis une grosse tape sur l'épaule ; c'était lui. Il me fit signe, ainsi qu'à Grangier, de le suivre, et, lorsque nous fûmes éloignés de manière à ce que personne ne pût nous entendre, il me dit : « Vous allez me faire l'amitié d'accepter un bon coup de vin blanc, vin du Rhin! — Pas possible! » m'écriai-je. Pour toute réponse, il nous dit : « Suivez-moi! » Chemin faisant, il nous conta que, la veille, il avait rencontré un juif avec qui il avait fait connaissance, et cela pour lui vendre des objets dont il voulait se défaire, ses épaulettes de colonel et autre chose encore, mais qu'il n'avait pas manqué, comme cela lui arrivait souvent, de se faire passer pour juif en disant que sa mère était fille du rabbin de Strasbourg et que lui se nommait Salomon. Enchanté, et aussi dans l'espoir de faire un bon marché, l'autre lui avait indiqué sa demeure, en l'assurant qu'il lui procurerait du bon vin du Rhin.

Nous arrivâmes derrière la synagogue : à côté était une petite maison où Picart s'arrêta. Il regarda à droite et à gauche s'il ne voyait rien; ensuite, se pinçant le nez, il appela d'une voix nasillarde, et à plusieurs reprises : « Jacob! Jacob! » Nous vîmes paraître, par un trou, une espèce de figure coiffée d'un long bonnet fourré et ornée d'une sale barbe : c'était Jacob le juif. En reconnaissant Picart, il lui dit en allemand : « Ah! c'est vous, mon cher Salomon; je vais vous ouvrir! » Le juif ouvrit la petite porte, et nous entrâmes dans une chambre bien chaude, mais puante et dégoûtante. Lorsque nous fûmes assis sur un banc autour d'un poêle, nous vîmes entrer trois autres juifs, dont Jacob nous dit que c'était sa famille.

Picart, qui savait comment il fallait s'y prendre avec ses soi-disant coreligionnaires, commença par ouvrir son sac et en tirer d'abord une paire d'épaulettes, non pas de colonel, mais de maréchal de camp, une pacotille de galons, tout cela neuf et ramassé à la montagne de Wilna, dans les caissons abandonnés.

Il y avait aussi quelques couverts d'argent venant de Moscou. Les juifs ouvrirent de grands yeux; alors Picart demanda du vin et du pain; on apporta du vin du Rhin excellent; le pain n'était pas de même; mais, pour le moment, c'était plus que l'on ne pouvait l'espérer.

Pendant que nous étions à boire, les juifs regardaient les objets étalés sur le banc; Jacob demanda à Picart combien il voulait de tout cela : « Dites vous-même! répondit Picart. Le juif dit un prix bien éloigné de ce que Picart voulait. Il lui dit : « Non! » Jacob dit encore quelque chose de plus; cette fois Picart, chez qui le vin commençait à produire son effet, regarda le juif d'un air goguenard et lui répondit en mettant un doigt sur le côté de son nez, et en fredonnant non pas des paroles, mais le chant du rabbin à la synagogue, le jour du Sabbat.

Les quatre juifs se mirent aussi à se balancer comme des Chinois et à chanter les versets. Grangier regarda Picart, pensant qu'il était fou, et moi, malgré ma triste position, je me pâmais de rire. Enfin, Picart cessa de chanter pour nous verser à boire. Pendant ce temps, les juifs causèrent ensemble du prix des objets; Jacob en offrit un prix plus élevé, mais ce n'était pas encore ce que Picart voulait, de sorte qu'il se remit à recommencer son tintamarre, jusqu'au moment où il accorda le marché, à condition qu'on lui donnât de l'or. Jacob paya Picart en pièces d'or de Prusse; il est probable qu'il était content de son marché, puisqu'il nous donna des noisettes et des oignons.

Tout à coup on frappe à la porte à coups de crosses de fusils. Jacob regarde par le trou, et aperçoit plusieurs soldats qui lui disent, en allemand, qu'ils avaient un billet de logement pour loger chez lui et que, s'il n'ouvrait pas de suite, la porte allait être enfoncée. Il ouvrit de suite. Nous prîmes le parti de nous retirer; je dis adieu à Picart, avec promesse de nous revoir à Elbing.

Arrivés au logement, nous mangeâmes une soupe de riz; ensuite je m'occupai de mes pieds, de ma chaussure, et, comme nous étions dans une chambre chaude et sur de la paille fraîche, je m'endormis.

Le lendemain 17, à cinq heures, la ville était déserte : les hommes qui, depuis deux mois, n'avaient pas couché sous un toit et qui, dans ce moment, se trouvaient couchés chaudement, ne se pressaient pas de sortir de leur logement. Deux ou trois tambours, qui restaient encore de ceux de la Garde, battirent la *grenadière* pour nous, et la *carabinière* pour les chasseurs. Lorsque nous fûmes dans la rue, nous remarquâmes qu'il faisait moins froid que la veille. Nous vîmes venir un traîneau attelé de deux chevaux, qui s'arrêta. Il était conduit par deux juifs et chargé d'épicerie. L'idée nous vint de leur proposer de nous conduire, en payant, bien entendu, jusqu'à Darkehmen, où l'on devait aller ce jour-là, ou de nous emparer du traîneau, s'ils refusaient. D'abord ils firent quelques difficultés, sous différents prétextes. Enfin ils acceptèrent. Le prix était convenu pour quarante francs, nous leur en payâmes de suite la moitié, mais comme ils ne prenaient les pièces de cinq francs que comme un thaler qui n'en vaut que quatre, cela nous fit dix francs de plus. Nous n'y regardâmes pas de si près, et imprudemment, pour nous attirer leur confiance, nous leur fîmes voir que nous avions beaucoup d'argent. Un sergent-major nommé Pierson, qui avait plusieurs pièces d'argenterie, les montra. Dès ce moment, ils parlèrent hébreu, de sorte que nous ne pûmes rien comprendre de ce qu'ils disaient.

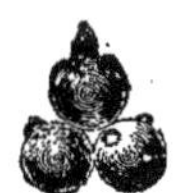

En Traîneau

Nous étions cinq vélites, Leboude, Grangier, Pierson, Oudict et moi. Le traîneau était déchargé, les chevaux reposés, nous nous disposâmes à partir. Nous mîmes nos fusils dans le fond du traîneau et nos sacs pardessus, et nous voilà en route. Il était plus de six heures : tous les débris de l'armée étaient déjà en mouvement, comme les jours précédents, sans organisation, sans ordre; la confusion était telle qu'il n'y avait pas moyen de sortir de la ville. Ceux qui ne se sentaient pas la force de marcher voulaient s'emparer des traîneaux ou y prendre place.

Sortis avec bien de la peine, nous trouvâmes le même encombrement. Nos conducteurs nous firent comprendre qu'ils allaient nous conduire par un chemin à gauche, où l'on ne voyait personne, et qu'avant une heure, nous aurions rejoint la grande route et dépassé la tête de colonne. Nous aurions dû demander, puisque le chemin était si bon, pourquoi d'autres conducteurs de traîneaux, qui devaient aussi bien le connaître, ne le prenaient pas; mais nous n'y pensâmes pas. Lorsque nous eûmes voyagé, au grand trot, un bon quart d'heure, je m'aperçus que la route que nous suivions tournait insensiblement sur la gauche, et nous éloignait de celle que suivait l'armée; que le terrain sur lequel nous roulions, et que l'on nous faisait prendre pour un chemin, n'était qu'un remblai formant la digue d'un canal à notre droite, et d'un contre-fossé à gauche. Voulant communiquer mes observations à mes camarades, je criai aussi fort que je le pouvais, et à plusieurs reprises : « Halte! halte! » Grangier me demanda ce que je voulais. Je redoublai mes cris : « On nous trompe, nous sommes avec des coquins! » Alors Pierson, qui était sur le devant, tenant dans ses mains une théière en argent qu'il rapportait de Moscou, et dont il se servait à chaque instant pour faire du thé, se mit, à son tour, à crier : « Halte! »

Les fripons de juifs sautent en bas de la botte de paille sur laquelle ils étaient assis, et, toujours en marchant, mais moins vite, prennent les chevaux par la bride, font tourner le traîneau et nous renversent du haut en bas de la digue, du côté du contre-fossé. Heureusement pour moi, qui étais placé derrière, les jambes pendantes en dehors et sur le côté du traîneau, que j'avais pu voir leur mouvement, de sorte qu'en me laissant glisser, j'évitai de faire le grand saut, mais mes camarades roulèrent jusqu'en bas, à plus de vingt-cinq pieds, et arrivèrent tout meurtris sur glace. Comme ils avaient les pieds et les mains gelés, ils poussaient des cris effrayants, occasionnés par les douleurs. Ces cris se changèrent en cris de rage contre les juifs qui, déjà, avaient retiré le traîneau au bord de la digue, car, tenant les chevaux par la bride, ils l'avaient empêché, quoique renversé, de rouler jusqu'en bas. Ils se disposaient à se sauver avec nos bagages, mais, comme mon fusil était avec les autres, dans le fond du traîneau, je tirai mon sabre et en portai un coup sur la tête d'un juif qui, grâce à son bonnet fourré, ne l'eut point fendue en deux. Je lui en portai un second qu'il para avec la main gauche couverte d'un gant en peau de mouton. Ils allaient nous échapper, quand Pierson arriva pour me seconder, tandis que les autres, encore en bas du remblai, qu'ils n'avaient pas la force de remonter, juraient et nous criaient de tuer les juifs. Celui auquel j'avais donné un coup de sabre se sauvait en traversant le canal; l'autre, qui tenait les chevaux, demandait grâce en disant que c'était la faute de son camarade. Cela n'empêcha pas Pierson d'appliquer quelques coups de plat de sabre à celui qui restait et qui demandait pardon en nous appelant colonel et général.

Pierson, prenant les chevaux par la bride, lui ordonna de descendre, afin d'aider nos camarades à remonter. C'est ce qu'il s'empressa de faire; il en fut récompensé par les coups de poings qu'on lui appliqua avec force. Lorsqu'ils furent remontés, Leboude nous annonça que nous avions acquis de droit le traîneau et les chevaux, car ces deux coquins avaient cherché à nous détruire, afin de s'emparer de ce que nous avions.

Nous ordonnâmes au juif de nous conduire, au grand galop, par le chemin le plus court, afin de rejoindre l'armée, mais il fallut retourner par où nous étions venus.

Arrivés près de la ville, le juif voulait nous y faire entrer sous prétexte de prendre quelque chose chez lui : c'était pour nous livrer aux Cosaques, qui y étaient déjà. Nous lui fîmes sentir la pointe du sabre dans le dos, le menaçâmes de le tuer, s'il faisait encore un pas du côté de la ville. Aussi s'empressa-t-il de tourner à gauche, sur la route que suivait l'armée, dont nous apercevions les derniers traîneaux à une grande distance. Un quart d'heure après, nous les avions rejoints, ensuite nous les dépassâmes en descendant une côte avec rapidité.

Comme j'étais placé sur le derrière du traîneau, le bout du timon de l'un de ceux qui descendaient m'atteignit dans le flanc droit et me jeta sur la neige à plus de six pieds. Je restai sans connaissance. Un fourrier des Mamelucks, qui me connaissait, s'empressa de me relever et de m'asseoir

Pierson, qui conduisait le traîneau, nous fit faire une culbute et nous jeta sur la neige.

sur la neige[1]. Mes camarades s'empressèrent aussi de venir à mon secours : on pensait que le timon m'était rentré dans le corps, mais fort heureusement que mes habillements avaient amorti le coup; et puis, par bonheur, le bord du timon était garni d'une peau de mouton.

Je fus relevé, et l'on me replaça sur le traîneau : chose étonnante, il n'en résulta pour moi rien de funeste; seulement, dans la journée, j'eus des vomissements.

Il pouvait être neuf heures lorsque nous arrivâmes dans un grand village; beaucoup d'hommes y étaient déjà ; nous entrâmes dans une maison, afin de nous y chauffer; nous laissâmes notre traîneau à la porte, ayant eu la précaution de le décharger de nos bagages et de faire entrer le juif avec nous, dans la crainte qu'il n'enlevât notre équipage.

Les soldats qui étaient à se chauffer nous dirent que, dans le village, on vendait des harengs et du genièvre. Comme ils avaient eu beaucoup de complaisance pour moi et qu'ils avaient tous les pieds plus gelés que les miens, je me décidai à y aller, mais, en partant, je leur recommandai d'avoir les yeux sur le traîneau : « Sois tranquille, me dit Pierson, j'en réponds! » Je partis avec notre juif pour me servir de guide et d'interprète.

Il me conduisit chez un de ses compères, où je trouvai des harengs, du genièvre et des mauvaises galettes de seigle. Pendant que je me chauffais en buvant un verre de genièvre, je m'aperçus que mon guide avait disparu avec un autre juif, avec lequel il causait un instant avant. Voyant qu'il ne rentrait pas, je retournai, avec mes provisions, rejoindre mes amis : mais quel fut mon étonnement, lorsque je fus près de la maison, de n'y plus voir le traîneau à la porte! Mes camarades, tranquillement à se chauffer, me demandent où sont les provisions ; moi je leur demande où est le traîneau. Ils regardent dans la rue, le traîneau est parti! Sans dire un mot, je jette les provisions à terre, et, le cœur triste, je vais me coucher sur de la paille, à côté du poêle. Une demi-heure après, on battit le rappel pour le départ, et l'on nous fit savoir qu'à deux petites lieues de là, il y aurait des traîneaux pour tout le monde, afin que l'on pût arriver le même jour à Gumbinnen.

Arrivés à cet endroit, nous y trouvâmes, en effet, une grande quantité de traîneaux et, un instant après, on nous fit partir. Pendant la route, je fus indisposé : le mouvement du traîneau fit, sur moi, l'effet du mal de mer ; j'eus des vomissements. Je voulus, avant d'arriver, marcher un peu à pied, mais je faillis périr de froid, car il était devenu insupportable. Heureuse-

1. Le Mameluck qui me releva se nommait Angelis ; il était de la Géorgie ; nous nous étions connus en Espagne ; il était un des Mamelucks que l'Empereur avait ramenés d'Égypte ; quelques-uns seulement de ce beau corps échappèrent aux désastres de cette campagne. (*Note de l'auteur.*)

ment mes camarades s'aperçurent de ma triste position, firent arrêter le traîneau et vinrent me chercher : je ne pouvais plus avancer. Quand nous arrivâmes à Gumbinnen, il était temps! On nous donna un billet de logement pour nous cinq, et nous eûmes une chambre bien chaude et de la paille.

Lorsque nous fûmes installés, la première chose que nous fîmes, fut de demander si, pour de l'argent, nous ne pourrions pas avoir à boire et à manger. Le bourgeois, qui avait l'air d'un brave homme, nous répondit qu'il ferait son possible pour nous donner ce que nous demandions : une heure après, il nous apporta de la soupe, une oie rôtie et des pommes de terre, de la bière et du genièvre. Nous dévorions le tout des yeux, mais, malheureusement, l'oie était tellement coriace, que nous ne pûmes en manger que très peu, et ce peu faillit nous étouffer; nous en fûmes réduits aux pommes de terre.

Je fus, avec le sergent-major Oudict, voir, dans la ville, si nous ne trouverions pas quelque chose à acheter : le hasard nous conduisit dans une maison où Oudict rencontra un chirurgien-major de son pays. Il était logé avec deux officiers et trois soldats, reste du régiment. Ils étaient dans un état pitoyable; ils avaient presque tous perdu les doigts des pieds et des mains; pendant que nous étions dans cette maison, un individu nous proposa de nous vendre un cheval et un traîneau, que nous nous empressâmes d'acheter pour la somme de 80 francs.

Le lendemain 18, après avoir essayé de manger de notre oie, qui n'était pas plus tendre que la veille, nous montâmes sur notre traîneau et nous partîmes pour aller coucher à Wehlau; mais à peine fûmes-nous hors de la ville, que Pierson, qui conduisait le traîneau et qui n'y entendait rien, nous fit faire une culbute, brisa le brancard, et nous jeta sur la neige. Nous nous trouvions près d'une maison où nous entrâmes pour le faire réparer : pendant que le paysan était occupé à cette besogne, nous l'étions à nous chauffer, et, lorsque nous fûmes pour nous mettre en route, nous fûmes on ne peut plus étonnés de voir que nous n'avions plus d'armes : les Prussiens nous avaient pris nos fusils déposés contre la porte. Nous crions, nous jurons : « Nous voulons nos armes, ou nous mettons le feu à la maison! » Mais le paysan jure à son tour qu'il n'a rien vu; il fallut se décider à partir sans armes. Heureusement qu'après une heure de marche, nous rencontrâmes un fourgon parti le matin de Gumbinnen, avec un chargement de fusils de la Garde impériale, de sorte que nous pûmes en prendre d'autres. Enfin nous arrivâmes à Wehlau à trois heures.

Nous vîmes plus de deux mille soldats rassemblés près de l'Hôtel de Ville, attendant des billets de logement. Un grand coquin de Prussien s'avance près de nous, et nous dit que, si nous voulons, pour peu de chose, il nous logera chez lui; qu'il a une chambre bien chaude, de la paille pour nous coucher, et une écurie pour notre cheval. Nous acceptâmes avec empressement. Arrivés chez lui, il met le cheval à l'écurie, nous fait monter au second, et là, nous entrons dans une chambre passablement malpropre; il en était de même de la paille, mais il faisait chaud, c'était l'essentiel.

Une Mégère

Nous vîmes paraître une femme qui avait près de six pieds de haut, et une vraie figure de Cosaque; elle nous dit qu'elle était la bourgeoise de la maison, et que, si nous avions besoin de quelque chose, nous n'avions qu'à lui donner de l'argent, qu'elle irait nous le chercher. C'était ce que nous demandions, car pas un de nous n'était disposé à sortir. Je lui donne cinq francs pour aller nous chercher du pain, de la viande et de la bière. Un instant après, elle nous apporta de l'un et de l'autre; on fit la soupe, et, après avoir mangé et nous être assurés que notre cheval ne manquait de rien, nous nous reposâmes jusqu'au lendemain matin.

Avant de partir, nous donnâmes à notre bourgeoise une pièce de cinq francs pour la nuit, mais elle nous dit que cela ne suffisait pas; alors nous lui en donnâmes une seconde. Mais ce n'était pas encore son compte; elle exigea que nous lui donnions une pièce de cinq francs par chaque homme, plus une pour le cheval.

Alors je me levai pour lui dire qu'elle n'était qu'une grande canaille et qu'elle n'aurait pas davantage. A cela, elle me répondit en me passant la main sur la figure et en me disant: « Pauvre petit Français, il y a six mois, lorsque tu passas par ici, c'était fort bien, tu étais le plus fort; mais aujourd'hui, c'est différent! Tu donneras ce que je te demande, ou j'empêche mon mari de mettre le cheval au traîneau et je vous fais prendre par les Cosaques! » Je lui répondis que je me moquais des Cosaques comme des Prussiens: « Oui, me répondit-elle, si tu savais qu'ils sont près d'ici, tu ne dirais pas cela! » Alors, voyant toute la méchanceté de cette femme, je l'attrapai par le cou pour l'étrangler, mais elle fut plus forte que moi, elle me renversa sur la paille et c'était elle, à son tour, qui voulait m'étrangler.

Fort heureusement qu'un grand coup de pied, donné par un de mes camarades, la fit relever. Dans ce moment, le mari entra, mais ce fut pour recevoir un grand coup de poing de sa chère femme qui était comme une furie, qui lui dit qu'il n'était qu'un grand lâche et que, s'il n'allait pas, de suite, chercher les voisins et les Cosaques, elle lui arracherait les yeux. Comme nous étions cinq contre deux, nous l'empêchâmes de sortir de la maison et nous le forçâmes de mettre le cheval au traîneau, mais il fallut donner ce que cette coquine avait demandé; il n'y avait pas à marchander, les Cosaques étaient proches. Avant de partir, je dis à cette diablesse que, si je revenais, je lui ferais rendre avec usure l'argent que nous lui donnions. A cela, elle me répondit en me crachant à la figure; comme je voulais riposter à cette insulte par un coup de crosse de fusil, mes camarades m'en empêchèrent.

Nous nous plaçâmes sur le traîneau pour partir au plus vite.

Ce jour-là, 19 décembre, nous allâmes coucher à Insterbourg, où nous arrivâmes à la nuit; nous fûmes logés chez de braves gens.

Le lendemain 20, c'était un dimanche; nous partîmes de grand matin pour aller coucher à Eylau. Là, nous allâmes directement à la Maison de Ville, où l'on nous donna, sans difficulté, un billet de logement. Nous fûmes encore chez de bonnes gens, chez qui nous trouvâmes un bon feu; on nous offrit à chacun un verre de genièvre. Ensuite, notre bourgeoise alla chercher nos vivres avec notre billet de logement, car les communes venaient de recevoir l'ordre de nous donner les vivres.

Lorsque nous fûmes réchauffés et un peu reposés, nous nous disposâmes, en attendant la soupe, à faire une visite au champ de bataille, que nous parcourûmes en partie. Nous vîmes plusieurs monuments funèbres, c'est-à-dire de simples croix en bois; nous en remarquâmes particulièrement une avec cette inscription : « Ici reposent vingt-neuf officiers du brave 14me de ligne, morts au champ d'honneur[1] ».

Après quelques observations sur l'emplacement des troupes, le jour de cette terrible bataille, nous entrâmes en ville, qui nous parut déserte. Il est vrai que c'était un dimanche; que les habitants étaient, vu la saison, renfermés chez eux, et que nous nous trouvions les seuls Français, les autres ayant pris une autre direction.

Rentrés à notre logement, en attendant que notre repas fût fait, nous nous étendîmes sur la paille. A peine y étions-nous, qu'un vétéran prussien entra pour nous prévenir qu'on apercevait les Cosaques sur une hauteur, à un quart de lieue de la ville, et qu'il nous conseillait de partir au plus tôt. Comme

1. Plus cinq cent quatre-vingt-dix sous-officiers et soldats. (*Note de l'auteur.*)

la chose n'était que trop vraie, nous nous dépêchâmes de faire nos dispositions de départ; nous enveloppâmes dans de la paille notre viande, qui n'était pas à moitié cuite.

Nous partîmes avec notre paysan pour nous mettre dans le bon chemin. Lorsque nous y fûmes, il nous fit remarquer les Cosaques sur une hauteur : ils étaient plus de trente. Le temps était brumeux; la neige ne manqua pas de tomber un instant après notre départ. Nous n'avions pas encore fait une demi-lieue que la nuit nous surprit. Nous rencontrâmes deux paysans. Nous leur demandâmes s'il y avait encore loin pour trouver un village. Ils nous dirent qu'avant d'en trouver, il fallait traverser un grand bois; que nous trouverions à notre droite, à vingt-cinq pas de la route, une maison qui était celle d'un garde forestier qui tenait auberge, et que nous pourrions y loger. Après une petite demi-heure de marche, nous arrivâmes à la maison indiquée : il était neuf heures; nous avions fait quatre lieues.

Avant de nous ouvrir, on nous demanda qui nous étions et ce que nous voulions. Nous répondîmes que nous étions Français et militaires de la Garde impériale et que nous demandions si, en payant, nous pourrions avoir à loger, à boire et à manger. Aussitôt, on nous ouvrit la porte et on nous dit d'être les bienvenus. Nous commençâmes par faire mettre notre cheval à l'écurie. Puis on nous fit entrer dans une grande chambre où nous aperçûmes trois individus couchés sur de la paille; c'étaient trois chasseurs à cheval de la Garde, arrivés dans la journée, mais plus malheureux que nous, car ils n'avaient plus de chevaux et, ayant les pieds gelés, ils étaient obligés de faire la route à pied. On nous servit à manger, ensuite nous nous couchâmes et nous dormîmes comme des bienheureux.

En nous éveillant, nous fûmes surpris de ne plus voir les chasseurs, mais le maître de la maison nous apprit qu'il y avait environ une heure, un juif voyageant avec un traîneau, avait proposé aux chasseurs de les conduire à trois lieues pour deux francs, et qu'ils avaient accepté avec empressement. Nous apprîmes cette nouvelle avec plaisir. Après avoir payé la valeur de cinq francs qu'on nous demanda pour notre cheval et pour nous, nous partîmes; notre bourgeois nous recommanda de toujours suivre les traces du traîneau qui nous précédait et qui conduisait les chasseurs.

Nous avions une longue marche à faire, ce jour-là : neuf lieues.

Après avoir marché toute la journée, nous arrivâmes, à la nuit, à Heilsberg, où nous devions loger. La première chose que nous fîmes, fut d'aller chez le bourgmestre chercher un billet de logement; nous fûmes assez heureux pour nous voir désigner la même maison, où nous fûmes assez bien reçus; six chasseurs à cheval de la Garde s'y trouvaient déjà. On nous servit de la soupe, de la viande avec force bonnes pommes de terre et de la bière; nous demandâmes du vin, en payant, bien entendu. On nous en procura à un thaler la bouteille (quatre francs) que nous trouvâmes bon et pas cher. Avant de nous coucher sur de la bonne paille, nous recommandâmes à notre bourgeoise de nous préparer à manger pour cinq heures du matin, car nous voulions partir de bonne heure, ayant encore une grande étape à faire.

Le lendemain 22 décembre, nous nous levâmes de grand matin; un domestique vint nous apporter de la chandelle; nous lui recommandâmes notre cheval en lui promettant de lui donner un pourboire, lorsqu'il l'aurait mis au traîneau. On nous apporta la soupe, enfin ce que nous avions demandé. Alors chacun de nous flatta la bourgeoise en lui disant : « Bonne femme! belle femme! » Le repas fini, nous nous disposions à partir; le traîneau était prêt et nous disions adieu à la femme, lorsqu'elle nous dit : « C'est bien, messieurs, mais avant de partir, n'oubliez pas de payer! — Comment, payer? Ne sommes-nous pas ici par billet de logement! Ne devez-vous pas nous nourrir? — Oui, répondit-elle, pour ce que vous avez mangé hier, mais pour la nourriture d'aujourd'hui, il me faut deux thalers (10 francs). » Je déclarai que je ne payerais pas, et comme la femme voyait que nous nous disposions à partir sans lui donner de l'argent, elle ordonna de fermer la porte, et une douzaine de grands coquins de Prussiens entrèrent dans la maison, armés de grands bâtons de la grosseur de mon bras. Ce n'était pas le cas de discuter : nous payâmes et nous partîmes. Autre temps, autres mœurs. A présent, nous étions les moins forts.

Les chasseurs étaient partis pendant que nous mangions. Nous avions encore deux jours de marche jusqu'à Elbing, douze lieues, mais comme nous ne voulions pas fatiguer notre cheval, nous décidâmes que nous irions loger à trois lieues de cette ville.

Après une lieue de marche, nous aperçûmes plusieurs traîneaux venant sur notre gauche pour marcher aussi sur Elbing. Cela nous fit penser que nous n'avions pas suivi la route que les débris de l'armée avaient prise, car au lieu d'aller sur Eylau, nous devions nous diriger sur Friedland.

Un traîneau de grande dimension et traîné par deux chevaux vigoureux passa près de nous. Il allait tellement vite que nous ne pûmes distinguer de quel régiment étaient les militaires qu'il conduisait. Au bout d'une demi-heure, nous aperçûmes une maison d'assez belle apparence : c'était la poste aux chevaux, et, en même temps, une bonne auberge; nous vîmes, sur la porte, plusieurs soldats de la Garde et d'autres qui partaient sur des traîneaux que l'on venait de leur procurer.

Nous descendîmes et nous entrâmes. Nous demandâmes du vin, car un vélite chasseur et un ancien venaient de nous dire qu'il y en avait, et « du soigné ». Ils paraissaient même en avoir bu copieusement.

Le vieux comme le jeune étaient d'une gaîté folle, chose qui arrivait presque à tous ceux qui, comme nous, avaient eu tant de misères et de privations. Le vieux nous demanda si nous avions rencontré le régiment de grenadiers hollandais, faisant partie de la Garde impériale. Nous lui répondîmes que non : « Il a passé près de vous, dit le vélite, et vous ne l'avez pas aperçu ? Ce grand traîneau qui vous a dépassé, eh bien, c'était tout le régiment des grenadiers hollandais ! Ils étaient sept ! »

Le maître de poste annonça à nos deux chasseurs qu'il y avait un traîneau à leur disposition et que, pour trois thalers (quinze francs), il les conduirait à trois lieues d'Elbing. Nous nous disposâmes à partir avec eux, puisqu'ils avaient un conducteur. Cinq minutes après, nous étions en route.

Séjour à Elbing

Arrivés à Elbing, nous allâmes, sans perdre de temps, à l'Hôtel de Ville, afin d'avoir des billets de logement. Nous le trouvâmes encombré de militaires.

Nous y remarquâmes beaucoup d'officiers de cavalerie bien plus misérables que nous, car presque tous avaient, par suite du froid, perdu les doigts des mains et des pieds, et d'autres le nez ; ils faisaient peine à voir. Je dirai, en faveur des magistrats de la ville, qu'ils faisaient tout ce qu'il était possible de faire pour les soulager, en leur donnant de bons logements et en les recommandant, afin que l'on eût soin d'eux.

Au bout d'une demi-heure d'attente, on nous donna un billet de logement pour nous cinq et pour notre cheval ; nous nous empressâmes d'y aller.

C'était un grand cabaret, ou plutôt une tabagie ; nous y fûmes fort mal reçus. On nous désigna, pour chambre, un grand corridor sans feu et de la mauvaise paille. Nous fîmes des observations ; on nous répondit que c'était assez bon pour des Français, et que, si cela ne nous convenait pas, nous pouvions aller dans la rue. Indignés d'une pareille réception, nous sortîmes de cette maison en témoignant tout notre mépris au butor qui nous recevait de la sorte et en le menaçant de rendre compte de sa conduite aux magistrats de la ville.

Nous décidâmes qu'il fallait tâcher de changer notre billet, et c'est moi qui fus chargé de cette mission, pendant que mes camarades m'attendaient dans une auberge où nous venions d'entrer.

Lorsque j'arrivai à l'Hôtel de Ville, il n'y avait pas beaucoup de monde. Je m'adressai au bourgmestre qui parlait français. Je lui contai la manière brutale dont nous avions été reçus. Je lui montrai mon pied droit enveloppé d'un morceau de peau de mouton, et la main droite dont une phalange, la première du doigt du milieu, était près de tomber. Il parla à celui qui était chargé des logements, qui me dit que nous ne pourrions pas être logés ensemble : « Voilà, me dit-il, un billet pour quatre et le cheval ; en voilà un autre que je vous conseille de garder pour vous. C'est chez un Français qui a épousé une femme de la ville. » Après l'avoir remercié, je retournai trouver mes camarades.

Arrivés au faubourg, nous allâmes au logement du billet pour quatre et le cheval. C'était la maison d'un pêcheur située sur le bord d'un canal dans la direction du port ; nous y fûmes assez bien reçus. Lorsque nous fûmes organisés, j'offris le billet qui était pour un, à celui qui le voudrait, mais personne n'en voulut. Alors je le gardai, et je m'informai si c'était loin de l'endroit où nous étions : il n'y avait qu'un pont à traverser.

La maison me parut très apparente. En entrant, la première personne que je rencontrai, fut la domestique, grosse Allemande aux joues fleuries. Je lui présentai mon billet. Elle me dit que, déjà, il y avait quatre militaires logés et, en même temps, elle alla chercher la dame de la maison, qui me dit la même chose, en me montrant la chambre où ils étaient. C'étaient justement des hommes du régiment qui, comme nous, venaient d'arriver isolément. Je pris aussitôt la résolution de retourner au premier logement rejoindre mes camarades. Mais la dame, qui venait de voir, sur son billet, que j'étais sous-officier de la Garde impériale, me dit : « Écoutez, mon pauvre monsieur, vous me paraissez si souffrant, que je ne veux pas vous laisser sortir d'ici. Suivez-moi, je vais vous donner une chambre pour vous seul, et vous aurez un bon lit, car je vois que vous avez besoin de repos. » Je lui répondis que c'était très bien à elle d'avoir pitié de moi, mais que je ne lui demandais que de la paille et du feu : « Vous aurez tout cela », me répondit-elle. En même temps, elle me fit entrer dans une petite chambre chaude et propre, où se trouvait un lit couvert d'un édredon. Mais je lui demandai en grâce de me faire donner de la paille avec des draps et de l'eau chaude pour me laver.

On m'apporta tout ce que j'avais demandé, plus un grand baquet en bois pour me laver les pieds. J'en avais bien besoin, mais ce n'était pas tout : la tête, la figure, la barbe n'avaient pas été faites depuis le 16 décembre. Je priai le domestique, qui se nommait Christiane, d'aller me chercher un barbier,

Il me rasa, ou plutôt m'écorcha la figure ; il prétendit que j'avais la peau durcie par suite du froid ; tant qu'à moi, je pensai que ses rasoirs étaient comme des scies.

L'opération finie, je me fis couper les cheveux et même la queue. Après l'avoir généreusement payé, je lui demandai s'il ne connaissait pas un marchand de vieux habits, car j'avais besoin d'un pantalon. Après son départ, un juif arriva avec des pantalons qu'il cachait dans un sac. Il s'en trouvait de toutes les couleurs, des gris, des bleus, mais tous trop petits ou trop grands, ou malpropres. L'enfant d'Israël, voyant que rien ne me convenait, me dit qu'il allait revenir avec quelque chose qui me plaîrait. En effet, il ne tarda pas à reparaître avec un pantalon à la Cosaque, de couleur amarante et en drap fin. Il était fort large. C'était le pantalon d'un cavalier, probablement d'un aide de camp du roi Murat. N'importe, je l'essayai et, prévoyant que j'aurais bien chaud avec, je le gardai. On y voyait encore, de chaque côté, la marque d'un large galon que le juif avait eu la précaution d'enlever. Je lui donnai, en échange, la petite giberne du docteur, garnie en argent, que j'avais prise sur le Cosaque, le 23 novembre. En outre, il exigea cinq francs, que je lui donnai.

Il me restait encore trois belles chemises du commissaire des guerres : je me disposai à changer de linge, mais, lorsque je me regardai, je me dis que, pour bien faire, il me faudrait un bain, car j'avais encore, par tout le corps, des traces de vermine. Je m'informai à la domestique s'il y avait des bains près de l'endroit où nous étions ; mais ne pouvant me comprendre, elle alla chercher sa dame, qui vint aussitôt : c'est alors que je remarquai que mon hôtesse était une belle et jolie femme, mais, pour le moment, mes observations n'allèrent pas plus loin, car, dans la position où je me trouvais, j'avais trop à m'occuper de ma personne. Elle me demanda ce que je voulais. Je lui dis que, désirant prendre un bain, je voudrais qu'elle eût la bonté de m'indiquer où je pourrais me le procurer. Elle me répondit qu'il y en avait, mais que c'était trop loin ; que, si je voulais, on pourrait m'en préparer un chez elle : elle avait de l'eau chaude et une grande cuve ; que, si je voulais me contenter de cela, on allait me la préparer. Comme on peut bien le penser, j'acceptai avec le plus grand plaisir, et un instant après, la domestique me fit signe de la suivre. Alors, prenant mon sac et mon pantalon amarante, j'entrai dans une espèce de buanderie où je trouvai tout ce qui était nécessaire, même du savon, pour me nettoyer.

Une Ame Compatissante!

Je ne pourrais exprimer le bien que je ressentis pendant le temps que je restai dans le bain ; j'y restai même trop longtemps, car la domestique vint voir s'il ne m'était rien arrivé de fâcheux. Elle s'était aperçue, en entrant, que j'étais fort embarrassé pour me nettoyer le dos. Aussitôt, sans me demander la permission, elle va chercher un grand morceau de flanelle rouge et, s'approchant de la cuve, elle me pose la main gauche sur le cou et, de l'autre, elle me frotte le dos, les bras, la poitrine. Comme on peut bien le penser, je me laissais faire. Elle me demandait si cela me faisait du bien ; je lui répondais que oui. Alors elle redoublait de zèle jusqu'à me fatiguer. Enfin, après m'avoir bien étrillé, nettoyé, essuyé, elle sortit en riant comme une grosse bête, sans me donner le temps de la remercier.

Je passai une des belles chemises du commissaire des guerres ; ensuite j'enfourchai le large pantalon à la Cosaque et, pieds nus, je regagnai la chambre où était mon lit, sur lequel je me laissai tomber. Il était temps, car il me prit une faiblesse et je perdis connaissance. Je ne sais combien de temps je restai dans cette situation, mais, lorsque je pus y voir, je remarquai, à mes côtés, la dame de la maison, la domestique et deux soldats du régiment qui étaient logés dans la maison et que l'on avait été chercher, pensant que j'avais quelque chose de grave, mais il n'en était rien. Cette faiblesse était occasionnée par le bain et aussi par les misères et fatigues que j'avais éprouvées.

Mme Gentil — c'était le nom de la dame — voulut me faire prendre un bouillon qu'elle m'apporta et qu'elle voulut me faire prendre elle-même, en me soutenant la tête de son bras gauche. Je me laissai faire. Il y avait si longtemps que je n'avais été câliné !

Le 29 décembre, je commençais à bien me rétablir. L'enflure de ma figure avait disparu, le pied gelé allait bien, ainsi que la main, et tout cela grâce aux soins de Mme Gentil, qui me soignait comme un enfant.

Le lendemain 30, je fus, avec Grangier, faire une visite à mon brave Picart ; un grenadier qui avait été logé avec lui m'avait enseigné son logement.

Lorsque nous y fûmes arrivés, une femme habillée de noir, et qui avait l'air triste, nous montra sa chambre située à l'extrémité d'un long corridor. Nous vîmes que la porte était à demi ouverte. Nous nous arrêtâmes pour écouter la grosse voix de Picart, qui chantait son morceau favori, sur l'air du *Curé de Pomponne* :

Ah! tu t'en souviendras, larira,
Du départ de Boulogne!

Notre surprise fut grande en lui voyant un visage blanc comme la neige, car il avait un masque de peau qui lui couvrait toute la figure. Il nous conta sa mésaventure; ensuite il se traita de conscrit, de vieille bête : « Tenez, mon pays, me dit-il, c'est comme le coup de fusil dans la forêt, la nuit du 23 novembre. Je vois que je ne vaux plus rien. Cette malheureuse campagne m'a usé. Vous verrez, continua-t-il, qu'il m'arrivera malheur! » Et, en disant cela, il s'empara d'une bouteille de genièvre qui était sur la table, et, prenant trois tasses sur la cheminée, il les remplit, pour boire, nous dit-il, à notre bonne arrivée. Nous le remerciâmes : « Eh bien! nous dit-il, nous allons passer la journée ensemble. Je vous invite à dîner! » Aussitôt il appela la femme, qui se présenta en pleurant. Je demandai à Picart ce qu'elle avait. Il me conta que, le matin, l'on avait enterré son oncle, vieux célibataire caboteur ou corsaire, très riche, à ce qu'il paraît, et que, par suite, il y avait grand gala à la maison; qu'il y était invité, et que c'était pour cela qu'il nous invitait aussi, parce qu'il y aurait des noisettes à croquer. Mais, se reprenant, il nous dit qu'il vaudrait mieux faire apporter le dîner dans la chambre que de passer notre temps avec un tas de pleurnicheuses qui allaient faire semblant de pleurer, comme il arrive toujours, à la mort d'un vieil oncle qui vous laisse quelque chose. Il dit à la femme qu'il ne pourrait aller dîner avec elle à cause de ses amis venus le voir; que, né avec un cœur sensible, il ne ferait que pleurer. En disant cela, il fit semblant d'essuyer une larme. La femme recommença à pleurer de plus belle et nous, en voyant jouer une comédie pareille, nous fûmes obligés, pour ne pas éclater de rire, de nous couvrir la figure avec notre mouchoir, de sorte que la brave femme pensa que nous pleurions, et nous dit que nous étions des bons hommes, mais qu'il ne fallait pas que cela nous empêchât de dîner, et qu'elle allait nous faire servir. Ensuite elle se retira et deux domestiques femelles vinrent nous apporter le dîner. Il y avait tant de choses, que nous n'aurions pu le manger en trois jours.

Notre repas fut, comme on doit bien le penser, on ne peut plus gai; et cependant, lorsque nous revenions sur nos misères, sur le sort de nos amis que nous avions vus périr et de ceux dont nous ne savions comment ils avaient disparu, nous devenions tristes et pensifs.

Le lendemain 1er janvier 1813, neuvième jour de notre arrivée à Elbing, je me levai à sept heures du matin pour sortir, mais avant, je voulus voir ce qui me restait de mon argent : je trouvai que j'avais encore 485 francs, dont plus de 400 francs en or, et le reste en pièces de cinq francs. Partant de Wilna, j'avais 800 francs ; j'aurais donc dépensé 315 francs? La chose n'était pas possible ! C'est qu'alors j'en avais perdu ; à cela rien d'étonnant, mais je me trouvais encore bien assez riche pour dépenser 20 à 30 francs, s'il le fallait, afin de faire un cadeau à mon aimable hôtesse.

Je me dirigeai du côté de la place du Palais. A peine y étais-je arrivé, que j'aperçus deux soldats du régiment : ils marchaient avec peine, courbés sous le poids de leurs armes et de la misère qui les accablait. En me voyant, ils vinrent de mon côté, et je reconnus, à ma grande surprise, deux hommes de ma compagnie, que je n'avais pas vus depuis le passage de la Bérézina. Ils étaient si malheureux, que je leur dis de me suivre jusqu'à une auberge où je leur fis servir du café pour les réchauffer.

Tout à coup, l'un d'eux me dit : « Mon sergent, j'ai quelque chose à vous remettre ! Vous devez vous souvenir qu'en partant de Moscou, vous m'avez chargé d'un paquet, le voilà tel que vous me l'avez donné ; il n'a jamais été tiré de mon sac ! » Le paquet était une capote militaire en drap fin, d'un gris foncé, que j'avais fait faire, pendant notre séjour à Moscou, par les tailleurs russes à qui j'avais sauvé la vie, l'autre objet était un encrier que j'avais pris sur une table, au palais de Rostopchin, au moment de l'incendie, pensant que c'était de l'argent, mais ce n'était pas tout à fait cela.

L'année commençait bien pour moi ; je voulus qu'elle fût de même pour celui qui me rendait un si grand service. Je lui donnai vingt francs. Ensuite je n'eus rien de plus pressé que d'endosser ma nouvelle capote[1].

Autre surprise non moins agréable : en mettant les mains dans les poches de ma nouvelle capote, j'en retirai un foulard des Indes où, dans un des coins bien noué, je trouvai une petite boîte en carton renfermant cinq bagues montées en belles pierres : cette boîte que je pensais avoir mise dans mon sac, je la retrouvais pour faire un cadeau à Mme Gentil ! Aussi la plus belle lui fut-elle destinée. Après avoir dit à mes deux soldats d'attendre jusqu'à l'heure de l'appel pour les faire rentrer à la compagnie et leur faire délivrer un billet de logement, je les laissai pour retourner au mien.

Chemin faisant, j'achetai un gros pain de sucre que j'offris à mon hôtesse, ainsi que la bague, en la priant de la garder comme un souvenir, car elle venait de Moscou. Elle me demanda combien je l'avais achetée ; je lui répondis que je l'avais payée bien cher, et que, pour un million, je ne voudrais pas en aller chercher une pareille.

1. Cette capote a servi à un de mes frères. Je la laissai chez mes parents, à mon retour de cette campagne, lorsque je venais d'être nommé lieutenant et que je repartais pour la campagne de 1813. (*Note de l'auteur.*)

A onze heures, je retournai sur la place du palais. Il y avait déjà beaucoup de monde, notre nombre était presque doublé depuis trois jours; on aurait dit que ceux que l'on croyait morts étaient ressuscités pour venir se souhaiter une bonne année, mais c'était triste à voir, car un grand nombre étaient sans nez ou sans doigts aux mains et aux pieds; quelques-uns réunissaient tous les maux à la fois. Le bruit se confirmait que les Russes avançaient; aussi l'on donna l'ordre de se tenir prêts, comme à la veille d'une bataille, et de ne dormir que d'un œil pour ne pas être surpris; de tenir les armes en bon état et chargées, de donner de nouvelles cartouches et de venir à l'appel avec armes et bagages.

L'appel n'était pas encore fini, que je me sens frapper sur l'épaule et un gros rire vient me percer les oreilles; c'était Picart, dans sa belle tenue et sans masque, qui me saute au cou, m'embrasse et me souhaite une bonne année. D'un autre côté, c'était Grangier qui en faisait autant, en me mettant trente francs dans la main : mes compagnons de voyage avaient vendu notre traîneau et le cheval cent cinquante francs. C'était ma part qu'il me remettait. Après plusieurs questions sur ma nouvelle capote, nous partîmes pour aller dîner chez moi, comme cela avait été convenu. En arrivant, nous trouvâmes deux autres dames : ainsi, nous avions chacun la nôtre. Un instant après, nous nous mettons à table sans cérémonie.

Notre dîner finit assez tard, et comme il avait commencé, c'est-à-dire joyeusement.

En sortant, j'entendis une des dames qui disait à Mme Gentil : « *Tarleifle des Franzosen!* » ce qui veut dire : « Diables de Français! » Elle ajouta : « Ils sont toujours gais et amusants ! »

Le 11 janvier, Picart entra chez moi de grand matin, en tenue de route, en me disant qu'il croyait bien ne pas retourner coucher à son logement; qu'à chaque moment il fallait s'attendre à entendre battre la générale; qu'il me conseillait de me tenir prêt et de me disposer à faire mes adieux à Mme Gentil.

Grangier entra aussi, en tenue de départ : il arrivait fort à propos pour déjeuner avec nous, puisque le vin ne manquait pas.

Il pouvait être huit heures du matin; nous nous mîmes à table; à onze heures et demie nous y étions encore, lorsque, tout à coup, Picart, qui s'apprêtait à vider son verre, s'arrête et nous dit : « Écoutez! je crois entendre le bruit du canon! » Effectivement, le bruit redouble, la générale bat, tous les militaires courent aux armes. Mme Gentil entre dans la chambre en s'écriant : « Messieurs, les Cosaques! » Picart répond : « Nous allons les faire danser ! » Je me presse d'arranger mes affaires, et un instant après, armes et bagages, le sac sur le dos, j'embrasse Mme Gentil, pendant que

Picart et Grangier vident la dernière bouteille, en bons soldats. J'avale un dernier verre de vin, ensuite je m'élance dans la rue, à la suite de mes amis.

Nous n'avions pas encore fait trente pas, que j'entends que l'on me rappelle; je me retourne, j'aperçois la grosse Christiane qui me fait signe de rentrer, en me disant que j'avais oublié quelque chose. Mme Gentil se tenait dans le fond de l'allée de la maison; aussitôt qu'elle m'aperçoit, elle me crie : « Vous avez oublié votre petite bouilloire! » Ma pauvre petite bouilloire que j'apportais de Wilna, que j'avais achetée au juif qui avait voulu m'empoisonner, je n'y pensais vraiment plus! Je rentre dans la maison pour embrasser encore une fois cette bonne femme qui m'avait traité et soigné comme si j'avais été son frère ou son enfant, en lui disant de garder ma bouilloire comme un souvenir de moi : « Elle vous servira à faire bouillir de l'eau pour faire du thé, et toutes les fois que vous vous en servirez, vous penserez au jeune sergent vélite de la Garde. Adieu! »

J'entends que le bruit du canon redouble; alors je m'élance dans la rue, mais, cette fois, pour ne plus revenir.

Picart et les Prussiens

Sur un petit pont, j'aperçois Grangier qui m'attendait avec impatience. Nous prenons le chemin le plus direct, le long du quai, pour arriver au lieu du rassemblement. Nous n'avions pas marché cinq minutes, que nous apercevons Picart au milieu de la rue, jurant comme un homme en colère, tenant sous son pied droit un Prussien, et ayant, devant lui, quatre vétérans prussiens commandés par un caporal, sous les ordres d'un commissaire de police. Voici de quoi il était question : en face d'un café, plusieurs individus lui avaient jeté des boules de neige. Il s'était arrêté en les menaçant d'entrer dans la maison pour leur donner une correction, mais ils n'en tinrent pas compte; un de ces individus, étant descendu dans la rue, s'avança derrière Picart, lui posa une queue de billard sur l'épaule et se mit à crier : « Hourra! Cosaque! » Lui, se retournant vivement, l'empoigne par la peau du ventre, lui fait faire un demi-tour et le jette à plat ventre, la figure dans la neige. Ensuite il lui pose le pied droit sur le dos, pendant qu'il met la baïonnette au bout du canon de son fusil, et, se retournant du côté du café, défie ceux qui y sont.

On était allé chercher la garde; lui, de son côté, avait fait comprendre à l'individu, que, s'il faisait le moindre mouvement, il le percerait d'un coup de baïonnette. Il en dit autant à ceux qui étaient dans le café; aussi pas un ne bougea; c'est alors que la garde est arrivée avec le commissaire de police.

Cette garde n'intimida pas Picart. Il était, dans ce moment, comme un lion qui tient sa proie sous ses griffes et qui regarde fièrement les chasseurs. Nous étions près de lui; il ne nous voyait pas: les invalides et le commissaire étaient tremblants de peur. Les femmes disaient: « Il a raison, il passait son chemin tranquillement, on l'a insulté! »

A la fin, un ministre protestant, qui avait tout vu et qui parlait français, s'avança, expliqua au commissaire comment la chose s'était passée. Alors on dit à Picart qu'il pouvait lâcher l'homme qu'il tenait sous son pied, qu'on allait lui rendre justice. Il dit à celui qu'il tenait sous son pied: « Lève-toi! » Celui-ci ne se le fit pas dire une seconde fois.

Lorsqu'il fut debout, Picart lui allongea un grand coup de pied dans le derrière, en lui disant: « Voilà ma justice, à moi! » L'homme se retira en portant la main à la place où il avait reçu le coup, aux huées de toutes les femmes présentes.

Pendant ce temps, le commissaire faisait payer une amende de vingt-cinq francs aux individus qui avaient insulté Picart, ainsi qu'à celui qui avait reçu le coup de pied. Il en mit la moitié dans sa poche, « pour le Roi, disait-il, et pour les frais de justice ». L'autre moitié, il la présenta à Picart qui, d'abord, refusa, mais faisant réflexion, il en donna la moitié aux invalides et l'autre au ministre protestant en lui disant: « Si vous rencontrez la femme d'un vieux soldat, vous lui remettrez cela de ma part! » On se fit expliquer ce que Picart venait de faire, car on ne pouvait comprendre autant de désintéressement de la part d'un soldat; aussi c'est à qui lui aurait dit des choses flatteuses, même le commissaire de police, qui vint lui baragouiner un compliment. Nous continuâmes à marcher dans la direction du palais, Grangier et moi, en faisant des réflexions sur le caractère des Prussiens, et Picart en chantant son refrain:

Ah! tu t'en souviendras, larira,
Du départ de Boulogne!

Nous arrivâmes sur la place; nous vîmes, en face du palais où était logé le roi Murat, un régiment de nègres appartenant au roi: c'était vraiment drôle à voir, des hommes noirs sur une place couverte de neige; ils étaient en colonne serrée par division, les sapeurs avaient des bonnets de peau d'ours blancs, et les officiers qui les commandaient étaient noirs comme eux. Je n'ai pu savoir quelle route ce corps avait pris pour se retirer, mais je pense qu'il alla passer la Vistule à Marienwerder.

Le bruit du canon avait presque cessé. Les Russes venaient d'être chassés des environs de la ville par un corps de troupes fraîches qui n'avait pas fait la campagne de Russie; quelques coups à mitraille, au milieu de leur cavalerie, avaient suffi pour les faire retirer.

L'encombrement des voitures d'équipage appartenant à différents corps et que l'on voulait faire sortir de la ville avant de l'avoir évacuée, nous fit arrêter.

Puis, on recommença à marcher, et une demi-heure après, nous étions hors d'Elbing. Le même jour, nous passâmes la Vistule sur la glace, et nous marchâmes sans accident jusqu'à quatre heures, pour nous arrêter dans un grand bourg où le maréchal Mortier, qui nous commandait, décida que nous logerions.

Appendice

Ce n'est pas par vanité et pour faire parler de moi, que j'ai écrit mes Mémoires. J'ai seulement voulu vous rappeler le souvenir de cette gigantesque campagne qui nous fut si funeste, et des soldats, mes concitoyens, qui l'ont faite avec moi. Leurs rangs, hélas! s'éclaircissent tous les jours. Les faits que j'ai racontés paraîtront incroyables et parfois invraisemblables. Mais qu'on ne s'imagine pas que j'ajoute quelque chose qui ne soit vrai et que je veuille embellir mon récit pour le rendre intéressant. Au contraire, je prie de croire que je ne dis pas tout. Cela me serait impossible, car j'ai peine à y croire moi-même, et cependant tout cela a été mis en note pendant que j'ai été prisonnier en 1813 et à mon retour de cette captivité, en 1814, sous le coup de l'impression et de l'effet que produisent, dans le cœur, la vue et la participation de pareils désastres.

Ceux qui ont fait cette malheureuse et glorieuse campagne, conviendront qu'il fallait, comme disait l'Empereur, être de fer pour avoir résisté à tant de maux et de misères, et que c'est la plus grande épreuve à laquelle l'homme puisse être exposé.

Si j'ai pu oublier quelque chose, comme date ou noms d'endroits, ce ce que je ne pense pas, il est de mon devoir de dire que je n'ai rien ajouté.

Plusieurs témoins de ce que j'écris, qui étaient dans le même régiment que moi, et quelques-uns dans la même compagnie, et qui ont fait cette mémorable campagne, vivent encore. Je citerai en particulier :

MM. *Serraris*, grenadier vélite, actuellement maréchal de camp au service du roi de Hollande, natif de Saint-Nicolas en Brabant. Il était lieutenant dans la même compagnie où j'étais alors sergent[1].

1. Ancien camarade de Bourgogne aux vélites de la Garde où il était aussi entré en 1806, le lieutenant Serraris fit toutes les campagnes de l'Empire, reçut la croix des mains de l'Empereur à la revue du Kremlin, et quitta le service en 1814, après avoir été promu chef de bataillon et officier de la Légion d'honneur. Il est mort en 1855, lieutenant général au service des Pays-Bas. Il a laissé, nous écrit son fils, un journal de ses campagnes dont la partie relative à celle de Russie confirme entièrement l'exactitude des récits de Bourgogne.

Rossi, fourrier dans la même compagnie, natif de Montauban, et que j'eus le bonheur de rencontrer à Brest, en 1830. Il y avait seize ans que nous ne nous étions vus.

Vachin[1], alors lieutenant dans le même bataillon, habitant actuellement Anzin (Nord). Lorsque je le rencontrai, il y avait vingt ans que nous ne nous étions vus.

Leboude, sergent-major alors, à présent lieutenant général en Belgique, était aussi du même bataillon, ainsi que *Grangier*, sergent, qui était du Puy-de-Dôme, en Auvergne. Celui-là était mon ami intime. Dans plus d'une circonstance il me sauva la vie; il avait une faible santé, mais un courage à toute épreuve. Il est mort du choléra en 1832.

Pierson, aussi sergent vélite, actuellement capitaine à l'état-major de place à Angers[2]. Il était très laid, mais bon enfant, comme tous les vélites. Il n'y avait pas de figure comme la sienne. Il était tellement reconnaissable qu'il ne fallait l'avoir vu qu'une fois pour se le rappeler. A propos de Pierson, je vais conter un fait pour venir à l'appui de ce que je viens de dire.

Au commencement de cette campagne, à l'époque où nous étions à Wilna, capitale de la Lithuanie, un jour qu'il était de garde à la manutention, c'était le 4 juillet, au moment où l'on faisait construire de grands fours pour la cuisson du pain de l'armée, l'Empereur fut voir si les travaux avançaient. Pierson, qui était le chef du poste, voulut profiter de cette occasion pour solliciter la décoration et, s'avançant près de Sa Majesté, il la lui demanda. L'Empereur lui répondit : « C'est bien! Après la première bataille! » Depuis, nous eûmes le siège de Smolensk, la grande bataille de la Moskowa, ainsi que plusieurs autres pendant la retraite. Mais l'occasion ne se présenta pas pour lui de rappeler à l'Empereur sa promesse, car ce n'était pas le cas d'en parler, pendant la retraite désastreuse que nous fîmes et où il eut le bonheur d'échapper. Ce ne fut qu'à Paris, quelques jours après notre retour, le 16 mars 1813, à la Malmaison, où nous passions la revue, le même jour où je fus nommé lieutenant, que Pierson put rappeler à l'Empereur la promesse qu'il lui avait faite et, s'approchant de lui, l'Empereur lui demanda ce qu'il voulait : « Sire, répondit-il, je demande la croix à Votre Majesté. Vous me l'avez promise. — C'est vrai, répond l'Empereur en souriant, à Wilna, à la manutention! » Il y avait dix mois que cette promesse lui avait été faite. Ainsi l'on voit que l'individu avait une figure à ne pas oublier; mais, aussi, quelle mémoire avait l'Empereur.

Je citerai encore d'autres témoins :

M. *Péniaux*, de Valenciennes, directeur des postes et relais de l'Empe-

1. Mort à Valenciennes en 1856. (*Note de l'auteur.*)
2. C'est-à-dire en 1835, à l'époque où je mettais mes *Mémoires* en ordre. (*Note de l'auteur.*)

reur, qui m'a vu mourant, couché sur la neige, sur le bord de la Bérézina.

M. *Melet*, dragon de la Garde, que j'ai souvent rencontré dans la retraite, traînant son cheval par la bride et faisant des trous dans la glace sur les lacs, pour lui donner à boire. Il était de Condé, du même endroit que moi. On pouvait le citer comme un des meilleurs soldats de l'armée. Avant d'entrer dans la Garde, M. Melet avait déjà fait les campagnes d'Italie. Il fit, dans cette même arme et avec le même cheval, les campagnes de 1806, 1807, en Prusse et en Pologne ; 1808, en Espagne; 1809, en Allemagne; 1810 et 1811, en Espagne ; 1812, en Russie ; 1813, en Saxe, et 1814, en France. Après le départ de l'Empereur pour l'île d'Elbe, il resta, pour attendre sa retraite, dans la Garde royale, toujours avec son cheval qu'il n'a jamais voulu abandonner. A la rentrée de l'Empereur de l'île d'Elbe, il reparut encore dans le même corps, comme garde impérial, à Waterloo. Il fut blessé, et son cheval fut tué. C'était toujours le même avec lequel il avait fait tant de campagnes et avec qui il avait assisté à plus de quinze grandes batailles commandées par l'Empereur. Si l'Empereur fût resté, ce brave militaire eût été dignement récompensé. Quoique chevalier de la Légion d'honneur, il est aujourd'hui dans la misère. Dans la retraite de Russie, quelquefois, seul au milieu de la nuit, il s'introduisait dans le camp ennemi pour y prendre du foin ou de la paille pour Cadet : c'était le nom de son cheval. Il ne revenait jamais sans avoir tué un ou deux Russes, ou pris ce qu'il appelait un témoin, c'est-à-dire fait un prisonnier.

Monfort, grenadier vélite à cheval, actuellement officier de cuirassiers en retraite à Valenciennes. Quoiqu'étant du même pays et aussi de la Garde impériale, je ne le connaissais, à l'armée, que de réputation, par la manière dont il se distingua dans différents combats que nous eûmes en Espagne ; en Russie, il traversa la Bérézina, à cheval, au milieu des glaçons. Mais son cheval y resta. A Waterloo, sur le mont Saint-Jean, dans une charge que son régiment fit contre les dragons de la reine d'Angleterre, il tua le colonel d'un coup de sabre dans la poitrine qui l'envoya souper chez Pluton.

Pavart, capitaine en retraite à Valenciennes, était, pendant la campagne de Russie, aux chasseurs à pied de la Garde impériale. Tout ce qu'il conte de cette campagne, de ce qui lui est arrivé, et de ce qu'il a vu, est très intéressant. Dans la retraite, à Krasnoé, où nous nous sommes battus pendant les journées des 15, 16 et 17 novembre, contre l'armée russe forte de cent mille hommes, la nuit du 16, la veille de la bataille du 17, lorsque les Russes nous serraient de près, Pavart, qui était alors caporal, commandait une patrouille de six hommes. En cheminant, il aperçoit, sur sa droite, une autre patrouille composée de cinq hommes. Pensant, et presque certain que c'étaient des nôtres, il dit aux hommes qu'il commandait : « Halte! attendez-moi. Je vais parler à celui qui la commande afin de marcher dans la même direction, pour ne pas tomber dans les avant-postes des Russes. » Aussitôt, les hommes s'arrêtent et lui s'avance vers cette patrouille qui, en voyant un homme seul venir à elle, croit probablement que c'est un des leurs. Mais Pavart reconnaît que ce sont des Russes. Il était trop tard pour rétrograder, il s'avance résolument et, sans donner le temps aux Russes de se reconnaître, il tombe dessus et, à coups baïonnette, il en met trois hors de combat. Les autres se sauvent. Après ce coup hardi, il retourne pour rejoindre ses hommes, mais ils étaient près de lui ; ils accouraient pour le secourir.

Wilkès, sous-officier dans un régiment de ligne, habitant de Valenciennes, prisonnier sur les bords de la Bérézina, conduit en captivité à quatorze cents lieues de Paris, où il resta pendant trois ans.

Le capitaine *Vachin*, dont j'ai parlé plus haut, avant de partir pour la Russie, lorsque nous étions en Espagne, eut, avec mon sergent-major, une discussion très vive, qui finit par un duel et un coup de sabre qui partagea la figure de mon sergent-major en deux, car cela lui prenait depuis le haut du front jusqu'au bas du menton. Il en fit autant à l'occasion, aux Autrichiens, Prussiens, Russes, Espagnols, Anglais contre lesquels il combattit pendant dix ans sans interruption, car pendant ce laps de temps il assista à plus de vingt grandes batailles commandées par l'empereur Napoléon.

A la bataille d'Essling, le 22 mai 1809, Vachin portait pendue à son côté une gourde remplie de vin. Un de ses amis, sous-officier comme lui, lui fait signe qu'il voudrait boire un coup de son vin. Vachin lui crie d'avancer, et lorsqu'il fut près de lui, il lui présenta à boire en se baissant de côté. Cela se passait au fort de l'action où les boulets et la mitraille nous arrivaient de toutes parts. Mais à peine le buveur avait-il avalé quelques gorgées, qu'un brutal de boulet autrichien emporte la tête du buveur ainsi que la gourde. Deux jours avant, ils avaient dîné ensemble à Vienne et, là, ils s'étaient fait réciproquement un don mutuel de ce qu'ils avaient comme montre, ceinture, en cas que l'un ou l'autre fût tué. Mais Vachin n'eut pas l'envie de mettre à exécution ce qu'ils étaient convenus de faire. Il se retira, reprit son rang, heureux de n'avoir pas été atteint par le même boulet, mais en pensant que, d'un moment à l'autre, il pouvait lui en arriver autant, car l'affaire était chaude. Je fus blessé le même jour.

Outre les anciens militaires que j'ai connus particulièrement, je puis citer encore, comme ayant fait la glorieuse et terrible guerre de Russie :

MM. *Bouy*, capitaine en retraite, à Valenciennes, et de Valenciennes; chevalier de la Légion d'honneur.

Hourez, capitaine en retraite à Valenciennes, et de Valenciennes; chevalier de la Légion d'honneur.

Piète, sous-lieutenant, de Valenciennes.

Legrand, ex-fusilier des grenadiers de la Garde impériale, habitant Valenciennes; chevalier de la Légion d'honneur.

Foucart, casernier, qui fut blessé et prisonnier; chevalier de la Légion d'honneur.

Izambart, ancien sous-officier, garde des musées ; chevalier de la Légion d'honneur.

Petit, sous-lieutenant de la Jeune Garde.

Maujard, garde du génie, en retraite à Condé (Nord); chevalier de la Légion d'honneur.

Boquet, de Condé.

BOURGOGNE,
Ex-grenadier vélite de la Garde impériale,
Chevalier de la Légion d'honneur.

FIN

Table des Planches

Table des Matières

4534-05. — Corbeil. Imprimerie Éd. Crété.

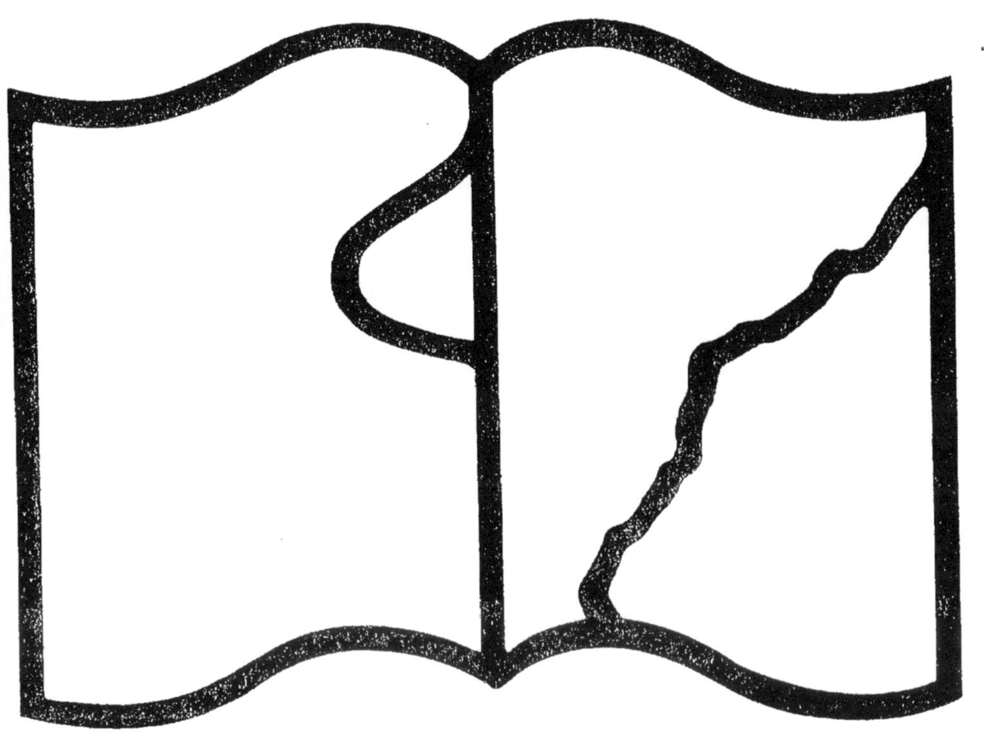

Texte détérioré — reliure défectueuse

NF Z 43-120-11

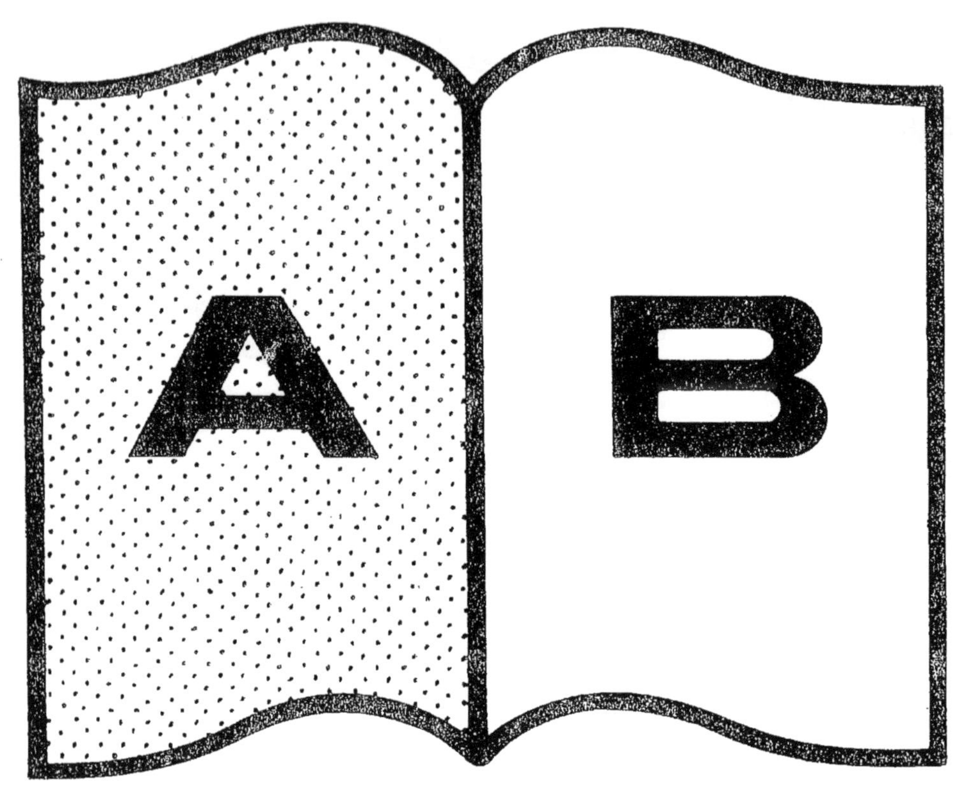

Contraste insuffisant

NF Z 43-120-14

www.ingramcontent.com/pod-product-compliance
Ingram Content Group UK Ltd.
Pitfield, Milton Keynes, MK11 3LW, UK
UKHW020205250726
13967UKWH00003B/1284